ESTRATÉGIAS DE SUSTENTABILIDADE
QUANDO VALE A PENA SER VERDE?

Tradução
Sérgio A. Rosenwald

Revisão Técnica
Renato J. Orsato

ESTRATÉGIAS DE SUSTENTABILIDADE
QUANDO VALE A PENA SER VERDE?

RENATO J. ORSATO

QUALITYMARK

Copyright© 2012 by Renato J. Orsato

Todos os direitos desta edição reservados à Qualitymark Editora Ltda.
É proibida a duplicação ou reprodução deste volume, ou parte do mesmo,
sob qualquer meio, sem autorização expressa da Editora.
Primeira publicação por Palgrave Macmilan, edição traduzida e publicada sob licença
da Palgrave Macmilan. O autor tem seus direitos de ser identificado nesta obra.

Direção Editorial
SAIDUL RAHMAN MAHOMED
editor@qualitymark.com.br

Produção Editorial
EQUIPE QUALITYMARK

Capa
RENATO MARTINS

Editoração Eletrônica
ARAUJO EDITORAÇÃO

1ª Edição:
2012

CIP-Brasil. Catalogação-na-fonte
Sindicato Nacional dos Editores de Livros, RJ

O83e

Orsato, Renato J.

Estratégias de sustentabilidade: quando é lucrativo ser verde? / Renato J. Orsato:
[tradução Sérgio A. Rosenvald]. – Rio de Janeiro : Qualitymark Editora, 2012.

Tradução de: Sustainability strategies: when does it pay to be green?
336p.: 16 x 23cm

ISBN 978-85-7303-992-4

1. Negócios – Aspectos ambientais. 2. Responsabilidade social da empresa.
3. Planejamento estratégico – Aspectos ambientais. 4. Desenvolvimento sustentável.
I. Título

11-1882

CDU: 005.35
CDD: 658.4083

2012
IMPRESSO NO BRASIL

Qualitymark Editora Ltda.
Rua Teixeira Júnior, 441
São Cristóvão
20921-405 – Rio de Janeiro – RJ
Tels.: (21) 3860-8422/3295-9800

Fax: (21) 3295-9824
www.qualitymark.com.br
E-mail: quality@qualitymark.com.br
QualityPhone: 0800-0263311

COMENTÁRIOS

"Eu tenho trabalhado e publicado sobre o tema de sustentabilidade desde os anos 1960 e é sempre uma surpresa agradável aprender algo novo. O livro de Orsato é uma dessas surpresas. Não apenas promove uma análise bem fundamentada sobre a motivação para modelos de negócios mais sustentáveis, mas também oferece histórias fascinantes sobre pessoas e empresas que tentaram, algumas com sucesso, outras não."

– **Robert Ayres,**
Professor Emérito, INSEAD

"É agradável encontrar um livro com uma fundação acadêmica que é fácil de ler e oferece uma visão prática de administração. Isso é particularmente significativo quando se trata da sustentabilidade, um tema que frequentemente gera mais calor do que luz. Em *Estratégias de Sustentabilidade* o Dr. Orsato reconhece a competição empresarial e aplica modelos de decisão racionais para atender ao desafio de traduzir sustentabilidade em uma estratégia empresarial de sucesso. Usando seus estudos detalhados sobre negócios ao redor do mundo, ele explora sucessos e fracassos de empresas que embarcaram no caminho verde. Perguntas de visão são colocadas ao longo do texto permitindo aos administradores conhecer o cerne da estratégia ambiental e as vantagens competitivas, evitando as armadilhas da sedução de fazerem algo somente para se sentirem bem."

– **Richard Christie,**
Diretor de Desenvolvimento Estratégico,
Ravensdown Fertiliser Co-op, Nova Zelândia

COMENTÁRIOS

"No longo prazo, todos os empreendimentos precisam viver em harmonia com seus ambientes, mas como fazê-lo tem sido mais uma especulação sobre 'sentir-se bem' do que conhecimento fundamentado em uma análise real. Este livro oferece modelos úteis, estratégias e exemplos para se mapear um caminho sustentável para o futuro."

– **Frans Cornelis,**
Diretor de Marketing & Communications,
Randstad Holding, Holanda

"É lucrativo investir em TI? Sim, mas somente se o investimento for combinado com o aumento das competências das pessoas e da organização, e se o investimento estiver ligado à inovação. É lucrativo investir no verde? Sim, mas novamente, somente se esse investimento estiver ligado ao aumento das competências e a modelos de negócios inovadores. É isso que este livro – há muito tempo esperado – mostra através de um conjunto de exemplos de casos convincentes colocados no modelo de inovação de valor. Ser verde dá retorno e este livro explica ao leitor como fazê-lo."

– **Luk Van Wassenhove,**
Professor "Henry Ford" de Produção
e Operações do INSEAD

"Agora sabemos que não podemos interpretar a história sem uma melhor compreensão do meio ambiente. Nós causamos grandes impactos em um mundo de recursos limitados, o que nos traz grandes problemas. Este livro é de grande valor para administradores e acadêmicos, líderes empresariais e especialistas. Ele conecta assuntos e escolhas socioambientais a questões práticas de estratégia e competitividade. Ele inova com exemplos excelentes e perspicazes de diferentes indústrias e com uma abordagem muito realista."

– *Anthony Simon,*
Ex-presidente de Marketing, Unilever;
membro do Conselho do Instituto Internacional
de Economia Industrial e Ambiental (IIIEE)
da Universidade de Lund, Suécia
e dos Alumni da INSEAD

COMENTÁRIOS

"Nos dias atuais todos professamos apoiar a sustentabilidade e muitas organizações desejam 'fazer a coisa certa'1. Mas como podem os administradores tomar decisões que os orientem através desse labirinto de opções para ecoinvestimentos, manter-se focados e se tornar mais verdes? Eles podem ler este livro oportuno!"

– **Stewart Clegg,**
Professor de Administração e Diretor de Pesquisas do Centro para Estudos de Administração e Organização, University of Technology, Sydney, Austrália

"A experiência global de Orsato fornece uma ampla visão dos muitos tipos de estratégias de sustentabilidade bem-sucedidas que as empresas têm empregado ao redor do mundo. Cada capítulo foca em uma das estratégias de sustentabilidade de Orsato e cada estratégia vem com uma lista de perguntas que os administradores necessitam fazer antes de adotá-las."

– **Charles J. Corbett,**
Professor de Administração Operacional e Ambiental, UCLA Escola de Administração Anderson, Los Angeles, EUA

"À medida que nos confrontamos com a mudança climática e nos movemos em direção à economia de baixo carbono, este livro será um guia inestimável para executivos que buscam alinhar investimentos ambientais e sociais com a estratégia do empreendimento. Orsato adotou uma abordagem extremamente estratégica e criou um guia sistemático, com uma base que é ao mesmo tempo teórica e prática sobre como realizar investimentos que irão tanto beneficiar o planeta como aumentar a competitividade das empresas. Esse argumento é claramente delineado, desenvolvido logicamente e apresentado em português claro e acessível. Eu o recomendo fortemente para leitura tanto por executivos como por estudantes em cursos de estratégia em MBAs."

– **Dexter Dunphy,**
Professor Visitante, University of Technology, Sydney, Austrália

DEDICATÓRIA

Este livro é dedicado à memória da minha querida mãe Olinda (10/11/1939 – 3/12/2004), uma pessoa que, incondicionalmente, sempre apoiou minhas jornadas intelectuais, cujo amor e habilidade para acomodar conflitos inspirou meu otimismo – de que um mundo sustentável é de fato possível.

AGRADECIMENTOS

A jornada que culminou neste livro não teria sido possível sem a bolsa-prêmio Marie Curie Fellowship, que me permitiu uma imersão em uma ampla pesquisa internacional durante 2004-2007. Eu sou muito agradecido pela concessão da Comissão Europeia (EC, Research DG Human Resources and Mobility) e o apoio de Roberto Santorello e Joelle Lardot. A bolsa de estudos foi crucial para a incumbência de um projeto verdadeiramente global, que tornou possível o trabalho com pessoas de quatro continentes.

Agradeço também o apoio do INSEAD em Fontainebleau, França, para o desenvolvimento deste livro. Landis Gabel e Kai Hockers forneceram o apoio inicial para a elaboração do projeto. Michelle Duhamel, Alison James e Anne Fournier foram mais do que úteis com sua assistência administrativa. Frank Brown, o então Reitor do INSEAD e Stephen Chick do Comitê de pesquisa e desenvolvimento (P&D), assim como Luk Van Wassenhove e Megan Pillsbury, os Diretores do Centro de Inovação Social do INSEAD naquele período, forneceram o apoio para a conclusão deste trabalho. De fato, o apoio do Luk se origina na primeira das três férias do verão europeu que passei no Campus do INSEAD trabalhando no livro. Seu *feedback* nos primeiros capítulos e estudos de caso influenciaram decisivamente o desenvolvimento do projeto. No Centro, também tive o privilégio de contar com a sabedoria dos Professores Robert Ayres e Paul Kleindorfer, cuja experiência em assuntos de meio ambiente e de risco transformou cada conversa em uma aula particular. De Bob Ayres e Benjamin (Ben) Warr, eu finalmente aprendi algo que fizesse sentido sobre a relação entre crescimento econômico e a eficiência energética das economias que, cedo ou tarde, se tornará um ponto de referência para aqueles que queiram tornar o desenvolvimento sustentável uma realidade.

AGRADECIMENTOS

Estratégias de Sustentabilidade também confirma quão influentes as conversas com o Professor W. Chan Kim sobre a interface entre a Estratégia do Oceano Azul (*Blue Ocean*) e a sustentabilidade ecológica foram para mim. A *inovação de valor* adquiriu um valor em si mesma; também como uma forma de criar novos espaços de mercado, ela me inspirou a olhar profundamente quanto às possibilidades de alinhar os interesses empresariais com a geração de benefícios públicos. Trocas intelectuais frequentes com Ben Warr também foram de grande valia a esse respeito; à medida que trabalhávamos nos fundamentos teóricos desse novo esforço de pesquisa, o valor foi literalmente transformado em Inovação de Valor Sustentável (IVS). O trabalho de Ben Warr e Bob Ayres está refletido parcialmente na ponte que tentei construir no Capítulo 7 entre os níveis de análise da sociedade industrial e organizacional, a fim de ancorar as (reconhecidamente) primeiras noções da IVS na economia física. Os ensinamentos de David Vogel no INSEAD durante as primaveras de 2006 e 2007 também influenciaram meu trabalho. David Vogel e Craig Smith também me forneceram um importante *feedback* nas primeiras versões dos capítulos.

Agradeço, também, o apoio do *staff* do Centro de Inovação Social do INSEAD, particularmente o inestimável apoio à pesquisa de Sophie Hemne, que foi fantástica não somente com a obtenção de dados secundários, mas também em me ajudar a juntar todas as peças do quebra-cabeça. *Merci beaucoup* a todos vocês!

Este trabalho mais recente no INSEAD é, na verdade, o final de uma viagem muito mais longa. Durante a fase de pesquisas na Austrália (julho de 2004-2006), Anne Ross Smith (Chefe da Escola de Administração) e Stewart Clegg (Diretor do Centro de Colaborações Inovadoras, Alianças e Networks) me deram o suporte institucional da Universidade de Tecnologia, Sydney (UTS). As boas-vindas (de volta) de Anne e Stewart, assim como de outros colegas da UTS, foram muito além do espaço para trabalho e acesso aos dados. Cleo Lester me proporcionou a assistência necessária no seu estilo brasileiro amigável, enquanto a hospitalidade de Tyrone Pitsis, Ray Gordon, Rosie Stilin, Slava Konovalov, David Bubna-Litic, Jane Marceau, Antoine Hermens, John Crawford, Jochen Schweitzer, Jordan Louviere e Salvador Porras, também fez toda a diferença na minha estada em Sydney. As interações frequentes que tive com Dexter Dunphy e Suzanne Benn durante um *café latte* foram de

AGRADECIMENTOS

grande valor e muito além da camaradagem acadêmica. Dexter e Sue também facilitaram o acesso a empresas, e frequentemente nos encontramos debatendo assuntos de sustentabilidade no *lobby* de empresas como a Lend Lease ou Fuji Xerox. A assistência de Andrea North-Samardzic e de Robert Perey no desenvolvimento dos estudos de caso australianos foi também crítica. Chris Ryan (Diretor do Centro Australiano para Inovação da Ciência e Sociedade, da Universidade de Melbourne) foi outro forte apoio tanto para meus esforços intelectuais como nas viagens de campo em Victoria e South Australia, passando desde fabricantes de móveis a vinicultores em Barossa – Valley. Por todo o apoio de vocês, *thank you, mates!*

Na Nova Zelândia, Delyse Springett (Diretora do Programa para Negócios e Desenvolvimento Sustentável, Massey University) facilitou minha pesquisa ao me colocar em contato com os membros do Grupo de Liderança Corporativa (GLC). A série de seminários do GLC, desenvolvida durante 2005-2006 em Wellington e em Christchurch, permitiu-me adquirir conhecimento diretamente dos executivos de empresas como: Ravensdown Fertilizer Cooperative, Fulton Hogan, Coca-Cola Amatil NZ, Watercare Services, Shell, Mobil Oil NZ, Siemens Energy Services, BP Oil NZ, e Auckland International Airport. Delyse organizou diversas visitas a empresas, o que também incluiu um passeio pelo interior da Nova Zelândia para entrevistar vinicultores.

O desenvolvimento do caso Eco-n, descrito no Capítulo 6, também exigiu algumas viagens a Christchurch e suas cercanias. Richard Christie (Gerente Geral, Desenvolvimento Estratégico) da Ravensdown foi um instrutor muito paciente, ensinando-me agricultura pastoral ao me levar literalmente a fazendas e fábricas na Ilha do Sul. Ron Pellow (Gerente de Desenvolvimento de Negócios, Eco-n) foi também um frequente colaborador nos debates e nos seminários internos na Ravensdown. Para todos os meus amigos da Nova Zelândia, *Kia ora!*

A indústria automobilística também exerceu uma forte influência nos meus pensamentos sobre os assuntos ligados à sustentabilidade, como sugerem muitas partes deste livro. Desde os primeiros anos dos meus estudos de doutorado, anos noventa, até as correções dos últimos minutos das seções do livro que lidam com a indústria automotiva, eu contei com o profundo conhecimento de Paul Nieuwenhuis e Peter Wells (Cen-

AGRADECIMENTOS

tro de Pesquisa Automotiva, Cardiff University, País de Gales). Peter e Paul me ajudaram com a coleta de dados, interpretação e com a revisão das versões preliminares do Capítulo 7. Sempre que eu falava com Peter e Paul, tinha uma sensação de que nada sabia sobre a indústria, mas isso acabou revertendo a meu favor, pois me beneficiei da experiência deles para conferir todos os detalhes desse setor tão complexo. Mais recentemente, Clovis Zapata também me ajudou a ter uma melhor compreensão dos meandros envolvidos nos projetos de biocombustíveis no Brasil e em outras partes do mundo. Aos meus amigos e especialistas em automóveis do País de Gales, *diolch yn fawr!*

A Suécia também foi um local muito influente nesta viagem. De fato, os primeiros pensamentos sobre a necessidade de um livro como *Estratégias de Sustentabilidade* veio de minhas interações com candidatos de Mestrado e Doutorado no Instituto Internacional para a Economia Industrial Ambiental (IIIEE) da Universidade de Lund, no início dos anos 2000. O ensino do curso de Administração Ambiental Estratégica (AAE) foi ancorado em um programa de pesquisa-ação no qual, durante um período de quatro anos, Michael Backman e eu testamos os fundamentos da AAE em 35 empresas-referência de tamanhos e setores variados. Como o leitor irá notar, algumas dessas empresas, que estudamos por um período médio de seis meses, estão representadas nos estudos de caso apresentados em diversas seções deste livro.

Nas minhas frequentes visitas à Suécia para palestras e seminários, meus ex-alunos e colegas do Instituto – Luis Mundaca, Kes McCormik, Murat Mirata, Beatrice Kogg, Thomas Lindhqvist, Naoko Tojo, Philip Peck, Tarek Emtairah, Oksana Mont, Ake Tidell e Katsiaryna Paulavets – me forneceram material e feedback das primeiras versões dos capítulos. Luis foi de ajuda especial ao me explicar as complexidades envolvidas nos certificados negociáveis e ao revisar várias versões da seção sobre Emission Trading Schemes (ETS, Capítulo 3). A ajuda de Yuliya Makarova com a bibliografia e as figuras foi também crucial para a formatação do livro. Por todo o apoio do pessoal do Instituto, *tack så mycket!*

Francesco Zingales acompanhou o desenvolvimento do livro desde seus primeiros dias e foi de grande ajuda ao me exigir o uso de linguagem acessível, para que administradores e MBAs pudessem digerir mais facilmente um assunto tão complexo como o gerenciamento da sustentabilidade nas empresas. Francesco, *grazie mila!* Da Holanda, *Dank*

AGRADECIMENTOS

je wel também para Frank Den Hond (Free University, Amsterdam) por seus *insights* sobre estratégia e pelo oportuno *feedback* em alguns capítulos.

Refletindo a diversidade do projeto que culmina neste livro, no Brasil eu tive a sorte de ter o incrível apoio de Fernando Von Zuben (Diretor de Sustentabilidade da Tetra Pak) e seu dedicado grupo de colaboradores, que me receberam em um estilo verdadeiramente brasileiro, levando-me a um passeio pela dura realidade das desigualdades sociais dos catadores de lixo de São Paulo, e de uma grande quantidade de organizações que formam uma impressionante rede de reciclagem. Além do apoio durante meu trabalho de campo, Fernando também forneceu *feedback* sobre as versões preliminares dos primeiros capítulos. Em um nível mais pessoal, do Brasil pude sempre contar com o apoio incondicional de minha família. *A todos vocês, muito obrigado!*

Finalmente, fiquei muito satisfeito com a recente ajuda recebida da Califórnia. Susan Shaheen (Diretora do Transportation Sustainability Research Center – Centro de Pesquisa de Sustentabilidade no Transporte, Universidade da Califórnia, Berkeley) me forneceu dados relevantes, publicações e *feedback* sobre *car-sharing*. Outros *insights* cruciais vieram de Palo Alto através da colaboração com a empresa Better Place. Meu muito obrigado a Shai Agassi (Presidente e CEO), por compartilhar ideias inspiradoras, e a Guryan Tighe, por facilitar o processo de entrevista com os executivos da Better Place. Eu realmente espero que o empreendedorismo de Shai e outros exemplos apresentados neste livro possam inspirar leitores a transformar a visão de sustentabilidade em estratégias e práticas de negócio que valham a pena.

PREFÁCIO À EDIÇÃO BRASILEIRA

Renato Orsato, como ele mesmo se descreve, é um acadêmico viajante. Brasileiro, tem uma sólida formação: em Engenharia pela PUCRS, em Administração (UFRGS) e Mestrado em Estudos Organizacionais (UFSC). Desde seu doutorado nos anos 90, na Universidade de Sidney, Austrália, o prof. Orsato já trabalhou na Universidade de Lund, na Suécia, e no INSEAD, França, e está agora radicado no Brasil, na Escola de Administração de Empresas de São Paulo, da Fundação Getulio Vargas. Trata-se de um pesquisador que teve como orientador de Doutorado o professor Stewart Clegg, um importante pensador da área de Ciências Organizacionais e que credita ao professor Orsato uma forte bagagem conceitual.

Na FGV-EAESP, além de suas tarefas acadêmicas, o professor Orsato continua como militante no campo da sustentabilidade e trabalha como Coordenador Acadêmico no Centro de Estudos de Sustentabilidade, coordenado pelo professor Mário Monzoni.

A FGV-EAESP é, desde 2009, signatária do PRME – Principles for Responsible Management Education, uma iniciativa da ONU, que tem seis objetivos: i) desenvolver nos estudantes a capacidade de buscar o desenvolvimento de negócios numa economia global e sustentável; ii) incorporar valores de responsabilidade social no currículo; iii) criar modelos educacionais e de aprendizagem para uma liderança responsável; iv) buscar pesquisas conceituais e empíricas que avancem na compreensão do papel das empresas na criação de um mundo sustentável; v) estabelecer parcerias com empresas e trocar conhecimentos que permitam vencer os desafios da construção de um ambiente social e ambiental responsável e; vi) facilitar o diálogo e o debate entre educadores, estudantes, empresas, governo e sociedade civil nas questões de sustentabilidade e responsabilidade social global.

PREFÁCIO À EDIÇÃO BRASILEIRA

Neste sentido, a publicação do livro *Estratégias de Sustentabilidade* não poderia ser mais oportuna. Originalmente publicado em inglês em 2009 pela editora Palgrave Macmillan, em uma série organizada pelo INSEAD, a tradução que se apresenta agora, pela Qualitymark Editora Ltda., foi integralmente revisada pelo próprio autor.

O livro do professor Orsato tem inúmeras qualidades, mas gostaríamos de destacar, em primeiro lugar, a articulação entre a teoria e a prática, em geral faltantes na área de Administração. De fato, uma das principais críticas às publicações em Administração é que essas são ou excessivamente acadêmicas, escritas apenas para iniciados, ou empíricas demais, sem a incorporação de conceitos que as Ciências Organizacionais já trabalham há mais de cem anos.

Estratégias de Sustentabilidade traz uma contribuição apoiada em sólida fundamentação acadêmica e, ao mesmo tempo, experiências e casos concretos de empresas na busca por sustentabilidade. Para o autor, sustentabilidade precisa ser compreendida em seus três eixos: o econômico, o ambiental e o social.

Para isso, os primeiros capítulos são dedicados à compreensão da sustentabilidade nas corporações, especialmente sobre as barreiras para obtenção de ganhos econômicos e ambientais, explorando particularmente o que são estratégias para a sustentabilidade. A parte central do livro trata de estratégias de sustentabilidade com foco em produtos e serviços, e a terceira parte trata do conceito de Inovação de Valor Sustentável e explora as melhorias trazidas por investimentos sustentáveis.

Outro aspecto que merece destaque e que decorre de um autor viajante é que o livro trata de sustentabilidade de modo global. Não poderia ser diferente, claro, quando estamos falando de um ecossistema mundial, mas Renato Orsato consegue explorar diferentes experiências em vários países, inclusive o Brasil.

A partir das experiências de inúmeras empresas, o autor discute que a "perspectiva pessimista que ser verde nunca é lucrativo" tem sido questionada, ainda que a negociação ganha-ganha das empresas não seja uma tarefa fácil. Conforme argumenta o autor, algumas iniciativas serão lucrativas e outras, nem tanto, mas ganhos e perdas estão ligados ao mundo dos negócios de modo geral e não só a ações relativas à sustentabilidade.

PREFÁCIO À EDIÇÃO BRASILEIRA

De fato, no contexto atual, ser lucrativo e sustentável é o grande desafio das empresas. O livro do professor Orsato não traz a solução definitiva para todos os problemas enfrentados pelas empresas mas, numa perspectiva realista, contribui ricamente com experiências positivas (e outras, nem tanto) para que administradores de diferentes segmentos corporativos possam refletir e atuar em estratégias para empresas sustentáveis.

Maria Tereza Leme Fleury
Diretora da Escola de Administração de Empresas – FGV-EAESP

Maria José Tonelli
Vice-Diretora da Escola de Administração de Empresas – FGV-EAESP

PREFÁCIO

Questões ambientais estão sujeitas a ciclos de percepção e interesse. Durante as décadas de 1970 e 1980, picos alarmistas de escassez, poluição e perda de biodiversidade desencadearam apenas uma atenção esporádica aos assuntos ecológicos pela mídia, políticos e empresários. O ambientalismo lutava para sobreviver. A Conferência das Nações Unidas sobre Meio Ambiente e Desenvolvimento (UNCED), realizada no Rio de Janeiro em 1992, começou a modificar tanto a agenda política como o posicionamento de algumas grandes empresas. Assuntos relativos ao meio ambiente começaram a ser tratados de maneira mais séria e sistemática, e os anos restantes da década foram marcados por atividade intensa tanto na prática como na teorização. Um grande número de empresas implantou ferramentas, indicadores e relatórios para uma administração ambiental proativa, muitas vezes com a ajuda de consultores e em parceria com Organizações Não Governamentais (ONGs). No meio acadêmico, a década foi marcada por um acirrado debate sobre se é lucrativo ser verde, o qual terminou – não surpreendentemente – sem vencedores. À medida que o final do Século XX se aproximava, a evidência empírica sobre o valor econômico de proteger o meio ambiente ainda era escassa, enquanto o debate sobre o valor dos ecoinvestimentos estava cansando os círculos acadêmicos e perdendo momento. O resultado foi outra crise para o ambientalismo.

Nos anos iniciais do novo milênio, o foco mudou de assuntos ambientais para sociais. Uma quantidade crescente de livros, revistas acadêmicas e artigos populares enfatizavam a dimensão social da responsabilidade corporativa e defendiam a necessidade e as vantagens de uma boa cidadania corporativa. As recomendações eram no sentido de fornecer mais incentivos do que punições. De acordo com legiões de proponentes da Responsabilidade Social Empresarial (RSE), as recompensas positivas não apenas iriam superar as penalidades, mas a liderança nas causas sociais gerariam vantagens competitivas. Em outras palavras, o debate sobre *vale a pena ser verde* havia migrado para o aspecto da responsabilidade social. O assunto mudou para: *vale a pena ser bom?* Dessa vez, entretanto, o discurso parecia ser mais agradável. Além das proclamadas vantagens corporativas, quem argumentaria contra a demanda da sociedade pela responsabilidade corporativa? Do ponto de vista da cidadania, quem negaria a necessidade das empresas serem sensíveis aos direitos humanos? Em sociedades livres e democráticas, advogar contra o politicamente correto seria simplesmente um oximoro. O resultado foi um enorme e precoce sucesso do discurso da RSE.

Os escândalos corporativos nos Estados Unidos e na Europa, nos primeiros anos da década de 2000, sensibilizaram ainda mais a opinião pública e reforçaram o caso empresarial para mais ética e governança nos negócios. À medida que a RSE entrava no palco, ocorria uma migração massiva de acadêmicos e consultores do velho e aborrecido campo de administração ambiental para assuntos sociais nos negócios. Eles propunham que a administração ambiental fosse colocada sob o guarda-chuva da RSE e tratada da mesma maneira. Isso também provocou uma mudança no foco da responsabilidade no mundo corporativo. Em vez de mostrar como administravam os resíduos, por exemplo, as empresas inclinaram-se mais a apresentar seus esforços nas áreas sociais. Repentinamente, o meio ambiente podia falar, tornando os relatórios de RSE mais sedutores do que os antigos e enfadonhos relatórios ambientais. Representantes empresariais podiam obter testemunhos das partes interessadas, algo quase impossível na área da proteção ambiental. Afinal, o ar, a água, o solo e a biodiversidade não falam e dificilmente atraem qualquer atenção positiva da mídia, como as pessoas o fazem. Como a natureza não possui rosto, ela é facilmente esquecida.

Após muita atenção da mídia, a evidência empírica de que a RSE é lucrativa permaneceu escassa[1], fazendo com que o discurso normativo fosse questionado. A ratificação do Protocolo de Kyoto no final de 2004 contribuiu ainda mais para mudar o clima político. Mas foi o furacão Katrina em Nova Orleans, em 2005, que sensibilizou o público (principalmente do hemisfério norte) para os efeitos climáticos do aquecimento global. A cruzada pessoal do ex-vice-presidente americano Al Gore,

PREFÁCIO

retratada no documentário *Uma Verdade Inconveniente* e no Prêmio Nobel da Paz de 2007, legitimou a mudança climática como o assunto de maior urgência para a humanidade no novo milênio. A partir disso, a posição contrária ao Protocolo de Kyoto da presidência de George W. Bush começou a enfraquecer e a demanda do público por ações concretas levou os assuntos ligados ao meio ambiente para o centro da agenda política, agora consolidada no termo *sustentabilidade*[2]. Candidatos concorrendo a cargos públicos, executivos de corporações e reitores de escolas de negócios repentinamente começaram a demonstrar suas credenciais ambientais. O que quer que tenha provocado esse ponto de inflexão, o pêndulo trouxe de volta a necessidade urgente para as sociedades reduzirem seus impactos antropogênicos sobre o meio ambiente, que já haviam sido amplamente discutidos na década de 1970.

À medida que esse pêndulo inclinou-se para o lado da sustentabilidade, provocou dois resultados curiosos. Em primeiro lugar, muitos acreditavam que os assuntos climáticos podiam ser tratados como outro tipo de RSE, que até o momento era periférico aos negócios. Enquanto assuntos sociais e ambientais são dois lados da mesma moeda – a moeda em si representando o desenvolvimento econômico –, com frequência os assuntos sociais e ambientais necessitam de tratamento diverso. Como Porter e Reinhardt[3] enfatizaram: "As empresas que persistirem em tratar a mudança climática somente como um assunto de responsabilidade social empresarial, em lugar de considerá-la como um problema de negócios, arriscam-se às maiores consequências." A verdade é que, confrontadas com o amplo espectro da RSE e das iniciativas dirigidas à sustentabilidade, as empresas precisam basear seus investimentos em fundamentos sólidos, que levem ao aumento da competitividade. A maioria delas, entretanto, ainda não sabe o que ou por que fazer tais investimentos. Embora atualmente exista maior conscientização, ainda há um grande número de executivos inseguros quanto ao significado que a sustentabilidade tem para seus negócios e, mais importante, o que eles podem fazer a respeito.

Em segundo lugar, a partir da perspectiva pessimista de que ser verde *nunca* vale a pena, a qual dominava tanto a mentalidade dos negócios quanto a literatura especializada até bem recentemente, o pêndulo se moveu para o outro extremo: para o ponto de vista de que ser verde *sempre* é lucrativo. Infelizmente, tanto das perspectivas empresariais como ambientais, este livro irá mostrar que o escopo dos cenários ganha-ganha é mais restrito do que muitos gostariam que fosse. Dentre o leque de ações passíveis de serem tomadas pelas empresas, somente algumas serão lucrativas, gerarão vantagem competitiva ou criarão novos espaços de mercado. Isso não significa, entretanto, que tudo é má notícia. Afinal, a sustentabilidade é similar a qualquer outro tema de negócios: a lucratividade dos investimentos depende dos contextos internos e externos da organização. Assim, para recuperar o equilíbrio entre os argumentos a favor e contra ser verde, precisamos identificar *quando* e *por que* os investimentos em ações ligadas a questões ambientais são efetivamente lucrativos.

Essa condicionante não implica que as empresas deveriam fazer o mínimo para proteger os ecossistemas naturais. Ao contrário, as empresas deveriam, sem dúvida, apresentar metas sociais crescentemente ambiciosas e fazer o que os ecoativistas e o público em geral delas esperam: a redução do impacto geral do negócio sobre o meio ambiente, de modo que sociedades sustentáveis possam eventualmente surgir. Entretanto, se estratégia é "fazer melhor sendo diferente", como Joan Magretta[4] coloca elegantemente, então as estratégias de sustentabilidade necessitam mais do que apenas uma boa performance. Os administradores precisam identificar os tipos apropriados de ecoinvestimentos para focarem seus esforços na busca de vantagem competitiva ou a criação de novos espaços no mercado. Eles necessitam identificar *quando vale a pena ser verde*. Ao revisitar esta questão reconhecidamente ampla, assim como outras deixadas sem resposta pela literatura especializada, este livro redireciona a atenção para a importância de lógicas de negócios para um *ambientalismo corporativo* sólido – um termo usado neste livro para representar a ampla gama de práticas com o potencial de reduzir o impacto que as organizações têm no ambiente natural.

O raciocínio e os modelos analíticos apresentados no livro podem ajudar os administradores a priorizar os ecoinvestimentos de acordo com os fundamentos da administração estratégica. Executivos que já estão convencidos que deveriam fazer algo a respeito da sustentabilidade irão encontrar informações importantes no livro. *Estratégias de Sustentabilidade* irá ajudá-los a aplicar princípios empresariais a assuntos ambientais e sociais, de modo a aumentar a competitividade geral de suas empresas. Através do uso sistemático de modelos analíticos, o

PREFÁCIO

livro liga as variáveis implicadas na formação e na avaliação das estratégias de sustentabilidade. Os modelos também ajudam os gestores a definirem e priorizarem as áreas de ação organizacional e a otimizarem o retorno econômico sobre os ecoinvestimentos. Ao fazer isso, os administradores podem mais facilmente alinhar estratégias de sustentabilidade com a estratégia geral de seus negócios.

O livro é baseado em raciocínio analítico e em estudos de organizações individuais e de grupos de organizações. A maioria dos estudos de caso resulta de pesquisa extensa com um alcance global. Não obstante, para não sobrecarregar o leitor com exemplos dispersos ou sem relação, os casos usados ao longo do livro são limitados àqueles que ajudam a fundamentar a teoria. A apresentação de uma quantidade exaustiva de casos de sucesso, como fazem muitos livros sobre o assunto, é crucial para se formar o caso de negócios (*business case*) para o ambientalismo corporativo. Entretanto, em grande medida, essa justificativa já foi apresentada. Executivos razoavelmente bem informados já estão convencidos de que a sustentabilidade é, efetivamente, um assunto central dos negócios. O que é necessário agora é conectar casos aparentemente díspares através de referenciais teóricos bem fundamentados, tal como este livro faz. Finalmente, o livro não analisa apenas histórias de sucesso, mas também diversos exemplos de ecoinvestimentos que simplesmente fracassaram. Tais experiências são igualmente importantes para os administradores aprenderem quando não vale a pena ser verde.

O livro é dividido em três partes. Os Capítulos 1 e 2 formam a Parte I (Fundamentos) e exploram as duas questões fundamentais de pesquisa abordadas pelo livro. O Capítulo 1 mostra que responder a *quando vale a pena ser verde* exige uma compreensão do escopo do ambientalismo corporativo e dos elementos envolvidos nos assim chamados cenários ganha-ganha – de simultâneos ganhos econômicos e socioambientais*. Sobretudo, as condições favorecendo ou prejudicando os retornos sobre os ecoinvestimentos trazem uma pletora de dificuldades metodológicas, abordadas nas seções finais do capítulo. O Capítulo 2 revela as principais diferenças entre a eficiência operacional e a estratégia no

---

* Embora este livro tenha um foco reconhecidamente mais próximo às questões ambientais do que sociais, os termos *sustentabilidade* e *socioambiental* são usados de forma intercambiada.

âmbito do ambientalismo corporativo, através da análise do que constituem as estratégias de sustentabilidade. O capítulo também apresenta os modelos analíticos que servirão de espinha dorsal dos capítulos seguintes do livro. Quatro estratégias de sustentabilidade utilizadas por empresas para competirem em setores industriais bem estabelecidos são complementadas por uma quinta estratégia que visa a criação de novos espaços de mercado, enquanto atendem às exigências de responsabilidade ambiental e social.

A Parte II (Ambientalismo Competitivo) contém os Capítulos 3, 4, 5 e 6, e discute as quatro *Estratégias Ambientais Competitivas* (EAC). Os Capítulos 3 e 4 abordam estratégias focadas em processos organizacionais, enquanto os Capítulos 4 e 5 apresentam estratégias nas quais o foco está nos produtos e serviços comercializados pela empresa. Ao explorar três áreas de ganhos potenciais – pensamento enxuto, simbiose industrial e créditos de carbono – o Capítulo 3 apresenta a lógica para as empresas adotarem a ecoeficiência como uma estratégia de sustentabilidade específica. O Capítulo 4 analisa o valor intangível dos ecoinvestimentos e identifica quando o valor reputacional positivo é passível de emergir para empresas que se afiliam a iniciativas ambientais voluntárias ou, como alguns os chamam, os Clubes Verdes. O Capítulo 5 aborda esquemas de rotulagem ecológica como uma forma de diferenciar produtos e serviços. Estratégias de marca ecológica, no entanto, exigem mais do que rotulagem ecológica, como a análise de casos da Suécia e da Austrália demonstram ao final do capítulo. Finalmente, o Capítulo 6 analisa as maneiras pelas quais as empresas podem se tornar líderes tanto em baixos custos como em baixo impacto ambiental para seus produtos e serviços.

A Parte III do livro (Além da Concorrência) compreende os Capítulos 7 e 8. O Capítulo 7 apresenta a quinta e mais desafiadora estratégia de sustentabilidade. A lógica incorporada no conceito de *Inovação de Valor Sustentável* (IVS) é detalhada através da análise de diversos estudos de caso na área de transporte individual motorizado. Através da análise profunda de um único tópico, que está mais diretamente relacionado com a indústria automobilística global, o capítulo explora os elementos e as sutilezas envolvidas na implantação de estratégias IVS. Finalmente, o Capítulo 8 conclui o livro revisitando os principais benefícios trazidos pelos ecoinvestimentos e pelas estratégias de sustentabilidade correspondentes, analisadas nos capítulos precedentes.

PREFÁCIO

Apesar de o livro apresentar um conjunto abrangente de iniciativas de ambientalismo corporativo, ele possui algumas limitações autoimpostas. Em primeiro lugar, *Estratégias de Sustentabilidade* foca nas escolhas que os administradores têm ao decidir sobre ecoinvestimentos e seu alinhamento com a estratégia geral de seus negócios; ele não pretende ser um manual de administração ambiental ou RSE. Existe uma grande quantidade de livros[5] úteis orientados para a prática e manuais disponíveis para os administradores identificarem aspectos e impactos ambientais, assim como abordagens práticas e ferramentas para cuidar deles[6]. Esses materiais também tendem a cobrir as atividades acima (administração da cadeia de suprimentos) e abaixo (gerenciamento de pós-consumo) nas cadeias de valor, que são tratadas aqui como áreas de influência estratégica, em vez de componentes diretos das estratégias de sustentabilidade. Em segundo lugar, *Estratégias de Sustentabilidade* foca nos elementos envolvidos no desenvolvimento da estratégia e sua avaliação (também tratada como formação ou definição da estratégia). Como a implantação e o controle de estratégias de sustentabilidade usam uma lógica semelhante a das estratégias gerais de negócios, não há escassez de material para escolher[7]. As notas ao final do livro identificam esses materiais de apoio, assim como as explicações sobre os diversos temas tratados no livro, para que os leitores interessados em aprofundar sua investigação possam encontrar um auxílio útil a partir das notas fornecidas em cada capítulo.

É claro que há limitações que eu preferiria evitar. Meu treinamento de pesquisa, meus interesses, valores e heurística podem ter influenciado as percepções que constituem a realidade expressa neste trabalho. Embora eu tenha tentado disciplinar e reduzir a interferência de idiossincrasias no desenvolvimento do estudo, os resultados representam, no final, minha interpretação da realidade, com todas as falhas cognitivas que outras pessoas possam aí detectar. Por essas falhas, assumo integral responsabilidade.

LISTA DE FIGURAS

1.1 O Escopo do Ambientalismo Corporativo 15
1.2 Estratégias Competitivas e Não Competitivas 18
2.1 Estratégias Ambientais Competitivas 35
2.2 Estratégia de Inovação de Valor Sustentável 45
2.3 Estratégias de Sustentabilidade 47
4.1 Liderança e Reputação Ambiental Corporativa 89
4.2 Iniciativas Regulatórias das Múltiplas Partes Interessadas 91
5.1 Estratégias e Padrões de Ecodiferenciação 124
7.1 Tela Estratégica do *Smart*, do *Prius* e do *Think* 204
7.2 Espaços de Mercado na Mobilidade Terrestre 214
7.3 A Tela Estratégica de *Car-sharing* 229
8.1 Resultados de Ecoinvestimentos em CES 248
8.2 *Inputs* e Resultados da SVI 257

LISTA DE ACRÔNIMOS

AESC	Automotive Energy Supply Corporation – *Empresa de Suprimento de Energia Automotiva*
CAFPA	American Forest and Paper Association – *Associação Americana de Floresta e Papel*
APV	All Purpose Vehicle – *Veículo para Todos os Fins*
B2B	Business to Business – *De Empresa para Empresa*
B2C	Business to Consumers – *Da Empresa para o Consumidor*
BART	San Francisco Bay Area Rapid Transit District – *Distrito de Trânsito Rápido da Área da Baía de San Francisco, EUA*
BELC	Business Environmental Leadership Council – *Conselho Empresarial de Liderança Ambiental*
BMU	German Federal Ministry of Environment – *Ministério Federal de Meio Ambiente da Alemanha*
BOS	Blue Ocean Strategy – *Estratégia do Oceano Azul*
$CaCo_1$	*Carbonato de Cálcio*
CCPA	Canadian Chemical Producers Association – *Associação Canadense de Produtores Químicos*
CDM	Clean Development Mechanism – *Mecanismo de Desenvolvimento Limpo*
CERES	Coalition for Environmental Responsible Economics – *Coalizão para uma Economia Ambiental Responsável*
CES	Competitive Environmental Strategies – *Estratégias Ambientais Competitivas*
CF	Carbon Footprint – *Pegadas de Carbono*
CH_4	*Metano*
CMA	American Chemical Manufacturers Association – *Associação Americana dos Industriais Químicos*
CMS	Chemical Management Services – *Gerência de Serviços Químicos*
CO_2	*Dióxido de Carbono*
CSO	Car-Sharing Organization – *Organização de Compartilhamento de Automóveis*

LISTA DE ACRÔNIMOS

CSP	Chemical Strategies Partnership – *Parceria de Estratégias Químicas*
CSR	Corporate Social Responsibility – *Responsabilidade Social Corporativa*
DDCE	DuPont Danisco Cellulosic Ethanol – *Etanol Celulósico da Dupont Danisco*
DJSI	Dow Jones Sustainability Index – *Índice Dow Jones de Sustentabilidade*
EC	European Commission – *Comissão Europeia*
EIP	Eco-Industrial Park – *Parque Ecoindustrial*
ELV	End-of-Life Vehicle – *Veículo em fim de linha*
EMS	Environmental Management System – *Sistema de Administração Ambiental*
EPR	Extended Producer Responsibility – *Responsabilidade Estendida do Produtor*
ETS	Emission Trading Scheme – *Esquema de Negociação de Emissões*
EU	European Union – *União Europeia*
EV	Electric Vehicle – *Veículo Elétrico*
FDA	Federal Drug Administration – *Administração Federal de Remédios dos Estados Unidos (equivalente à ANVISA no Brasil)*
FM	Food Miles – *Distância percorrida pelo alimento desde o cultivo até o consumo*
FSC	Forest Stewardship Council – *Conselho de Manejo Florestal*
GE	General Electric
GEE	Gás de efeito estufa – Greenhouse Gas (GEG)
GHG	Greenhouse Gas – *Gás de efeito estufa (GEE)*
GM	General Motors
GMO	Genetically Modified Organism – *Organismo Geneticamente Modificado*
GPS	Global Positioning System – *Sistema de Posicionamento Global*
GRAS	Generally Recognized as Safe – *Geralmente Reconhecido como Seguro*
GRI	Global Reporting Initiative – *Iniciativa de Relatório Global*
HCCP	Hazardous Critical Control Point – *Ponto de Controle Crítico Perigoso*
HDPE	High Density Polyethilene – *Polietileno de Alta Densidade*
HFC	Hidrofluocarbon – *Hidrofluocarbono*
HV	Hybrid Vehicle – *Veículo Híbrido*
ICE	Internal Combustion Engine – *Motor de Combustão Interna*
IE	Industrial Ecology – *Ecologia Industrial*
IPCC	Intergovernmental Panel on Climate Change – *Painel Intergovernmental sobre as Mudanças Climáticas*
IPONZ	Intelectual Property Office of New Zealand – *Escritório de Propriedade Intelectual da Nova Zelândia*
IPR	Individual Producer Responsibility – *Responsabilidade Individual do Produtor*
IS	Industrial Symbiosis – *Simbiose Industrial*
ISO	International Organization for Standardization – *Organização Internacional para Padronização*

LISTA DE ACRÔNIMOS

JI	Joint Implementation – *Implantação Conjunta*
KRAV	Rótulo ecológico sueco para alimentos orgânicos
LCA	Life Cycle Assessment – *Avaliação do Ciclo de Vida*
LME	London Metal Exchange – *Bolsa de Metais de Londres*
LT	Lean Thinking – *Pensamento Enxuto*
MBA	Master of Business Administration – *Mestre em Administração de Empresas*
MCC	Micro Compact Car – *Microcarro Compacto*
MDL	Mecanismo de Desenvolvimento Limpo – *Clean Development Mechanism* (CDM)
MNC	Multinational Corporation – *Empresa Multinacional*
MSS	Mobility Service System – *Sistema de Serviço de Mobilidade*
N_2O	Óxido Nitroso
NGO	Non-governmental Organization – *Organização Não-Governamental*
PCA	Partnership for Climate Action – *Parceria para Ação Climática*
PFC	Perfluorocarbono
PIVCO	Personal Independent Vehicle Company – *Companhia do Veículo Pessoal Independente*
PP	Polipropileno
PSS	Product Service Systems – *Sistemas de Serviço ao Produto*
PS	Positioning School – *Escola de Posicionamento*
PVC	Cloreto de Polivinila
R&D	Research and Development – *Pesquisa e Desenvolvimento*
RAN	Rainforest Action Network – *Rede de Ação para Florestas Tropicais*
RBV	Resource-Based View – *Visão Baseada em Recursos*
SGA	Sistema de Gestão Ambiental – *Environmental Management System* (EMS)
SFI	Sustainable Forest Initiative – *Iniciativa pela Floresta Sustentável*
SPP	Southern Pacific Petroleum
SVI	Sustainable Value Innovation – *Inovação de Valor Sustentável*
TGC	Tradable Green Certificate – *Certificado Verde Negociável*
TIMM	Terrestrial Individual Motorized Mobility – *Mobilidade Terrestre Motorizada Individual*
TRM	Total Responsibility Management – *Administração de Responsabilidade Total*
TQM	Total Quality Management – *Administração de Qualidade Total*
TWC	Tradable White Certificate – *Certificado Negociável Branco*
UK	United Kingdom – *Reino Unido*
UNCED	United Nations Conference on Environment and Development – *Conferência das Nações Unidas sobre Meio Ambiente e Desenvolvimento*
UNFCCC	United Nations Framework Convention on Climate Change – *Convenção das Nações Unidas sobre o Quadro de Mudanças no Clima*

LISTA DE ACRÔNIMOS

US	United States – *Estados Unidos da América*
USCAP	United States Climate Action Partnership – *Parceria dos Estados Unidos para a Ação Climática*
USPCSD	US President's Council for Sustainable Development – *Conselho do Presidente dos Estados Unidos para o Desenvolvimento Sustentável*
VDA	Associação da Indústria Automobilística da Alemanha
VEI	Voluntary Environmental Initiatives – *Iniciativas Ambientais Voluntárias*
VOC	Volatile Organic Compound – *Composto Orgânico Volátil*
WASD	Weighted Average Source Distance – *Distância Média Ponderada da Fonte*
WBCSD	World Business Council for Sustainable Development – *Conselho Mundial Empresarial para o Desenvolvimento Sustentável*
WEEE	Waste Electrical and Electronic Equipment – *Resíduos de Equipamentos Elétricos e Eletrônicos*
WWF	World Wildlife Fund – *Fundo Mundial para a Vida Selvagem*
ZERI	Zero Emissions Research Initiative – *Iniciativa de Pesquisa para Emissão Zero*
ZEV	Zero Emission Vehicle – *Veículo de Emissão Zero*

SUMÁRIO

PARTE I – FUNDAMENTOS

1 Quando Vale a Pena Ser Verde? 3
  Ser Verde como um Compromisso 5
  Ser Verde como uma Competência Central 10
  As Fronteiras do Ambientalismo Corporativo 14
  Desafios Metodológicos em Quando Vale a Pena ser Verde 20
  Conclusão 24

2 O que são Estratégias de Sustentabilidade? 27
  O que as Estratégias de Sustentabilidade Não São 28
  Vantagem Competitiva: Posicionamento e Competências 31
  Estratégias Ambientais Competitivas 35
  Além da Competição: Inovação de Valor Sustentável 43
  O Portfólio de Estratégias de Sustentabilidade 46
  Conclusão 48

PARTE II – AMBIENTALISMO COMPETITIVO

3 Ecoeficiência de Processos 53
  Da Produtividade de Recursos à Ecoeficiência 54
  Ecoeficiência na Empresa: Pensamento Enxuto 57
  Ecoeficiência Além das Fronteiras: Simbiose Industrial 60
  Ecoeficiência no Céu: Créditos de Carbono 65
  Quando a Ecoeficiência de Processos Vale a Pena 70
  Conclusão 75

4 Ecodiferenciação de Processos 79
  A Reputação e seus Riscos 81
  Clubes Verdes: Seguro Reputacional? 89

SUMÁRIO

Quando a Ecodiferenciação de Processos Vale a Pena 109
Conclusão 115

5 Marcas Socioambientais **119**
Clubes de Certificação de Produtos: Selos Socioambientais 121
Dos Selos às Marcas Socioambientais 135
Quando as Marcas Socioambientais Valem a Pena 140
Conclusão 147

6 Liderança de Custo Ambiental **151**
A Criação de Produtos Ecológicos:
Pensando sobre o Ciclo de Vida 152
Mudando a Natureza do Produto 161
Redefinindo o Uso e o Conceito dos Produtos 168
Quando a Liderança de Custo Ambiental Vale a Pena 178
Conclusão 184

PARTE III – ALÉM DA CONCORRÊNCIA

7 Inovação de Valor Sustentável **189**
O Chamado para Estratégias de IVS:
A Problemática Indústria Automobilística 190
A Lógica Estratégica Dominante:
Carros mais Verdes 196
A Inovação de Valor Sustentável na Mobilidade:
Sistemas mais Verdes 212
Quando a Inovação de Valor Sustentável Vale a Pena 234
Conclusão 238

8 Estratégias de Sustentabilidade e Além **241**
Quando é Lucrativo Ser verde, de Verdade? 242
Ambientalismo Competitivo 246
Além da Concorrência 254
Conclusão 258

Notas **261**

PARTE I
FUNDAMENTOS

1

QUANDO VALE A PENA SER VERDE?

A possibilidade de as empresas obterem lucros com investimentos ambientais – a *hipótese ganha-ganha*[1] – tem capturado a imaginação de acadêmicos, gestores e do público em geral já faz algum tempo. Se investir em proteção socioambiental fosse lucrativo[2], as práticas empresariais nos conduziriam a sociedades sustentáveis. Com base nesta premissa, os estudiosos têm persistentemente buscado relações causais entre investimentos ambientais e variáveis tais como preços de ações e participação no mercado[3]. O caso empresarial (*business case*) para a sustentabilidade existe, de fato. Escolas de administração ao redor do mundo ensinam casos de sucesso de investimentos orientados para o meio ambiente (ou ecoinvestimentos, para abreviar) que se pagaram, geraram vantagem competitiva ou até mesmo criaram novos espaços de mercado. Mas, se existem tantas vantagens para os negócios, por que o comportamento socioambiental proativo não é um fenômeno generalizado entre as empresas? Por que o comércio ainda não nos levou a sociedades sustentáveis? Apesar de simples, foi preciso tempo para se reconhecer que a lucratividade dos investimentos ambientais é semelhante aos outros aspectos dos negócios: depende de circunstâncias específicas. Como colocou Forest Reinhardt[4], a questão não é *se* as empresas podem compensar os custos dos ecoinvestimentos, mas *quando* é possível fazê-lo. De acordo com sua visão, a possibilidade de as empresas lucrarem com ecoinvestimentos depende dos "fundamentos econômicos do negócio, da estrutura do setor no qual a empresa opera, da sua posição nessa estrutura e de suas competências organizacionais".[5] Assim, dirigir os esforços de uma empresa para gerar lucros a partir de tecnologias mais limpas ou de produtos verdes pode fazer sentido comercial em algumas circunstâncias, mas não em todas.

FUNDAMENTOS

Se algumas condições favorecem os ecoinvestimentos a gerarem retorno, podem eles também se tornarem fontes de vantagem competitiva ou gerar novos espaços de mercado? Por um bom tempo, muitos acadêmicos e consultores têm afirmado que sim.[6] Mais recentemente, à medida que a sustentabilidade entra na agenda política e administrativa, a afirmação de que os ecoinvestimentos são lucrativos tem-se tornado quase dogmática. De acordo com essa lógica, uma correlação positiva entre ecoinvestimentos corporativos e os lucros é a melhor motivação para as empresas irem além da conformidade legal (i.e., além do que elas são obrigadas a fazer de acordo com a lei), e a competição industrial, em si, poderia resultar em práticas sustentáveis. Infelizmente, os exemplos empíricos de tal correlação são exceções, ao invés de regra. Embora as oportunidades para gerar algum retorno sejam disponíveis para a maioria das empresas, somente algumas foram capazes de elevar sua competitividade baseada na administração que vai além da conformidade legal.

De maneira geral, *quando vale a pena ser verde* ainda é uma pergunta em aberto. Apesar da quantidade de publicações sobre o assunto ter-se expandido muito na década passada, ainda é raro se encontrar material baseado em fundamentos sólidos. Frequentemente, eles constituem uma coletânea de estudos de casos sem um referencial teórico que estabeleça uma relação entre eles e, mais importante, entre a prática e a teoria. Parafraseando Michael Porter, ambientalismo corporativo "tornou-se uma religião com sacerdotes demais",[7] e soluções têm sido oferecidas com argumentos sem solidez. Como resultado, administradores que precisam priorizar ecoinvestimentos se encontram em um terreno repleto de recomendações duvidosas.

Este capítulo tem por objetivo esclarecer a questão (*quando vale a pena ser verde*), identificando o escopo em que os cenários ganha-ganha possam ocorrer. Para fundamentar a discussão, as seções seguintes apresentam dois casos empíricos de ecoinvestimentos. Eles nos ajudam a compreender o escopo do *ambientalismo corporativo* – uma expressão usada ao longo deste livro que compreende as práticas usadas por qualquer organização com o fim de reduzir o impacto ambiental dos processos, produtos e serviços ao longo de seu ciclo de vida. A esse respeito, o conceito de ambientalismo corporativo é claramente menos ambicioso do que a definição de sustentabilidade ou de desenvolvimento sustentável mais comumente aceita, apresentada pelo Relatório Brundtland:[8] "o desenvolvimento que atende as necessidades do presente sem comprometer a habilidade das gerações futuras de satisfazerem suas próprias necessidades". A justificativa para a perspectiva adotada aqui se refere aos elevados graus de dificuldade para se operacionalizar o conceito de desenvolvimento sustentável. Ainda que a sustentabilidade ecológica seja um resultado desejável para a maioria de nós, ela constitui mais uma visão da sociedade que pode inspirar a pesquisa acadêmica e as práticas administrativas do que um modelo que possa ser testado empiricamente.

Entretanto, ao focarmos nos setores onde os cenários de ganha-ganha possam emergir, os administradores céticos poderão, eventualmente, se convencer a adotarem estratégias e práticas ambientais incrementalmente mais ambiciosas. Da mesma maneira, estudantes de Mestrado em Administração de Empresas (MBA) e acadêmicos que trabalham com estratégia, administração de operações e marketing, entre outras áreas, também precisam de lógicas sólidas para que possam incluir os aspectos socioambientais na docência. Juntas, a prática e a teorização da administração da sustentabilidade irão eventualmente contribuir para sistemas mais sustentáveis de produção e consumo. Afinal, se o desenvolvimento sustentável é uma visão a ser perseguida por todos, é crucial ajudar os céticos a identificar quando e como eles podem contribuir. Os estudos de casos apresentados nas próximas seções iniciam essa discussão. Em conjunto, eles indicam o escopo e as limitações do ambientalismo corporativo e as condições básicas para a identificação de *quando vale a pena ser verde*.

SER VERDE COMO UM COMPROMISSO[9]

Fundada em 1951 como uma das primeiras empresas do mundo de embalagem para leite longa vida, a Tetra Pak evoluiu para se tornar um fornecedor global de sistemas de embalagem para produtos alimentícios líquidos. Atualmente, a empresa funciona em 165 países com mais de 20.000 funcionários, fornecendo uma linha integrada de processamento, embalagem e distribuição, além de soluções de fábrica para a industrialização de alimentos. A Tetra Pak há muito tem-se comprometido em efetuar seus negócios de uma maneira sustentável, através da determinação de metas para melhorias contínuas nas atividades de desenvolvimento, origem, fabricação e transporte. Como uma de suas políticas, todas as embalagens Tetra Pak têm de ser adequadas para reciclagem. A empresa também apoia os clientes na busca por soluções para suas sobras de materiais de embalagem, e está comprometida a facilitar e a promover as atividades de coleta local e de reciclagem nas embalagens de papelão já consumidas. A Tetra Pak também apoia princípios nas áreas de direitos humanos, trabalho e meio ambiente através de organizações como: a United Nations Global Compact[10]; a NetAid, uma crescente rede de pessoas e de organizações compromissadas em eliminar a pobreza extrema[11]; e o International Business Leaders Forum (IBLF),[12] uma organização sem fins lucrativos que promove a prática empresarial responsável.

O pioneirismo na utilização de tecnologia asséptica para a embalagem na década de 60 pela Tetra Pak representou uma revolução na indústria de embalagens para produtos alimentícios líquidos. A tecnologia asséptica mantém os alimentos seguros e frescos, mantendo o sabor por pelo menos seis meses sem refrigeração ou conservantes. A embalagem asséptica, mais conhecida como embalagem longa vida, é feita de seis camadas de materiais diferentes: papel duplex de fibra longa (peso de 75 por cento), polietileno de baixa densidade (20 por cento) e alumínio (5 por cento). Até recentemente, teria sido muito difícil identificar qualquer problema com a tecnologia asséptica. Mas as diversas camadas de três diferentes materiais de embalagem dificultam muito o processo de reciclagem.

A subsidiária brasileira da Tetra Pak iniciou suas operações em 1957 e em 2005 era a segunda maior empresa do grupo, com mais de 8 bilhões de embalagens vendidas por ano.[13] Como extensão da cultura sueca, a filial brasileira tem investido consistentemente em proteção ambiental.[14] Quando Fernando Von Zuben ingressou na Tetra Pak em 1995 para chefiar o departamento de meio ambiente, ele compreendeu que seu maior desafio seria fechar o ciclo de pós-consumo das embalagens assépticas. A primeira grande barreira era o baixo nível de coleta seletiva do lixo doméstico. A Tetra Pak abordou este problema patrocinando a educação ambiental. Desde 1997, a empresa tem distribuído um kit pedagógico desenvolvido pela Universidade de Campinas (UNICAMP), no estado de São Paulo, para apoiar o debate em salas de aula sobre o problema do lixo sólido urbano, a importância da coleta seletiva e os benefícios sociais e econômicos da reciclagem. Em 2005, 2.200 professores de escolas primárias foram treinados para usar esse material instrutivo, que havia sido distribuído a mais de 5 milhões de estudantes em 40.000 escolas em todo o país. Em 2006, a Tetra Pak disponibilizou o programa através de videoconferência.

Outra maneira de aumentar as taxas de reciclagem da embalagem asséptica é fornecer treinamento técnico adequado a prefeituras e cooperativas locais de catadores. Entre 1997 e 2005, esse treinamento foi oferecido pela Tetra Pak a mais de 200 prefeituras. Normalmente, a Tetra Pak motiva as prefeituras a estabelecerem sistemas estáveis e confiáveis de coleta através de cooperativas de catadores. As cooperativas fornecem uma abordagem mais sistemática ao problema da coleta, mas sua formação atende a uma meta social muito mais ampla. Os cooperativados recebem uma maior assistência social através de educação e cuidados médicos, dentre outros serviços. Em seus esforços para apoiar a formação de cooperativas, durante 1997-2005, a Tetra Pak enviou mais de 4 milhões de folhetos para municípios e para cooperativas de catadores. A fim de aumentar a eficiência do processo, naquele período, a Tetra Pak doou 30 máquinas de prensa para cooperativas em diversos estados do Brasil. Tal apoio resultou nos cartões assépticos representarem de 6 a 10 por cento da renda dos catadores em 2005.

Uma vez que o material é coletado, a reciclagem pode começar. Até 1997, entretanto, diversos obstáculos técnicos e comerciais limitavam o processo. A reciclagem do conteúdo de papel na embalagem asséptica nunca foi um grande problema. Ele pode ser extraído das camadas em sanduíche de polietileno/alumínio (Pe/Al) com uma hidrapulper – equipamento padrão nas plantas de reciclagem de papel, que necessita ser adaptado para a separação do Pe/Al – e a filtragem de eventuais resíduos. Até 1997, tais exigências faziam com que os fabricantes de papel relutassem em usar a fibra dos cartões assépticos. A Tetra Pak abordou o problema mostrando aos fabricantes as vantagens técnicas das fibras da embalagem asséptica. As fibras são novas e, assim, mais longas do que aquelas que já passaram por um processo de reciclagem, o que convenceu os recicladores de papel a gradualmente começarem a dar prioridade às embalagens longa vida da Tetra Pak. A gama de recicladores é muito ampla, variando de produtores locais médios e pequenos à Klabin[15], uma empresa de porte mundial especializada na produção de papel.

Após a extração das fibras de papel da embalagem, é necessário encontrar usos para a mistura de Pe/Al. Até 1999, não existiam aplicações para o Pe/Al vindo diretamente da fábrica da Tetra Pak ou como resíduo pós-consumo. A equipe ambiental da Tetra Pak recebeu o desafio de encontrar soluções. Após alguns anos de tentativas e erros, a mistura Pe/Al foi usada para a produção de telhas e placas (similares aos aglomerados de madeira). Basicamente, o processo consiste em prensar o material a temperaturas em torno de 180°C, com um resfriamento subsequente, para produzir placas ou telhas onduladas. Mesmo com baixos níveis de otimização do processo, o negócio é lucrativo. O investimento inicial em equipamento é da ordem de US$ 58.000 e receitas anuais de US$ 45.000 são viáveis.[16] A lucratividade depende de diversos fatores. A localização influencia fortemente os custos de transporte e o preço da matéria-prima. Por exemplo, em 2005, dentre dez produtores de telhas e placas no Brasil, os que operavam nos estados do Paraná e São Paulo estavam na melhor posição. Como as margens de lucro são relativamente baixas, as flutuações no preço da matéria-prima podem ter um efeito perverso na viabilidade do negócio.

O Pe/Al também é utilizado como matéria-prima em produtos plásticos. Após a mistura Pe/Al ser retirada do hidrapulper como um refugo do processo de reciclagem do papel, ela é limpa para a remoção da fibra ressecada e, a fim de aumentar a homogeneidade do material, triturada. Após isto, os rejeitos são alimentados em uma extrusora, que irá derretê-los a temperaturas de 200°C e em seguida extrusados em *pellets* de Pe/Al. Esses *pellets* são vendidos a fabricantes de materiais plásticos, como baldes, vassouras e alças para ferramentas. Os *pellets* de Pe/Al são usadas como substitutos de materiais plásticos puros (poliolefina, normalmente polipropileno ou polietileno).

Neste caso, mesmo sendo o conteúdo de alumínio um contaminador do material plástico, devido ao fato de não comprometer o desempenho do produto, ele pode ser utilizado como substituto para o plástico puro.

Ainda que as iniciativas da Tetra Pak no Brasil tenham resultado em maiores taxas de coleta e reciclagem de embalagens assépticas, até

2004 a solução ainda estava incompleta. Como não existiam maneiras técnicas de separar as camadas de polietileno do alumínio, elas eram utilizadas em aplicações que requeriam menor desempenho do que em embalagens assépticas, como escovas, vassouras, placas e telhas. Ainda que esta fosse uma solução melhor do que enviar o material para aterros, ela ainda não fechava o ciclo. Após mais de dez anos de pesquisa e desenvolvimento, Fernando Von Zuben da Tetra Pak, em colaboração com o Dr. Roberto Szente, especialista e chefe da equipe de pesquisa em tecnologia de plasma do Instituto de Pesquisas Tecnológicas (IPT),[17] o fechamento do ciclo das embalagens assépticas se tornou possível através do uso da tecnologia do plasma térmico. O processo representa uma nova opção de reciclagem, que separa os três componentes da embalagem, permitindo que eles retornem à cadeia de produção como matérias-primas.

As empresas metalúrgicas têm tradicionalmente utilizado a tecnologia de plasma para a recuperação de metal. O uso de plasma para a reciclagem de embalagem asséptica é, entretanto, uma novidade. A tecnologia de plasma é altamente eficiente, com cerca de 90 por cento de aproveitamento energético no processo. Em comparação, o mesmo processo, se realizado com gás natural, reduziria a eficiência energética para 25-30 por cento; o alumínio ficaria contaminado e o plástico queimaria. Além da ecoeficiência do processo, as emissões durante a recuperação dos materiais são próximas a zero porque a atmosfera do reator tem uma concentração de oxigênio próxima a zero.[18]

Após a planta-piloto funcionar por 24 meses, a qualidade do produto fabricado (parafina e alumínio) era tão encorajadora que surgiu uma proposta para uma joint venture. Em 2004, a Tetra Pak, a TSL, a Klabin e a Alcoa (uma produtora americana de alumínio no Brasil) formaram uma nova empresa chamada Edging Environmental Technology. A planta de Plasma Térmico, instalada na cidade de Piracicaba (no estado de São Paulo), possui a capacidade de processar 8.000 toneladas de material Pe/Al por ano (equivalente a 32.000 toneladas de embalagens assépticas), representando 20 por cento de todas as embalagens Tetra Pak produzidas no Brasil (160.000 toneladas/ano). A fábrica demandou um investimento de US$ 5 milhões, dividido entre os quatro sócios. Durante 2004-2008 a planta operou com 50 por cento de sua capacidade, atingindo a capacidade total em 2009, com a instalação do segundo reator.

A Alcoa, a fornecedora da folha de alumínio para a embalagem asséptica, tem adquirido o alumínio reciclado para a produção de novas folhas. O alumínio tem sido vendido à Alcoa a 95 por cento do preço da London Metal Exchange (LME). A cera de parafina tem sido vendida à indústria química nacional para ser usada como emulsão de cera para papel. A venda da parafina e do alumínio produzidos pela planta está programada para resultar no retorno do investimento em um período de apenas dois anos. Tais perspectivas de investimentos têm levado a um interesse crescente fora do Brasil. São planejadas plantas de plasma para a Espanha e a Bélgica. Em outubro de 2005, a Confederação Nacional da Indústria do Brasil (CNI) concedeu à Tetra Pak um prêmio na categoria de desenvolvimento sustentável pela fábrica de plasma. O projeto foi tão bem-sucedido que o National Geographic Channel o incluiu em sua série de documentários sobre Megacidades.[19]

Como observado, os esforços da Tetra Pak em fechar o ciclo da embalagem asséptica resultaram em aumentos expressivos nas taxas de reciclagem. Tais resultados são importantes não apenas porque o impacto ambiental geral foi reduzido, mas também porque as redes de reciclagem promovidas pela empresa geraram novas fontes de riqueza e aliviaram a pobreza. A implantação da planta de plasma representou ainda uma oportunidade para a Tetra Pak obter o retorno dos US$ 1,2 milhão investidos por ano desde 1997 no projeto. Curiosamente, a empresa não estava interessada nesse tipo de retorno de investimento. De acordo com Fernando Von Zuben, a Tetra Pak não pretende obter lucro a partir da tecnologia de plasma. Os esforços da empresa para fechar o ciclo do material são parte da filosofia geral do grupo na direção da excelência quanto ao ambientalismo corporativo.

SER VERDE COMO UMA COMPETÊNCIA CENTRAL[20]

Em 1991, a Baklittfabrikken, uma grande empresa norueguesa com considerável *know-how* em moldagem termoplástica, liderou um consórcio para criar a PIVCO (*Personal Independent Vehicle Company*). A nova empresa tinha como objetivo desenvolver e produzir um veículo único para capturar uma parte do nicho de mercado para transporte urbano e suburbano, de maneira ecológica. Era esperado que o Veículo Elétrico (VE), inicialmente chamado de *City-Bee* e mais tarde rebatizado como *Think*[21] (Pense, em Inglês) se tornasse o segundo carro da família, assim como um veículo que pudesse distribuir mercadorias e serviços por empresas como concessionárias de energia, municipalidades com serviços para os idosos, empresas de telecomunicações e empresas de aluguel de carros.

Excluindo o desenvolvimento dos painéis da carroceria e da estrutura de alumínio, a grande maioria das peças foi comprada de fornecedores estabelecidos da indústria automobilística. No geral, cerca de 70 empresas forneceram os componentes do *Think*. Esse número representa menos da metade da quantidade de fornecedores dos carros tradicionais com motores de combustão interna (gasolina, álcool ou diesel), reflexo da quantidade reduzida de componentes utilizados pelo veículo. Além disso, diversas inovações foram associadas ao *Think*. *Design* e conceitos únicos de fabricação resultaram em um impacto ambiental mínimo, em comparação com os sistemas de produção tradicionais de automóveis. O uso do alumínio na estrutura e do termoplástico na carroceria tornou o *Think* um veículo especial. A estrutura é montada sobre uma plataforma de aço dobrada e soldada. Assim, o conceito do projeto da plataforma (ou o chão do automóvel) eliminou os altos investimentos em matrizes para prensas e subsequente prensagem, característicos dos chassis tradicionais. (Este ponto é discutido em maiores detalhes no Capítulo 7.)

A carroceria foi construída usando-se um processo industrial similar ao utilizado pela Baklittfabrikken para fabricar barcos. A cor é adicionada ao termoplástico durante o processo de moldagem das partes da carroceria, tornando a pintura desnecessária. Essa inovação elimina a necessidade de uma cabine de pintura, um dos processos mais poluentes na montagem tradicional de automóveis. Em função disso, o capital necessário para estabelecer a planta de montagem foi reduzido significativamente. Apesar dos painéis da carroceria de termoplástico não possuírem um acabamento liso como os painéis pintados dos carros convencionais, eles oferecem vantagens de não perderem a cor quando amassados, como ocorreria normalmente com painéis pintados. Mais ainda, os painéis de termoplástico são à prova de ferrugem e recicláveis, e a abordagem modular usada pela PIVCO facilita a desmontagem e a reciclagem do veículo.

O paradigma de produção seguido pela PIVCO também difere substancialmente das práticas tradicionais (e atuais) na manufatura automobilística. Em princípio, volumes de produção e vendas de 5.000 unidades por ano deveriam ser suficientes para atingir o ponto de equilíbrio[22] – um volume impressionantemente baixo quando comparado aos grandes fabricantes de automóveis. Para se ter uma ideia, o carro de dois lugares *Smart ForTwo*, lançado pela Mercedes-Benz em 1997 (e discutido mais detalhadamente no Capítulo 7) requer um volume mínimo de cerca de 100.000 unidades anualmente para pagar pelos custos de depreciação e de *start-up*. Isso significa que o ponto de equilíbrio do *Think* representa apenas cinco por cento do ponto de equilíbrio do *Smart*.

O sistema de produção também implica uma nova abordagem na venda a varejo do veículo. Desde o início, a empresa pretendia focar no *know-how* do desenvolvimento do carro elétrico e nos princípios de fabricação, e criar *joint ventures* para produzir o *Think* próximo ao mercado-alvo – espelhando-se nos sistemas de franquias. Semelhantemente aos princípios usados na criação das lanchonetes McDonald's, os conceitos gerais de produção e as técnicas gerenciais para o *Think* poderiam ser aplicados em outras partes do mundo, onde a demanda pelo veículo justificasse o investimento. Fábricas poderiam ser instaladas com volumes de produção (e de expansão) a partir de 5.000 unidades por ano.

A abordagem inovadora do projeto e fabricação do *Think* reduziu os custos de instalação, mas tais economias foram anuladas pelos altos custos das baterias de níquel-cádmio utilizadas no veículo. As baterias tinham a vantagem de possuir uma vida útil de aproximadamente 200.000 km, ou o equivalente a 20 anos de uso, calculado a 10.000 km por ano. Entretanto, seus 247 kg correspondiam não apenas a um terço do peso total do *Think* (917 kg sem carga), mas também a um terço do preço final do veículo. Em outubro de 2000, o preço no varejo para o *Think* na Noruega era de € 25.000, dos quais € 7.500 eram devidos às baterias. Para os consumidores, o preço de aquisição inicial elevado poderia ser mitigado durante o ciclo de vida do veículo, mas somente se eles ficassem com o carro por 20 anos.

O investimento para estabelecer o empreendimento, relativamente baixo em comparação a investimentos similares na indústria automobilística, não foi suficiente para evitar dificuldades financeiras. Entre 1991 e 1998 a PIVCO contou com os membros do consórcio e com o governo da Noruega para investir aproximadamente € 35 milhões no projeto. Entretanto, quando € 9 milhões adicionais foram necessários para recrutar trabalhadores e comprar componentes para produzir os 5.000 primeiros veículos, o empreendimento se deparou com um enorme desafio. A combinação da crise do mercado de ações em 1998 com a recusa do governo norueguês em continuar investindo na empresa tornou a PIVCO insolvente. Em outubro de 1998, a crise financeira forçou o fechamento da fábrica e a declaração de concordata. Duas semanas depois, a empresa foi recomprada pelo consórcio formado por gerentes da PIVCO, pela Baklittfabrikken e por seus funcionários.

Ainda não foi o fim. No início de 1999, a PIVCO foi resgatada pela Ford. A PIVCO serviria para ajudá-la a cumprir a legislação de emissões zero na Califórnia. O regulamento em vigor naquela época exigia que, a partir de 2003, os fabricantes de automóveis vendessem um determinado percentual (dependendo das vendas anteriores) de veículos de emissão zero. Na prática, isso significava veículos elétricos. Em janeiro de 1999, a Ford comprou 51 por cento da PIVCO e mais tarde os 49 por cento restantes da rebatizada Think Nordic AS, que se tornou central no desenvolvimento da tecnologia de veículos elétricos na Ford. Mais tarde, no mesmo ano, a Ford iniciou a produção do *Think City* (chamado de A266 por esta empresa).

Em março de 2002, a Ford havia produzido 1.005 veículos *Think City*, tornando o *Think* uma das maiores frotas de carros elétricos do mundo. O carro era vendido em 14 países, mas os principais clientes estavam na Noruega, Dinamarca e Suécia, assim como em algumas cidades selecionadas na Europa e nos Estados Unidos. A Ford também investiu no desenvolvimento de uma nova geração do *Think City* (A306), que pretendia atender melhor às necessidades do mercado americano. A fábrica foi preparada para a produção do novo carro e o lançamento foi planejado para 2002. Em agosto, no entanto, a Ford anunciou que estaria se desfazendo da Think Nordic, declarando que preferia se concentrar em outras tecnologias alternativas, como híbridos e células de combustível.

Em fevereiro de 2003, a Think Nordic foi comprada pela Kamkorp Microelectronics, que tinha interesse no campo do transporte inovador. O foco do negócio da Think Nordic – de produção e comercialização de VEs – complementava as competências da Kamkorp em sistemas de tração e microeletrônica. Pouco após a aquisição, o trabalho começou no *Think Public*, um veículo desenhado especialmente para uso em centros urbanos e áreas fechadas.

No início de 2006, a Think Nordic[23] mudou novamente de mãos. O grupo de investimentos InSpire adquiriu todos os seus ativos. O grupo relançou o novo modelo do *Think City* (A306) que a Ford vinha desenvolvendo enquanto era proprietária da empresa. Naquela época, a tecnologia da bateria não havia evoluído o suficiente, comprometendo a autonomia do veículo. O novo grupo investidor possui acesso a nova e avançada tecnologia, que será ainda mais desenvolvida e utilizada para melhorar o veículo, com ênfase particular no desempenho e na autonomia.

Os novos proprietários veem a fábrica na Noruega como uma base para desenvolvimento de tecnologia e exploram oportunidades de parceria e licenciamento de produção ao redor do mundo. O grupo investiu em energia renovável, células de combustível e outras tecnologias que serão importantes para a *Think*. Os preços elevados dos combustíveis e uma preocupação crescente com o efeito do transporte convencional na mudança climática novamente reviveram o interesse em veículos com emissões zero.

A Think Nordic possui produtos que atendem a essas questões mas, considerando sua história conturbada, irá ela em algum momento realizar seu potencial de negócio?

AS FRONTEIRAS DO AMBIENTALISMO CORPORATIVO

A relevância dos assuntos socioambientais nos negócios é o elemento comum óbvio dos casos apresentados nas seções precedentes. Em conjunto, os casos sugerem que uma ampla gama de ações para reduzir o impacto ambiental dos processos e dos produtos está disponível às empresas. Como um todo, esse compêndio de atividades define o escopo do ambientalismo corporativo.

A Figura 1.1 descreve o escopo do ambientalismo corporativo na forma de um gráfico. O eixo vertical descreve as ações que as empresas podem tomar em direção à proteção ou restauração ambiental, o que irá eventualmente gerar *benefícios públicos*. A água purificada resultante de processos de reciclagem em uma fábrica antes de ser reutilizada ou reenviada para o rio é um claro exemplo de um benefício público. O eixo horizontal representa ações que geram *lucros privados*, como economias de custo para a empresa resultantes da redução do consumo de água. Ações que geram mais benefícios públicos do que lucros privados estão mais próximas à fronteira superior do cone, definida pela Linha E. A situação oposta está descrita pela Linha B, na parte inferior do cone. A área entre as Linhas E e B define o escopo do ambientalismo corporativo com potencial para gerar tanto benefícios públicos como lucros privados – isto é, o escopo ganha-ganha das estratégias de sustentabilidade.

Em termos genéricos, *vale a pena ser verde* quando os investimentos ambientais estiverem localizados dentro do cone da Figura 1.1. Quanto mais os ecoinvestimentos estiverem no lado direito do eixo horizontal (Negócios) mais lucrativos serão (lucros privados máximos). Por outro lado, ecoinvestimentos situados mais proximamente da parte mais elevada do eixo vertical (Meio Ambiente), são mais sustentáveis ambientalmente (benefícios públicos máximos).

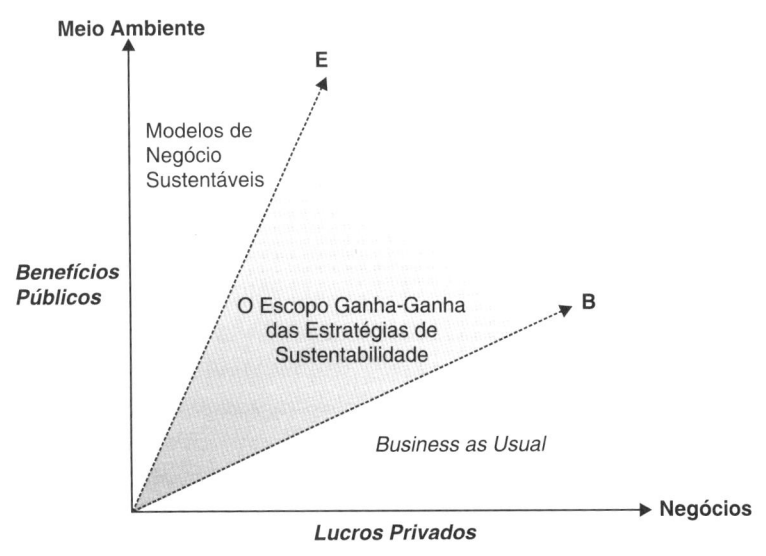

FIGURA 1.1 **O Escopo do Ambientalismo Corporativo.**[24]

Em princípio, uma empresa poderia trabalhar muito próxima ao eixo vertical (Meio Ambiente), portanto fora do escopo ganha-ganha. Mas, ao fazer isso, ela se arrisca a não atender às expectativas de seus acionistas – de que a empresa deve criar valor econômico. Por outro lado, se a empresa buscar apenas oportunidades de negócios sem considerar seu impacto ambiental, ela estaria trabalhando com a filosofia do *business as usual*, (ou "negócios usuais", com foco exclusivo no desempenho econômico-financeiro) descrito pelo eixo horizontal. Apesar de muitas empresas ainda operarem como *business as usual*, mais cedo ou mais tarde ambientalistas e outros *stakeholders* poderão exigir que elam incorporem aspectos socioambientais em suas estratégias e práticas.

Embora as empresas tenham que considerar as expectativas dos acionistas quanto à criação de valor econômico, isso não significa que elas não possam trabalhar próximas à fronteira superior (Linha E). Afinal, as inovações podem gerar retornos de ecoinvestimentos que anteriormente eram considerados não lucrativos, como sugere o caso da reciclagem dos cartões assépticos da Tetra Pak. De fato, a partir da década de 90, diversos modelos de negócios foram desenvolvidos para expandir essas fronteiras. Esses modelos normalmente adotam a perspectiva ecológica: eles partem dos problemas ambientais enfrentados pelo planeta (poluição do ar, escassez de água, perda da biodiversidade, etc.), e recomendam o que os negócios deveriam fazer para reduzir o impacto ambiental, o que eventualmente conduziria a sociedades sustentáveis.[25] O que os administradores não devem esperar, no entanto, é que tais ações sempre irão criar valor econômico.

Tetra Pak e Think Nordic são exemplos de empresas que têm tentado cobrir o mais amplo escopo possível do ambientalismo corporativo, representado pela zona de ganha-ganha. Entretanto, como os casos mostram claramente, os resultados de seus esforços são muito diferentes. O caso da Tetra Pak sugere que em algumas circunstâncias o ambientalismo corporativo pode ser orientado principalmente pelo comprometimento da administração. Como tem sido o caso em muitas empresas líderes ao redor do mundo, o comprometimento moral e ético pode assumir maior significância na formação da cultura organizacional e das atitudes empresariais do que as forças do mercado. Nesses casos, investimentos orientados para a ecologia em processos ou produtos não buscam justificativa simplesmente nos resultados econômicos. Por mais de uma década, a Tetra Pak Brasil tem investido no gerenciamento da fase de pós-consumo de seus produtos, o dito *product stewardship* (em inglês, a minimização dos impactos ambientais associados a todo o ciclo de vida dos produtos[26]) sem qualquer indicação de que o investimento geraria retorno econômico. E mesmo quando o retorno se tornou possível com a criação do novo negócio para a reciclagem dos materiais, a empresa se absteve de se apropriar dele.

Obviamente, uma visão mais cínica da política altruísta da Tetra Pak consideraria a influência indireta que os esforços de *product stewardship* podem provocar no valor de mercado da empresa. Afinal, como os Capítulos 4 e 5 exploram em mais detalhes, a reputação empresarial é feita basicamente de valores intangíveis, que vêm se tornando cada vez mais importantes para as empresas. As ações no Brasil e em outros países certamente contribuíram para a reputação da Tetra Pak de líder em responsabilidade socioambiental. Afinal, como Brown e Dacin[27] afirmaram, "o que os consumidores sabem sobre uma empresa pode influenciar suas crenças e atitudes em relação aos produtos manufaturados por ela". Ser uma cidadã corporativa exemplar, como a legião de defensores da Responsabilidade Social Empresarial (RSE), pode influenciar positivamente o valor das empresas. Mais ainda, ao praticar o gerenciamento do produto, a Tetra Pak também evita riscos associados à legislação com base na Responsabilidade Estendida do Fabricante (REF, ou *Extended Producer Responsibility* [EPR] em inglês), que está sendo crescentemente implantada na União Europeia.[28] Assim, ainda que a proatividade da Tetra Pak possa ser motivada por compromissos éticos, ela certamente está de acordo com os interesses dos acionistas.

A Figura 1.2 mostra uma linha dividindo os casos. As ações da Tetra Pak em relação ao gerenciamento da fase de pós-consumo do produto se encontram em algum ponto da Zona E, caracterizada pela natureza *não rival, não competitiva* das estratégias ambientalistas. Como tem acontecido em anos recentes, os investimentos em educação e o apoio que a Tetra Pak tem dado às prefeituras e às cooperativas de catadores resultaram em níveis crescentes de reciclagem (com consequente redução de impacto da embalagem asséptica no meio ambiente) e na criação de empregos e melhores condições sociais para milhares de pessoas (o aumento do poder da *base da pirâmide*[29]).

FUNDAMENTOS

Meio Ambiente

Modelos de Negócio Sustentáveis

Zona E Estratégias não Rivais

Zona B Estratégias Competitivas

Benefícios Públicos

Business as Usual

Lucros Privados → **Negócios**

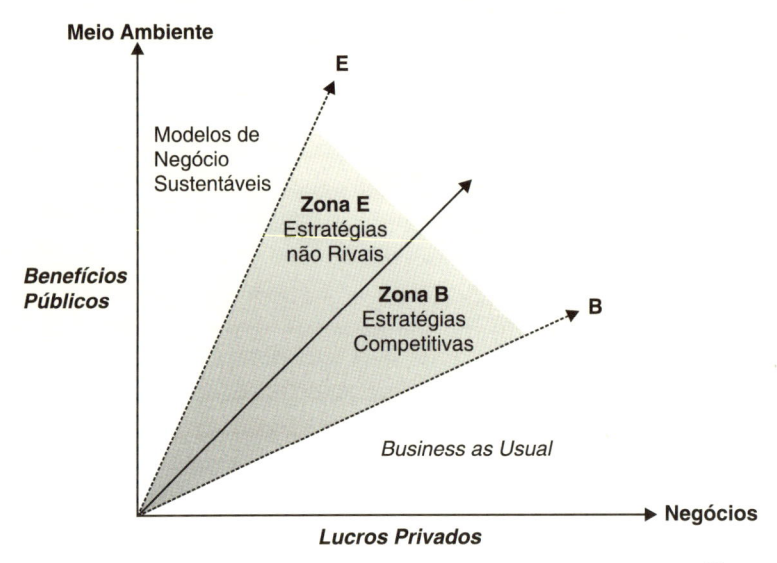

FIGURA 1.2 **Estratégias Concorrentes e Não Concorrentes.**[30]

Em outras palavras, geraram *benefícios públicos* (eixo vertical). De um ponto de vista estritamente econômico, os investimentos não resultaram em *lucros privados* tangíveis diretos para a Tetra Pak (eixo horizontal).

O aspecto não rival também significa que diversas ações orientadas para o aumento das taxas de reciclagem da embalagem asséptica (os ecoinvestimentos) não competem com ações tomadas por outras empresas que atuam no mesmo setor. Pelo contrário: se os competidores fizerem o que a Tetra Pak faz, os níveis de coleta irão aumentar, resultando em níveis mais elevados de taxas de reciclagem para a embalagem asséptica. Em outras palavras, o resultado principal é um claro *benefício público*. Os clientes, consumidores de produtos com embalagem manufaturada pela Tetra Pak, assim como os consumidores de leite, sucos e outros produtos líquidos que usam embalagem asséptica prestam pouca atenção ao fato de que as taxas de reciclagem têm aumentado. Como o Capítulo 6 explora detalhadamente, eles tendem a se concentrar em assuntos mais imediatos, como a conveniência do produto, qualidade e preço. A indiferença dos clientes em relação aos esforços de gerenciamento do pós-consumo faz com que a reciclagem das embalagens assépticas seja um assunto de negócios sem rivalidade.

Em tais casos, se outras empresas não desejam adotar práticas além da conformidade legal, como faz a Tetra Pak, taxas de reciclagem crescentes somente podem ser obtidas através de maior regulamentação.

O caso da Think Nordic mostra um lado diferente do ambientalismo corporativo: a importância vital de se obter retorno dos ecoinvestimentos que apresentam uma natureza *competitiva*. Embora o próprio fundamento do empreendimento fosse baseado em um bom grau de compromisso ecológico, o negócio passou por períodos críticos porque foi difícil obter retorno econômico através do negócio central da empresa: o carro elétrico – que é, por sua própria natureza, um ecoinvestimento. Como o maior apelo de marketing de um carro elétrico é ambiental,[31] para a Think Nordic o ambientalismo corporativo está profundamente envolvido nas competências centrais do negócio. Tanto o modelo de negócio como a estratégia corporativa se relacionam diretamente com o posicionamento de mercado do produto. Ainda que o carro produzido pela Think Nordic seja elétrico, ele compete não somente no nicho de automóveis elétricos mas também com carros convencionais propulsionados por motor de combustão interna (MCI). O *Think* concorre, por exemplo, com outros modelos de dois lugares, como o *Smart ForTwo* (de propriedade da Mercedes), ou até mesmo com pequenos carros de quatro lugares a gasolina ou diesel, como o Citroën C2, Fiat Punto e Renault Clio. A este respeito, as vantagens ambientais dos carros elétricos enfrentam a competição direta dos atributos dos motores dos carros convencionais, como velocidade, autonomia e desempenho na estrada (o Capítulo 7 comenta novamente esse aspecto). Neste caso, a estratégia ambiental é, essencialmente, uma *estratégia competitiva*, definida pela Zona B.

Estratégias competitivas – ambientais ou de qualquer outra natureza – podem ser vistas como um *jogo de soma zero*, no qual o lucro de uma empresa é obtido à custa da perda de outra. Como tem ocorrido historicamente, as vendas de carros convencionais reduzem a fatia de mercado de carros elétricos. Isso pode parecer má notícia para os produtos ecológicos, mas as prerrogativas ambientais parecem estar crescendo em importância para os consumidores. De qualquer maneira, o aspecto mais importante aqui não é se os processos, produtos ou serviços verdes irão superar os convencionais em performance, mas o fato de que os ecoinvestimentos passarão a ser mais competitivos à medida que os consumidores passem a valorizar seus atributos ecológicos. Na perspectiva da Figura 1.2, as estratégias ambientais competitivas irão emergir quando as oportunidades de criação de lucros privados de inovações ecológicas forem superiores aos benefícios públicos delas resultantes.

DESAFIOS METODOLÓGICOS EM *QUANDO VALE A PENA SER VERDE*

O escopo dos cenários ganha-ganha e as amplas condições nas quais as empresas podem persegui-las, consideradas na seção precedente, é o primeiro passo para responder *quando vale a pena ser verde*. Infelizmente, passar do entendimento genérico para circunstâncias específicas engloba diversos desafios metodológicos. Isto ocorre porque, além das múltiplas dimensões, tempos e contextos compreendidos na pergunta, as respostas atendem a duas audiências distintas, diferentemente. Para os acadêmicos, ser verde é, principalmente, uma questão *comparativa*. Os pesquisadores estão interessados na identificação das empresas mais verdes de uma amostra, de acordo com metodologias que permitam a elaboração de correlações confiáveis[32]. Os administradores, por outro lado, querem saber o retorno resultante de ecoinvestimentos específicos, que possam eventualmente melhorar a competitividade das empresas. Em outras palavras, para os administradores, ser verde é uma questão *competitiva*.

Existem pontos de convergência entre acadêmicos e executivos, mas eles dependem da metodologia usada nos estudos. Ser verde, com frequência, significa coisas diferentes para pessoas diferentes, particularmente para os pesquisadores. Tradicionalmente, ser verde tem sido associado com o desempenho ambiental das plantas industriais, e as emissões acumuladas das fábricas têm frequentemente sido a principal variável utilizada nessa medição. Esta é certamente uma abordagem válida, mas, neste caso, os impactos ambientais associados com as fases de uso e pós-consumo dos produtos não são considerados. As fábricas de montagem de automóveis, por exemplo, têm reduzido significativamente as emissões dos processos produtivos. Essas reduções, entretanto, representam apenas cerca de 10 por cento do impacto ambiental gerado pelos automóveis durante seu ciclo de vida.

Portanto, para identificar o líder em sustentabilidade no setor, os cálculos precisam considerar não somente as emissões das fábricas, mas também aquelas associadas ao uso do automóvel, que representam mais de 80 por cento do impacto total, assim como o impacto do final da vida útil dos veículos.

Barreiras metodológicas não detiveram os acadêmicos de se esforçarem para identificar os resultados dos ecoinvestimentos. Eles têm buscado correlações entre emissões acumuladas de fábricas[33] e indicadores financeiros, como o retorno sobre os ativos e o preço das ações na bolsa de valores.[34] Também buscaram correlações e causalidades entre o desempenho ambiental e a vantagem competitiva, mostrando, por exemplo, que algumas empresas aumentaram sua participação no mercado quando reduziram emissões tóxicas. Ao compararem o desempenho ambiental da amostra de empresas com o seu desempenho no mercado acionário ou com outros indicadores financeiros, esses estudos assumem uma perspectiva macrocomparativa. Tais estudos são fundamentais para o avanço do conhecimento no campo das estratégias de sustentabilidade. Entretanto, como os escândalos empresariais da Enron nos Estados Unidos e da Parmalat na Itália sugerem, o valor real das empresas pode estar sujeito a manipulações contábeis, distorcendo as correlações entre os desempenhos financeiro e ambiental. Mesmo que os sistemas contábeis forneçam dados confiáveis, a flutuação especulativa dos preços das ações é apenas uma das variáveis que tornam difícil estabelecer correlações confiáveis. Além disso, os preços das ações de empresas que fornecem produtos de consumo tendem a ser mais sensíveis às variações nos atributos do produto (petróleo, por exemplo) do que ao desempenho ambiental dos processos industriais (refinarias).

Um problema adicional com estudos comparativos é favorecer grandes empresas em função da disponibilidade de dados. O acesso a dados confiáveis influencia a maioria dos estudos a focar em empresas de grande porte, de capital aberto. Embora muitos líderes de sustentabilidade sejam efetivamente grandes empresas, elas nem sempre são as que estão apresentando um desempenho ambiental extraordinário. Na Suécia, uma grande quantidade de pequenas e médias empresas (PMEs) possui padrões extremamente elevados de desempenho ambiental, mas, por serem pequenas, elas raramente são incluídas em estudos comparativos. Em geral, é extremamente difícil identificar *quando vale a pena ser verde* através de uma macroperspectiva.

Como os estudos de casos discutidos no início do capítulo sugerem, ser verde é um assunto amplo e complexo, compreendendo todos os estágios do ciclo de vida dos produtos. Os ecoinvestimentos incluem inovações em projetos, como a moldagem com injeção de cor para as partes da carroceria do automóvel *Think*, que resultou na eliminação da cabine de pintura, e consequentemente em menores emissões pela fábrica.

Na maior parte dos casos, entretanto, o alcance dos ecoinvestimentos vai bem além das paredes da fábrica. Como o *Think* é um veículo elétrico, seu mais importante investimento eco-orientado é sua emissão zero durante o uso, mas a facilidade de desmontagem de seus componentes para reutilização ou reciclagem também pode ser considerada um projeto de investimento ecológico. O tempo gasto criando peças que sejam facilmente desmontadas pode eventualmente gerar retorno econômico ao final da vida do veículo.

De fato, a perspectiva do ciclo de vida do *Think* e as práticas de gerenciamento do produto da Tetra Pak levantam questões metodológicas envolvidas no retorno dos ecoinvestimentos. O espaço de tempo para análise desses investimentos é um tanto controverso. Muitos ecoinvestimentos podem necessitar de longos prazos antes de serem traduzidos em desempenho.

O treinamento para a implantação de um Sistema de Gestão Ambiental (SGA) é um exemplo típico; ele pode não apresentar um bom desempenho ambiental no curto prazo, mas pode ser crucial para o desempenho futuro da empresa.[35] Neste caso, qual deveria ser a melhor medida do período de retorno na implantação de um SGA? Custos relacionados ao produto com a Avaliação do Ciclo de Vida (ACV), rotulagem ecológica e desenvolvimento de mercado constituem outros tipos de investimento que levam um longo tempo para amadurecer. O período para retorno do investimento de uma marca ecológica pode ser de cinco ou mais anos, portanto qualquer análise de curto prazo não reconheceria o valor futuro do investimento.

Como será explorado em detalhe ao longo do livro, o contexto também influencia a chance de um ecoinvestimento se pagar ou gerar vantagem competitiva. A estrutura da indústria, o grau de rivalidade industrial, assim como o contexto político e econômico no qual o negócio está inserido podem influenciar significativamente as probabilidades de um investimento obter sucesso ou não. Por exemplo, a lucratividade de uma marca ecológica depende das características culturais dos clientes, refletidas em seu grau de consciência ambiental e desejo de pagar mais por produtos verdes (o Capítulo 5 analisa esses assuntos com mais detalhes).

Finalmente, os desafios metodológicos não terminam no valor dos ativos tangíveis. O retorno em investimentos verdes muitas vezes ocorre na forma de intangíveis. Como muitos dos casos apresentados neste livro demonstram, os ativos intangíveis representam cada vez mais uma parte importante do retorno dos investimentos eco-orientados. Ao se avaliar o sucesso do ambientalismo corporativo, a criação de novas competências, ou, como o caso da Tetra Pak indica, uma melhor reputação corporativa, não pode ser desprezada.

Em geral, a identificação das circunstâncias que geram investimentos ambientais lucrativos não pode se basear somente em correlações quantitativas entre variáveis empíricas.

Os desafios metodológicos discutidos nesta seção sugerem que, para identificar *quando vale a pena ser verde*, precisamos desmembrar os termos da pergunta e considerar:

- *Quando:* um espaço de tempo claro, e o contexto no qual a empresa opera.
- *Vale a pena:* dados quantitativos e qualitativos, assim como os valores tangível e intangível criados pelo ecoinvestimento.
- *Ser verde:* uma clara definição dos ecoinvestimentos.

Tais considerações apontam para o método do estudo de caso, uma abordagem de pesquisa que focaliza na compreensão da dinâmica presente dentro dos casos individuais. A força principal dos estudos de caso é a possibilidade da geração de uma nova teoria e da validação da mesma empiricamente.[36] Por outro lado, o uso extensivo de evidência empírica pode gerar uma teoria que seja excessivamente complexa, estreita ou idiossincrática. A fim de superar tais limitações, a análise de estudos de casos múltiplos (prática)[37] pode ser usada para gerar uma estrutura de referência mais ampla, mais bem embasada e menos idiossincrática (teoria). No estudo que resultou a publicação deste livro, diversos casos foram estudados conjuntamente para se questionar a lucratividade dos ecoinvestimentos.

Em muitos desses casos, a coleta de dados através do método de estudo de casos foi também combinada com a pesquisa-ação: um método no qual os pesquisadores trabalham com os membros de uma organização em um assunto de importância para eles e no qual eles pretendem tomar alguma ação com base nos resultados.[38] Embora seja possível utilizar-se de outros métodos, o acesso direto à realidade organizacional ajuda a identificar as sutilezas envolvidas no ambientalismo corporativo. Pela combinação do múltiplo estudo de casos e da pesquisa-ação, o estudo apresentado neste livro[39] não elimina as limitações metodológicas envolvidas nesse tipo de pesquisa.

Não obstante, todas as observações enfatizadas nos pontos em destaque anteriormente foram consideradas no processo de identificação de *quando vale a pena ser verde*.

CONCLUSÃO

Este capítulo introdutório mostrou que, enquanto o escopo para o ambientalismo corporativo é vasto, somente algumas ações no sentido da proteção ambiental irão gerar retorno econômico ou vantagens competitivas. Embora simples, a razão para isso é raramente reconhecida. O escopo para ações não competitivas é muito mais amplo do que para aquelas cujo ganho no negócio é obtido à custa de outro negócio (o jogo de *soma zero*). Em outras palavras, para a maioria dos ecoinvestimentos gerar vantagens mercadológicas, ela necessita competir com alternativas – verdes ou não – existentes no mercado.

Alguns ecoinvestimentos somente gerarão retorno quando as partes interessadas (internas ou externas) atribuírem valor a eles, que é frequentemente intangível. Considerado como um todo, o primeiro passo para responder *quando vale a pena ser verde* requer que nos foquemos na natureza competitiva dos ecoinvestimentos.

Alguns céticos podem questionar a utilidade das lógicas competitivas para a administração da sustentabilidade, como proponho neste livro. Eles podem argumentar que, à medida que a sociedade evolui e os negócios assumem maiores responsabilidades ambientais e sociais, não haverá espaço para aspectos competitivos na administração socioambiental.

Sem fazer qualquer julgamento sobre se é bom ou ruim para a sociedade ser mais ou menos competitiva, tal argumento não passa de um simples teste. Se no futuro próximo todas as empresas no mundo assumissem a responsabilidade social e ambiental para si, elas estariam fazendo o possível para reduzir o impacto sobre a natureza e aumentar o bem-estar social. Uma sociedade sustentável eventualmente emergiria dessas práticas. Isso significaria o fim da rivalidade? Particularmente, isso significaria que fatores ambientais ou sociais não poderiam ser utilizados como uma maneira de cortar custos, diferenciar produtos e serviços ou criar novos espaços de mercado? Embora nós possamos imaginar que seria mais difícil fazê-lo, a rivalidade poderia se mover para um nível diferente mas certamente não desapareceria. Enquanto existir o comércio, a competição irá orientá-lo.

Outros, como Kim e Mauborgne, os autores de *Blue Ocean Strategy*[40] (*Estratégia do Oceano Azul*), argumentariam até que as empresas deveriam simplesmente evitar a competição através da criação de novos espaços de mercado. Por que as empresas deveriam lutar por percentuais de mercados existentes se elas podem criar novos mercados? Como o Capítulo 7 explora em detalhes, isso é certamente verdadeiro para as empresas que tenham suficiente capacidade de inovação, recursos e, muito frequentemente, a coragem de reinventar mercados. Essas empresas serão certamente as vencedoras da revolução da sustentabilidade. Mas, para a maioria das empresas, como os fornecedores de mercados industriais, o escopo para mudanças estratégicas radicais é mais limitado do que os executivos gostariam que fosse.

Os próximos capítulos irão explorar essas limitações em maiores detalhes e fornecerão orientação não apenas para as empresas que têm condições de apresentar estratégias radicalmente novas, mas também para a vasta maioria de empresas que precisa otimizar suas estratégias de sustentabilidade em mercados existentes.

2
O QUE SÃO ESTRATÉGIAS DE SUSTENTABILIDADE?

As organizações poderão sempre aumentar a produtividade dos recursos e reduzir o impacto ambiental. Realmente, ao irem além do obrigatório, muitas empresas incorporaram um amplo espectro de pré-requisitos socioambientais em suas estratégias e práticas. Mas enquanto se espera que a maioria das empresas se torne melhores cidadãs, em cada setor somente algumas poderão transformar investimentos ambientais em fontes de vantagem competitiva. Como qualquer outro aspecto nos negócios, o gerenciamento ambiental é contingente às competências internas e ao contexto no qual a empresa opera.

Então, considerando que estratégias de sustentabilidade são parte integrante da estratégia corporativa, poder-se-ia perguntar: que estratégias de sustentabilidade conduzem à criação de vantagem competitiva ou de novos espaços de mercado?

Este livro não é tão ambicioso a ponto de propor uma resposta definitiva a esta pergunta. Não obstante, ele enquadra a questão de uma maneira que facilita a análise das circunstâncias nas quais os ecoinvestimentos podem eventualmente se pagar de diversas maneiras. Como as seções deste capítulo irão detalhar, a identificação de fontes de vantagem competitiva nos exige fazer uma distinção entre produtos/serviços e processos organizacionais. Essa peculiaridade é crucial para se esclarecerem as dificuldades envolvidas na competitividade eco-orientada. Tal distinção exige uma aproximação entre as duas abordagens teóricas líderes em administração estratégica: *A escola do posicionamento* de Michael Porter e a Visão Baseada em Recursos (*resource-based view* – RBV) da empresa.[1]

Ao mostrar a diferença entre as quatro escolhas estratégicas no campo da administração ambiental competitiva, o capítulo mostra por que uma aproximação entre duas perspectivas aparentemente irreconciliáveis pode avançar a prática e a teorização da administração estratégica. Adicionalmente, este capítulo também se aprofunda na estratégia do oceano azul (*Blue Ocean Strategy* – BOS), proposta por W. Chan Kim e Renée Mauborgne, a qual representa uma ruptura com a lógica da estratégia competitiva. A fim de adaptar essas escolas de pensamento para o gerenciamento da sustentabilidade, é necessário primeiramente ter uma ideia clara do que são as estratégias de sustentabilidade, e o que elas não são.

O QUE AS ESTRATÉGIAS DE SUSTENTABILIDADE NÃO SÃO

Durante a década de 90 as estratégias ambientais, como eram chamadas naquele período, gradualmente aumentaram em importância e se tornaram o tema de muitas publicações acadêmicas e práticas, e muitas revistas especializadas foram lançadas sobre este assunto.[2] Como mencionado no Capítulo 1, enquanto os acadêmicos estavam interessados em identificar fatores que influenciavam o ambientalismo corporativo proativo, os administradores queriam saber como eles poderiam transformar ecoinvestimentos em fontes de vantagem competitiva.

A literatura promovia a administração ambiental – um setor anteriormente delegado a especialistas em saúde e segurança do trabalho – ao *status* de estratégia. Assuntos ambientais se tornaram cada vez mais estratégicos para as empresas. O que não estava claro, no entanto, era como as empresas poderiam administrar tais assuntos de modo que vantagens pudessem emergir.

A publicação do livro *Down to Earth* em 2000 representou um grande passo nessa direção. Ao aplicar princípios de negócios à administração ambiental de maneira sistemática, Forest Reinhardt[3] enfatizou a natureza contingencial dos ecoinvestimentos, colocando o debate sobre *vale a pena ser verde* na direção correta.

Isto foi um ótimo começo para um ambientalismo corporativo mais centrado. O trabalho de Reinhardt explicou como as exigências ambientais poderiam se tornar fontes de redução de custos, destacando condições que favoreciam economias em resíduos e em energia dentro da organização. Ele também apresentou uma análise perspicaz sobre como a administração de risco e de incerteza poderia se tornar uma vantagem estratégica para empresas proativas.

Espelhando-se em Reinhardt, Daniel Esty e Andrew Winston no livro *Green to Gold*, publicado em 2006, consideraram a redução de riscos e de custos do negócio (chamada por eles de *Downside*)[4] uma das duas mais amplas categorias de estratégias ambientais, a outra sendo o aumento de receitas e de intangíveis (*Upside*). Os autores apresentaram lógicas convincentes para administração proativa de custos e de riscos, assim como uma pletora de exemplos úteis de empresas que haviam aumentado sua competitividade ao adotá-las.

A redução de custos dentro da empresa tem, de fato, sido uma recomendação comum na literatura especializada. Praticamente todos os livros-texto sobre o assunto mencionam a redução de custos e a administração de riscos e de incertezas como estratégias a serem seguidas pelas empresas. Esses autores estão corretos ao destacarem a importância da redução de riscos relacionados ao ambiente e a necessidade de eliminar todas as fontes de ineficiência dentro da empresa, assim como – quando possível – através de toda a cadeia de valor. Mas, se tais medidas são importantes para o sucesso de qualquer negócio, por que deveriam ser consideradas estratégias? Se a estratégia envolve a escolha de um caminho em comparação a outro, por que o eficiente gerenciamento de custos e de riscos constituiria uma estratégia de sustentabilidade?

Para esclarecer esta questão, temos que reconhecer que existe uma diferença fundamental entre o que constitui um assunto estratégico (importante) e uma clara definição estratégica (escolha). A redução de custos internos e a administração proativa de riscos e de incertezas são definitivamente de importância estratégica para as empresas – a razão pela qual todas as empresas deveriam adotá-las.

Mas, em vez de constituírem estratégias de sustentabilidade, a redução de custos e a administração de riscos e de incertezas são, na realidade, lógicas *para* a estratégia. Elas constituem o que Michael Porter chama de eficiência operacional:[5]

> Eficiência operacional e estratégia são ambas essenciais para o desempenho superior, o que, afinal, é a meta primária de qualquer empreendimento. Mas elas funcionam em formas muito diferentes (...). A eficiência operacional significa realizar atividades semelhantes melhor do que os concorrentes o fazem. A eficiência operacional inclui, mas não se limita à eficiência. Ela se refere a práticas que permitem a uma empresa melhor utilizar seus *inputs*, através de, por exemplo, redução de defeitos em produtos ou desenvolvimento mais rapido de melhores produtos. Em contraste, o posicionamento estratégico significa realizar atividades diferentes das dos concorrentes, ou realizar atividades semelhantes de maneira diferente.

Não há dúvida de que as orientações gerais para a administração eficiente de custos, riscos e incertezas, como as apresentadas em *Down to Earth* e *Green and Gold*, possuem um grande valor para os negócios. Ao adotar as abordagens sistemáticas apresentadas nesses livros, os administradores certamente estarão mais bem preparados. Mas a administração eficiente dos custos e dos riscos não deveria ser confundida com estratégia, a qual exige que as empresas sejam "melhores por serem diferentes".[6] Fundamentalmente, a estratégia compreende escolhas. As escolhas são necessárias para evitar inconsistências de imagem e reputação, quando uma empresa apresenta valores conflitantes, ou quando ela tenta ser todas as coisas para todos os clientes, confundindo tanto os funcionários como os consumidores.

W. Chan Kim e Renée Mauborgne vão além, sugerindo que as empresas ofereçam aos clientes uma escolha tão única que lhes permitiria tornar a concorrência redundante.[7] A fim de oferecer uma característica única aos consumidores, as empresas precisam escolher entre opções claras. Elas necessitarão considerar "os fatores nos quais o setor compete em produtos, serviços e entrega, e o que os consumidores recebem das ofertas concorrentes no mercado".[8] Também necessitarão criar novos fatores que lhes permitirão oferecer produtos diferenciados e serviços a preços baixos – denominado inovação de valor – e até mesmo se sentirem confortáveis com a ideia de perder alguns grupos de consumidores.

Em outras palavras, com o objetivo de ter uma estratégia consistente e clara, as empresas terão que fazer escolhas difíceis (o Capítulo 7 explora essa proposta com mais detalhes e a adapta à area das estratégias de sustentabilidade).

Qual seria, então, a opção envolvida em reduzir custos e administrar riscos? Qual seria a alternativa? Poderia alguma empresa se permitir ignorar tais áreas e permanecer competitiva? O curto prazo pode mascarar a resposta, mas ela se torna muito clara no final. A administração de custos e riscos relacionados ao ambiente é parte da eficiência operacional de qualquer empresa e não pode ser evitada. Embora as indústrias apresentem níveis diferentes de eficiência e de resultados, todas as empresas necessitam executar tais atividades. Eventualmente, o gerenciamento de custos e de riscos se tornará apenas uma licença para operar.

O mesmo pode ser dito sobre o *Upside*, proposto por Esty e Winston. Receitas crescentes e a administração de intangíveis não são uma escolha, mas um imperativo do negócio. Esty e Winston estão corretos ao destacar que tais tarefas são estrategicamente importantes para o sucesso das empresas, e oferecer ferramentas aos administradores para o eficiente gerenciamento de riscos e de custos é definitivamente útil.

Mas o fato de que tais atividades sejam importantes para o negócio não as transforma automaticamente em estratégias de sustentabilidade. Para isso, é preciso mais. Se a estratégia é "fazer melhor sendo diferente", os administradores precisam identificar como as empresas podem ser diferentes ao fazerem escolhas específicas sobre ecoinvestimentos. O debate no contexto da administração estratégica pode ajudar a esclarecer este ponto.

VANTAGEM COMPETITIVA: POSICIONAMENTO E COMPETÊNCIAS

O conceito de vantagem competitiva, como tem sido largamente utilizado desde os anos 80, foi proposto por Michael Porter[9] em seu trabalho sobre competição industrial. O trabalho de Porter sobreviveu ao tempo não porque identificou as fontes definitivas de vantagem competitiva, mas porque ofereceu um modelo referencial a partir do qual o debate poderia evoluir efetivamente.

Já em 1980 ele identificou dois tipos genéricos de vantagem competitiva que as empresas podem buscar: custos baixos e diferenciação. Através do uso eficiente de trabalho e de capital, uma empresa pode obter vantagem em custos e vender seus produtos ou serviços com o menor custo no seu setor. Por outro lado, a singularidade de certos aspectos dos produtos ou serviços valorizados pelos consumidores permite a uma empresa explorar estratégias de diferenciação. Entre essas características singulares estão as peculiaridades do produto (por exemplo, sua estética, tecnologia ou desempenho), e os serviços oferecidos pela empresa, como a tecnologia empregada em realizar determinadas atividades, e o suporte ao consumidor. De acordo com Porter[10], para obter vantagem competitiva, as empresas necessitam ter uma estratégia clara: "a criação de uma posição singular e valiosa, envolvendo um diferente conjunto de atividades".

Uma pergunta espontânea resultante dos princípios gerais de Porter sobre competição se relaciona à sua aplicabilidade aos assuntos socioambientais. Pode a busca pela vantagem competitiva promover melhores práticas de sustentabilidade nas empresas? Mais especificamente, que estratégia de sustentabilidade se encaixa melhor dentro das estratégias gerais definidas por Porter? Tratar dessas questões exige que se reconheça que os dois tipos tradicionais de vantagem competitiva estão fundamentalmente associados com o desempenho da empresa no mercado, que no final é traduzido na venda de produtos e serviços[11]. A partir desta perspectiva, a habilidade de uma empresa negociar volumes elevados de produtos de baixo custo ou de realizar vendas a preços mais elevados através da oferta de bens ou de serviços diferenciados somente representa uma vantagem competitiva se os consumidores valorizarem essas competências no mercado. Uma forma simplificada de traduzir os princípios de Porter é dizer que a vantagem competitiva é uma vantagem de mercado. A partir desta perspectiva, "ao nível mais amplo, sucesso é uma função de dois setores: a atratividade do setor no qual a empresa compete e sua posição relativa nesse setor".[12]

A implantação e a certificação dos Sistemas de Gestão Ambiental (SGA) – *Environmental Management System*, EMS) – pelas empresas podem servir como um teste da perspectiva de Porter na área de sustentabilidade (o Capítulo 4 discute a certificação de SGA em mais detalhes).

Desde o lançamento da série ISO 14000 (*International Organization for Standardization*) em 1996 como um padrão para SGAs, acadêmicos e executivos pensaram que os princípios do *Total Quality Management* (TQM) – Administração de Qualidade Total – poderiam ser transplantados diretamente para a administração da responsabilidade corporativa social e ambiental – de onde a expressão *Total Responsibility Management* (TRM) – Administração de Responsabilidade Total – emergiu.[13] Mais importante, eles acreditaram que as consequências seriam similares. Com base nessa lógica, a certificação de SGAs de uma empresa não seria apenas uma maneira sistemática de administrar riscos, mas também teria o potencial de se tornar uma fonte de vantagem competitiva.[14] Nas palavras de Sandra Waddock e Charles Bodwell: "as abordagens da administração de responsabilidade podem potencialmente gerar uma base sólida de vantagem competitiva, especialmente para os primeiros a se certificarem".[15]

Se a vantagem competitiva é principalmente uma vantagem de mercado, por que o controle de processos organizacionais via um SGA poderia se tornar uma fonte de vantagem competitiva? Que tipo de vantagem de mercado iria um SGA certificado criar para a empresa? Afinal, os consumidores compram produtos e serviços, não o sistema de atividades executado para sua entrega, *per se*. Enquanto a escola do posicionamento de Porter não pode oferecer uma resposta convincente, uma escola rival de pensamento na área de administração estratégica pode.

Para aqueles familiarizados com o assim chamado RBV (*Resource-based view*) da empresa, a vantagem competitiva não é uma função da estrutura industrial, mas resulta da habilidade das empresas em utilizar os recursos que são distribuídos de maneira heterogênea pelas empresas concorrentes e tendem a se estabilizar ao longo do tempo.[16]

Quando comparada com a perspectiva do posicionamento de Porter, a RBV não restringe as escolhas disponíveis para as empresas com relação à estrutura da indústria; ao contrário, ela considera a vantagem competitiva resultante das competências das empresas em adquirir e administrar os recursos. Entre eles estão as competências técnicas, que incluem aquelas relacionadas às questões socioambientais, propriedade da autoria intelectual, liderança de marca e competências financeiras, estrutura e cultura organizacional. Essas competências podem servir para criar vantagem competitiva em torno da ecoinovação. Em outras palavras, em vez de focar no contexto externo, a perspectiva da RBV destaca a influência que os processos organizacionais internos[17] exercem sobre a competitividade.

Ao final, os empreendimentos criam valor pela transformação de matérias-primas em produtos através de uma multiplicidade de processos e atividades, como a compra, o transporte, a fabricação e a entrega. Essa influência explica a alusão feita pelos acadêmicos e consultores desde os primeiros dias do debate sobre *quando vale a pena ser verde*, de que a certificação de SGAs poderia gerar vantagem competitiva.

O caso específico da administração socioambiental nas empresas também destaca a importância crescente que os intangíveis assumem na avaliação dos negócios. De fato, os intangíveis tornam mais claro por que a RBV e a escola do posicionamento de Porter deveriam ser vistas como perspectivas complementares, em vez de rivais. A razão é simples: a maneira pela qual as empresas administram suas atividades tem o potencial de criar ou de destruir valor.

Para alguns ecoinvestimentos, os processos organizacionais podem ter valor em si mesmos (quase) independentemente da posição que a empresa tem no segmento em que atua, assim como o valor que os consumidores atribuem a seus produtos e serviços. Por exemplo, uma empresa com um certificado ISO 14001 pode possuir uma vantagem sobre um concorrente simplesmente por atender à exigência de uma organização cliente – para ter uma certificação SGA. Tal vantagem pouco tem a ver com as características intrínsecas dos produtos vendidos pela empresa. Em outras palavras, a avaliação dos processos e dos produtos/serviços pode ocorrer independentemente.

Assim, circunstâncias específicas favorecem empresas que geram vantagem competitiva baseada em suas competências em gerenciar seus processos organizacionais independentemente da posição que seus produtos/serviços têm no mercado. Mesmo assim, por existir uma forte ligação entre *o que* as empresas produzem (produtos/serviços) e *como* elas os produzem (processos organizacionais), somente reunindo a escola do posicionamento de Porter e a RBV é possível identificar e explicar as diferentes fontes de vantagem competitiva. A próxima seção irá usar um modelo analítico para simplificar e explorar os detalhes desta proposta.

ESTRATÉGIAS AMBIENTAIS COMPETITIVAS[18]

Alguns consultores e acadêmicos têm explorado exemplos que sugerem as vantagens que as empresas têm ao assumirem uma postura socioambiental proativa.[19] Lamentavelmente, a maioria dos estudos não esclarece as situações nas quais tais oportunidades são mínimas, sugerindo que o potencial para se obter lucros de ecoinvestimentos estaria igualmente distribuído entre as empresas, independentemente do contexto no qual elas operam ou de suas competências. Mesmo que aceitemos que, em diferentes graus, as oportunidades de obter retornos com ecoinvestimentos estão disponíveis para qualquer tipo de negócio, as circunstâncias internas e externas facilitarão ou dificultarão as empresas em explorá-las. Em outras palavras, condições específicas favorecem ou dificultam a transformação de ecoinvestimentos em oportunidades lucrativas de negócio e, eventualmente, em fontes de vantagem competitiva.

Para identificarmos tais condições, primeiro é necessário desmembrar os elementos envolvidos no ambientalismo corporativo que até então não foram tratados como áreas independentes de ação estratégica. Isto é exatamente o que o modelo apresentado na Figura 2.1 faz.

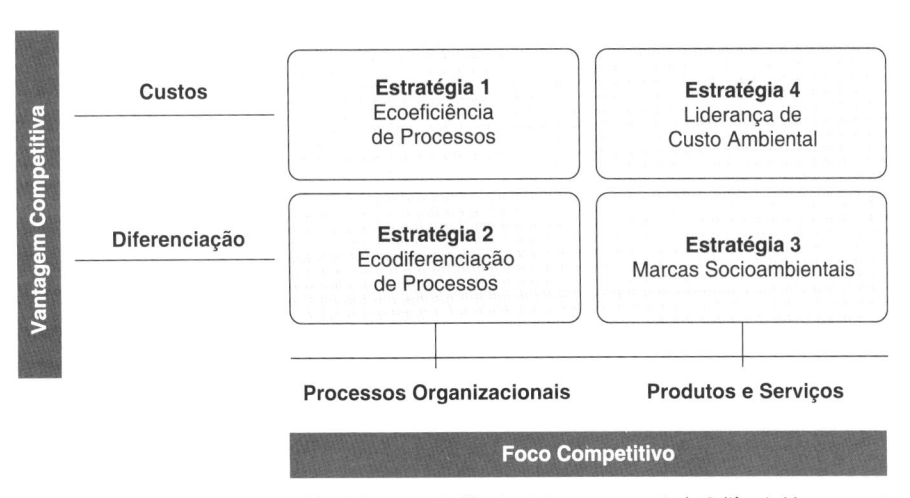

Vantagem Competitiva		Processos Organizacionais	Produtos e Serviços
	Custos	**Estratégia 1** Ecoeficiência de Processos	**Estratégia 4** Liderança de Custo Ambiental
	Diferenciação	**Estratégia 2** Ecodiferenciação de Processos	**Estratégia 3** Marcas Socioambientais
		Foco Competitivo	

Copyright© 2006, por The Regents of the University of California. Reimpresso a partir da *California Management Review*, Vol 48, nº 2, com permissão de The Regents.

FIGURA 2.1 **Estratégias Ambientais Competitivas.**

A matriz combinando esses elementos com os tipos básicos de vantagem competitiva que a empresa busca alcançar gera quatro possíveis estratégias, representadas na Figura 2.1. Os quadrantes representam uma tipologia de estratégias ambientais especializadas que as corporações podem adotar.

A estrutura do segmento econômico no qual a empresa opera, sua posição naquele segmento, os tipos de mercado aos quais a empresa atende e suas capacidades de adquirir recursos ou de lançar estratégias radicalmente inovadoras irão sugerir o foco competitivo apropriado (processos organizacionais ou produtos/serviços) e a fonte potencial de vantagem competitiva (custo ou diferenciação) para uma empresa.[20]

Como foi enfatizado na seção anterior, a diferença entre os processos organizacionais e produtos/serviços é possível somente devido ao fato de que as quatro estratégias podem funcionar independentemente. Por exemplo, através da adesão a um código de conduta socioambiental ou a um acordo voluntário[21], uma empresa pode tentar se diferenciar com base em seus processos, enquanto seus produtos ou serviços podem não apresentar quaisquer destaques socioambientais claros, tais como um rótulo ecológico. Contrariamente, uma empresa pode decidir vender produtos com selos socioambientais mas não tornar explícitas as credenciais verdes de seu processo produtivo.

O modelo analítico possui quatro facetas sutis, mas muito importantes. Primeiro, ele não deveria ser visto como um *modelo de estágio ou evolutivos*.[22] Os modelos de estágio normalmente focam na necessidade de as empresas terem objetivos incrementalmente mais ambiciosos em relação à proteção ambiental, em vez de focarem nos princípios da administração estratégica para orientar as estratégias de sustentabilidade, como discutidas neste livro. Esses modelos também pressupõem que as empresas vão de baixos para altos níveis de ambição.

Desde os anos iniciais da década de 90, quando Charles Hunt e E. Auster[23] propuseram um *continuum* de cinco estágios de desenvolvimento, que vai desde iniciantes a proativistas, até o mais recente *modelo de valor sustentável* desenvolvido por Stuart L. Hart,[24] existe a pressuposição de que toda empresa pode passar por estágios crescentemente verdes.

Mesmo que esses modelos possam ser úteis em algum momento, o modelo aqui apresentado não assume um caminho evolucionário. As estratégias apresentadas nos quadrantes da Figura 2.1 não apresentam graus crescentes de complexidade, mas são aplicáveis a certas condições. A esse respeito, Estratégias Ambientais Competitivas (EAC) é um *modelo de escolha* (estratégica), em vez de um modelo de estágios.

Segundo, na estrutura da EAC a diferenciação se relaciona, fundamentalmente, a custos mais elevados envolvidos tanto na administração dos processos organizacionais (Estratégia 2), como na disposição dos clientes em pagarem preços-prêmio por produtos e serviços (Estratégia 3). Entretanto, como em qualquer estilização da realidade, as estratégias são tipos ideais de um fenômeno particular. Afinal, os modelos teóricos são meios para ajudar a compreender a realidade através de sua simplificação. Devemos considerar, por exemplo, que em toda estratégia de diferenciação (orientada ecologicamente ou qualquer outra), existe um componente de custo; e existe um componente de diferenciação em toda estratégia de custo. Por exemplo, o McDonald's e o Burger King podem competir na base dos custos baixos, mas por usar material de embalagem reciclável, por exemplo, o McDonald's também tenta ser diferente dentro da estratégia de baixo custo.

A diferenciação pode ser perseguida através da rotulagem ecológica, mas, como acontece em muitos supermercados na Escandinávia, existe uma competição de preços entre os produtos com rótulos ecológicos.

Terceiro, existe uma diferença importante entre o escopo dos processos organizacionais (Estratégias 1 e 2) e dos produtos/serviços (Estratégias 3 e 4). Os processos organizacionais e industriais são conjuntos de atividades interligadas envolvendo máquinas, equipamentos e pessoas que os controlam, que são difíceis de separar na prática. Produtos e serviços, por outro lado, são relativamente mais fáceis de identificar e isolar (mesmo assumindo que os serviços são sistemas de atividades).

Por causa disso, os processos organizacionais tendem a ter um escopo mais abrangente do que o dos produtos e serviços. Por exemplo, é possível definir uma estratégia para um único produto ou uma marca ecológica, como é o caso da *Änglamark*, apresentada no Capítulo 5. Enquanto é possível fazer o mesmo com um conjunto de processos organizacionais, como uma linha especializada de produção, mais frequentemente eles se referem a toda a instalação de manufatura ou mesmo à empresa inteira.

De fato, a experiência no desenvolvimento do modelo evidenciou que, ainda que as empresas tenham uma estratégia de sustentabilidade abrangente, mais frequentemente elas desenvolvem estratégias para projetos particulares, portfólio de produtos ou grupos estratégicos de produtos. O modelo é particularmente útil para tais situações. Ele permite aos administradores pensarem sistematicamente sobre os vários ecoinvestimentos que necessitam ser geridos.

Quarto, é fundamental reconhecer que o foco em uma estratégia específica não implica ignorar outras áreas nas quais o impacto ambiental pode ser reduzido. Por exemplo, se a empresa escolher focalizar na Estratégia 1 (Ecoeficiência de Processos), não significa que ela não deva reduzir o impacto de seus produtos. Afinal, o modelo parte do comportamento proativo que vai além do que as empresas são obrigadas a fazer por lei. As empresas devem fazer o seu melhor para reduzir suas marcas ambientais em tantas frentes quanto possível. O desenvolvimento dos projetos A e B pode implicar que o C deve esperar. Estratégia implica escolha, prioridade e foco. Entre múltiplas possibilidades, a estratégia escolhida implica que a empresa irá fazer certas coisas (a certificação de um SGA, por exemplo) e não outras (um rótulo ecológico para seus produtos).

Finalmente, uma nota sobre os nomes das estratégias: embora pudéssemos identificar as estratégias apenas por seus números, os nomes deveriam nos ajudar a capturar sua lógica intrínseca. A desvantagem com nomes é o significado atribuído às palavras e o risco de gerar múltiplas interpretações. O nome da Estratégia 2 (*beyond compliance leadership*, na versão original em inglês), por exemplo, poderia ser aplicado tanto a processos organizacionais como a produtos/serviços. Afinal, todo o modelo pressupõe um comportamento além da conformidade legal. Mas, devido ao fato de esse tipo de comportamento ter se originado da gestão ambiental nas fábricas, ele tem sido referido com mais frequência a operações realizadas pela indústria do que a produtos ou serviços. No geral, o nome de cada estratégia deveria apenas facilitar a identificação de seus elementos constitutivos, mas, da mesma maneira que os modelos teóricos não deveriam limitar nossa imaginação, os nomes não deveriam ser tomados literalmente.

O Ambientalista Corporativo Cético: Opções Sutis

Como qualquer ferramenta, o modelo analítico não será útil se usado de maneira ou propósito errado. Novamente, é fundamental reconhecer que a divisão entre as quatro estratégias genéricas representa uma tipologia estilizada da realidade para facilitar a identificação do foco competitivo das estratégias ambientais. Mas, em vez de ser uma camisa de força, o modelo deve ser usado como um referencial: os quadrantes foram propostos para facilitar a reflexão e aumentar a clareza quanto à competitividade ambiental. Visto que a diferença entre a vantagem competitiva baseada em processos e em produtos/serviços é realmente complicada, é muito fácil confundir os esforços gerais que a empresa faz para reduzir seus impactos ambientais (para melhorar) com o foco estratégico para gerar vantagens competitivas (para ser a melhor). Afinal, existem condições internas e externas à organização que irão sugerir um foco específico para a estratégia da empresa. Por isso é que os quatro quadrantes são úteis: eles nos ajudam a pensar sistematicamente sobre o escopo de estratégias proativas e a identificar áreas de prioridade de acordo com a realidade da empresa. Em outras palavras, a divisão teórica ajuda os gestores a fazerem escolhas estratégicas entre tipos diferentes de ecoinvestimentos, assim como priorizá-los no tempo.

Entretanto, se as fronteiras entre as quatro estratégias possíveis são nocionais, um cético poderia perguntar: por que deveríamos considerar a distinção feita entre processos organizacionais e produtos/serviços? Se os produtos têm que ser produzidos de uma maneira ou de outra, e os ganhos na produtividade do processo podem ser transferidos aos produtos, isso não inviabiliza o modelo? Embora sutis, existem, efetivamente, razões práticas para fazermos tais distinções. Encontrar oportunidades além daquelas que estão "caindo de maduras" requer uma análise mais detalhada dos elementos envolvidos na administração ambiental estratégica. E, por definição, a análise se refere à separação de um objeto ou questão em seus vários componentes. Neste caso, a separação entre processos e produtos/serviços nos permite identificar as opções estratégicas disponíveis aos administradores. De acordo com Porter[25] isto é um elemento essencial da estratégia.

Vamos analisar primeiramente a distinção entre a Estratégia 1 (Ecoeficiência de Processos) e a Estratégia 4 (Liderança em Custo Ambiental). Como a otimização de um processo industrial pode contribuir para a redução do custo final de um produto e aumentar a sua chance de competir no mercado, poder-se-ia argumentar que qualquer distinção entre processos e produtos não faz sentido. Isso estaria correto se as ecoeficiências obtidas nos processos fossem suficientes para tornar um produto um líder de mercado em custo ambiental. Infelizmente, este é raramente o caso. A liderança em custo ambiental exige que uma empresa conquiste ambos: o menor custo e o menor impacto ambiental dos produtos em sua categoria. Como os Capítulos 3 e 6 exploram em mais detalhes, ganhos substanciais na produtividade de recursos durante o processamento são apenas parte da equação; eles devem ser combinados com o desenho para o meio ambiente, a substituição de matérias-primas, a desmaterialização do produto ou novos modelos de comercialização. Em muitas empresas, a redução tanto do custo final do produto quanto de seu impacto ambiental é um resultado do redesenho do produto e da substituição de matérias-primas, e não da ecoeficiência dos processos. Em outras palavras, a competitividade pode ser obtida pela redefinição da natureza do produto, independentemente dos processos utilizados para fabricá-lo.

Por outro lado, uma empresa pode ter competências para ecoeficiência durante a produção e que efetivamente reduzem o custo final de seus produtos. Entretanto, em relação a concorrentes, esses produtos podem continuar apresentando níveis relativamente elevados de impacto ambiental e assim não seriam capazes de se tornarem líderes em E-custos. Na realidade, este é o caso da grande maioria das empresas que buscam economias de escala. Economias de escala na produção têm forçado as empresas a otimizarem seus sistemas de produção e a usarem processos similares para uma ampla gama de produtos. Na indústria automobilística – onde existem poucos exemplos de veículos ambientalmente corretos no mercado – o compartilhamento de plataformas entre modelos diversos de carros se tornou uma prática comum desde os anos 90. Para a maioria das montadoras, os ganhos de produtividade nos processos impactam em uma ampla gama de modelos de automóveis, e não apenas em um.

Considerando que os atributos ecológicos dos produtos eco-orientados se baseiam em seu método de produção, outras pessoas poderão questionar a distinção feita entre as Estratégias 2 e 3. Inegavelmente, um pequeno número de empresas tem sido capaz de vincular as qualidades ambientais de seus produtos com os processos organizacionais, resultando em uma ecodiferenciação em nível corporativo. Desde sua fundação, empresas pioneiras como a Ecover da Bélgica, uma fabricante de produtos de limpeza, a inglesa Body Shop e as americanas Ben & Jerry e Patagonia foram capazes de estabelecer uma forte ligação entre seus processos ecologicamente responsáveis e o portfólio de produtos vendidos por elas. Para essas empresas, credenciais verdes foram valores formadores, que estão tão enraizados no que quer que essas empresas façam que ser verde se tornou um atributo intrínseco de seus produtos. A história dessas empresas sugere ser verdadeiramente possível adotar a ecodiferenciação em nível corporativo, obscurecendo, assim, a distinção entre as Estratégias 2 e 3. Isso também sugere, no entanto, que tal escopo estratégico é restrito a um pequeno número de empresas nascidas com valores e compromissos socioambientais.

Apesar de uma conversão tardia ser possível para algumas empresas, a ligação entre a marca dos produtos e o ambientalismo corporativo será uma trajetória difícil para a maioria. E mesmo quando é possível, a distinção teórica entre processos e produtos/serviços permanece sendo útil. Os ecoinvestimentos da General Electric (GE), a gigante americana, fabricante de uma ampla gama de produtos, e a fabricante japonesa de automóveis Toyota tornam esse ponto mais claro.

O lançamento bem-sucedido do *Prius*, veículo híbrido (VH), pela Toyota em 1997 (discutido em detalhes no Capítulo 7), e o programa *Ecomagination* da GE lançado no início dos anos 2000 têm um foco claro nos produtos dessas empresas. Esses ecoinvestimentos receberam tanta atenção da mídia que ambas as empresas acabaram sendo reconhecidas como líderes de sustentabilidade em seus setores. Como discutido no Capítulo 5, é natural que o sucesso da marca dos produtos também pode ajudar a melhorar a imagem da empresa como um todo, e tanto para a GE como para a Toyota a conexão de uma iniciativa ambiental bem-sucedida com a imagem corporativa foi certamente bem-vinda. Mas enquanto o programa *Ecomagination* gerou uma ecodiferenciação institucional, o valor da marca GE, que tem sido, historicamente, uma das mais valiosas do mundo,[26] não pode ser atribuído à sua tardia conversão ao ambientalismo corporativo, nem ao sucesso de seus produtos eco-orientados. No caso da Toyota, as vendas dos carros híbridos ainda são marginais quando comparadas aos modelos tradicionais à gasolina ou diesel, tornando difícil para a Toyota justificar sua imagem verde. Por outro lado, desde os anos 80, a Toyota tem sido tão eficiente em seus processos de produção que o termo *toyotismo* emergiu quase como sinônimo de qualidade total (TQM). Mais uma vez, a distinção entre processos organizacionais e produtos/serviços é útil para destacar esses tipos de complexidades envolvidas na análise das estratégias de sustentabilidade.

A distinção é particularmente útil para análise de outras sutilezas entre as Estratégias 2 e 3. Muitos dos atributos ecológicos de produtos ecorrotulados, por exemplo, se originam de seus métodos de produção – mais especificamente, nos processos agrícolas (por exemplo, alimentos orgânicos) ou industriais (por exemplo, papel de filtros de café que não contém alvejante). Na compra de um pacote de farinha de trigo, por exemplo, o consumidor avalia os aspectos intrínsecos da farinha, que foi influenciada por sua forma de produção.

Para alguns céticos, essa relação entre as características dos produtos e os processos utilizados na sua produção pode sugerir que a distinção feita entre as Marcas Socioambientais (Estratégia 3) e a Ecodiferenciação de Processos (Estratégia 2) seja irrelevante. Um olhar cuidadoso do exemplo da farinha de trigo prova o contrário. Quando compra a farinha no supermercado, o consumidor não está avaliando os processos organizacionais do supermercado mas aqueles do produtor da farinha. Para os consumidores, faz pouca diferença se o supermercado possui a certificação ISO 14001 de seus processos, por exemplo. Por esta perspectiva, a distinção entre os processos organizacionais e os produtos é crucial para a otimização dos ecoinvestimentos realizados pelo supermercado (neste caso, ter um catálogo de produtos ecorrotulados).

Finalmente, executivos ou acadêmicos também podem questionar a distinção feita entre custo e diferenciação de processos organizacionais (Estratégias 1 e 2, respectivamente). Eles podem argumentar, por exemplo, que a busca da ecoeficiência pode facilitar o desenvolvimento e reduzir os custos de implantação e certificação de um SGA. Reciprocamente, uma empresa pode usar sua certificação ISO 14001 para se diferenciar de seus competidores, mas o processo de implantação do SGA pode desvendar áreas de potencial aumento de produtividade de recursos.[27] Se as escolhas estratégicas reforçam umas às outras, então por que a distinção entre vantagem competitiva baseada no custo (Estratégia 1) e na diferenciação de processos organizacionais (Estratégia 2)? Nenhuma, se as oportunidades de ganha-ganha prevalecessem sempre. Mas a realidade é que a certificação de um SGA via de regra é custosa, e as economias obtidas no seu processo de implantação normalmente são inferiores aos gastos. Confrontados com as opções entre os custos relativamente mais elevados associados à certificação do SGA (diferenciação) e o foco na ecoeficiência dos processos industriais (custos), os administradores terão que fazer uma escolha entre as Estratégias 1 e 2. Se as condições para a diferenciação de processo não forem viáveis para a empresa, a escolha do foco em ecoeficiência emergiria naturalmente da análise baseada no modelo analítico.

ALÉM DA COMPETIÇÃO: INOVAÇÃO DE VALOR SUSTENTÁVEL

Algumas grandes organizações exercem influências poderosas sobre a cadeia de suprimentos e canais de distribuição de seus produtos e serviços. Empresas como o Walmart, o gigante varejista americano, podem exigir não somente o que seus fornecedores devem fazer para ganhar contratos, mas também como os produtos devem ser produzidos, e a que preços devem ser vendidos. A inclusão de padrões sociais e ambientais mínimos no critério de escolha dos fornecedores é certamente mais fácil para o Walmart do que para um varejista de médio porte. Isso é o que tem sido chamado de cadeia de suprimentos verde (*green supply chain*). Da mesma maneira, as empresas podem influenciar as práticas cadeia abaixo. O caso da Tetra Pak discutido no Capítulo 1 é um exemplo típico de excelente gerenciamento da fase de pós-consumo de produtos (*product stewardship*). O investimento da Tetra Pak resultou na criação de um sistema de reciclagem completo, o que também preparou a empresa para uma regulamentação forçando a reciclagem. Não obstante, neste caso, mesmo que tais práticas afetem positivamente a reputação da empresa, por serem de natureza não-rivais, não se espera que vantagens competitivas sejam criadas a partir dessas práticas. A entrada de competidores na rede de reciclagem estabelecida pela Tetra Pak representaria, outrossim, um ganho para todos: mais material reciclado (benefícios públicos) e menores custos (lucros privados) para manter a rede, uma vez que as despesas passariam a ser divididas entre competidores.

Tais influências acima e abaixo da rede produção/comercialização da empresa podem ser componentes importantes das Estratégias Ambientais Competitivas (EACs) de empresas como o Walmart ou a Tetra Pak. Afinal, as cadeias de suprimento verdes e a gestão do pós-consumo dos produtos podem melhorar a reputação socioambiental dessas empresas nos seus respectivos segmentos – varejo e embalagem, respectivamente. Os Capítulos 2 a 6 exploram as questões envolvidas na definição das EACs, o que auxilia as empresas a competirem nos segmentos e mercados estabelecidos (existentes). Para usar a metáfora dos proponentes da estratégia do oceano azul, as EACs ajudam os gestores a "nadarem em oceanos vermelhos".

As quatro EACs apresentadas na Figura 2.1 são bem ajustáveis a um vasto número de empresas que precisam melhorar seu desempenho socioambiental e mercados existentes. Em essência, essas estratégias seguem a lógica da rivalidade adotada pelas escolas do posicionamento de Porter e da RBV. A principal preocupação das empresas que adotam uma EAC se relaciona à criação de vantagens competitivas para aumentar sua participação no mercado em setores econômicos bem estabelecidos.

Adotando tais estratégias, os fornecedores de produtos e de serviços dentro de um setor específico tentam superar uns aos outros para ter a maior "fatia do bolo" possível. Essas são, essencialmente, *estratégias orientadas para o fornecimento*.

Organizações altamente inovadoras, entretanto, podem superar a concorrência como um todo através das estratégias do oceano azul (EOA). Ao redefinir a proposição de valor para consumidores – e, em muitos casos, consumidores potenciais – as empresas podem criar uma inovação de valor – produtos e serviços diferenciados a preços baixos.[28] Em outras palavras, a EOA elimina a opção entre o custo e a diferenciação presente nas estratégias competitivas (incluindo as ambientais).

Como o desenvolvimento da EOA é baseado nas necessidades dos clientes, pode ser considerada uma *estratégia orientada para a demanda*. Em outras palavras, a inovação de valor é criada pela satisfação de demandas inexploradas pelas empresas, com novas propostas de valor. Como os novos espaços de mercado não competem com as ofertas existentes, não há padrões de comparação para preço, dificultando as distinções tradicionais entre preço baixo e diferenciação, presentes nas estratégias orientadas para o fornecimento.

A questão central que surge com a EOA se relaciona à sua aplicabilidade à sustentabilidade ecológica nos negócios. Podem as demandas dos consumidores ser alinhadas com as demandas da sociedade por responsabilidade socioambiental?

Como a inovação de valor pode ser criada de uma maneira ecologicamente sustentável? Como podem as estratégias de sustentabilidade contribuir para a criação de novos espaços de mercado? Para responder a essas perguntas, primeiramente é necessário reconhecer que inovações de valor que resultam em maiores impactos ambientais não restringem o uso da EOA.

Por outro lado, as estratégias de sustentabilidade requerem que a proposta de valor seja suportada pelas demandas de outras partes interessadas em proteção ambiental e justiça social. Assim, a transposição da EOA para o domínio da sustentabilidade resulta em uma estratégia que, simultaneamente, reduz os custos, aumenta o valor para o consumidor e gera benefícios públicos.

Tais necessidades nos levam ao conceito de Inovação de Valor Sustentável (IVS), apresentado na Figura 2.2.

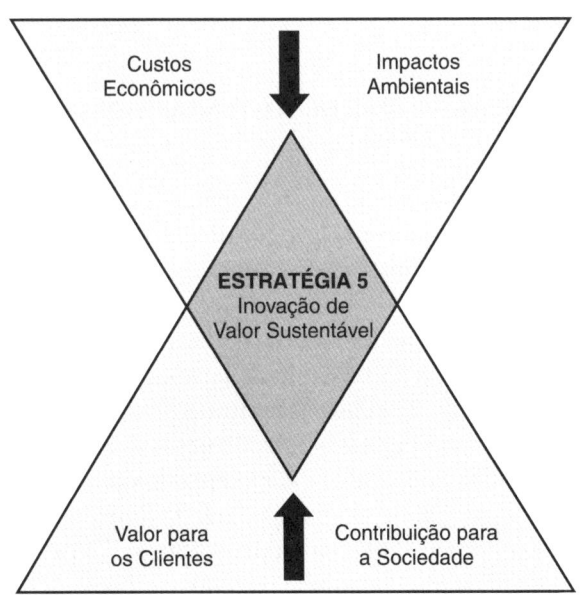

FIGURA 2.2 **Estratégia de Inovação de Valor Sustentável.**[29]

Por questionar a adequação do modelo de negócios utilizado por empresas para criar valor – não somente para os acionistas, mas também para a sociedade – a IVS redefine as fronteiras do sistema de valor de um setor econômico. Ao apresentarem uma proposta de valor que é única – normalmente através de um novo modelo de negócios – as empresas podem reduzir tanto os custos econômicos como os impactos ambientais, criando valor não somente para os clientes, mas também para a sociedade como um todo.

O Capítulo 7 utiliza a indústria automobilística para explorar as complexidades desta exigente estratégia de sustentabilidade, e para explicar por que a IVS é, essencialmente, uma estratégia de sistemas, pois requer mudanças tanto na natureza e na tecnologia dos produtos como na lógica pela qual os sistemas de produção e consumo são organizados. Obviamente, este tipo de estratégia é, de longe, o mais difícil. Não obstante, as empresas que forem capazes de desenvolver e adotar uma abordagem radicalmente inovadora para a gestão do sistema de atividade envolvida no ciclo de vida total de seus produtos podem criar valor para os clientes atuais e potenciais a custos econômicos e ambientais reduzidos. Fazendo isso, a estratégia IVS alinha a pressão do acionista por lucros com as exigências socioambientais.

O PORTFÓLIO DE ESTRATÉGIAS DE SUSTENTABILIDADE

Apesar das lógicas incorporadas nas Estratégias Ambientais Competitivas (EAC) (Figura 2.1) e na Inovação de Valor Sustentável (IVS) (Figura 2.2) serem fundamentalmente diferentes, algumas semelhanças exigem uma pequena nota explicativa. A Liderança de E-Custo (Estratégia 4, apresentada no Capítulo 6) é relativamente próxima ao princípio de inovação de valor sustentável, pois os produtos/serviços são líderes não apenas nos preços, mas também em suas prerrogativas ambientais. No caso do E-custo, no entanto, os consumidores se recusam a pagar prêmios por diferenciação ecológica, e assim, quaisquer que sejam os atributos ecológicos apresentados pelos produtos, o que comanda a sua venda é o preço baixo para o cliente; a empresa está limitada a focar exclusivamente em custos baixos. O preço baixo, neste caso, é fundamental para a empresa ganhar vantagem competitiva nos mercados existentes.

No caso da Estratégia de Marcas Socioambientais (Estratégia 3, apresentada no Capítulo 5), a diferenciação é central para o marketing e as vendas dos produtos/serviços mas, neste caso, ela se refere principalmente à disposição dos clientes de pagarem um preço-prêmio por eles. O valor diferenciado é criado a custos mais altos e, assim, a empresa não tem escolha senão focalizar nos consumidores de nichos de mercado que estão dispostos a pagar preços relativamente mais elevados. Portanto, para ser competitiva nas indústrias existentes, se faz necessário uma clara escolha entre custos baixos (Liderança E-Custo) e preços-prêmio (Marca Ecológica). Tal limitação não está presente na lógica da estratégia IVS. Como a inovação de valor cria novos mercados, as comparações de preço ficam ofuscadas, deixando as estratégias IVS com maior escopo para explorar preços medianos. Neste caso, "ficar preso no meio" (ou, como também é dito, "em cima do muro"), em vez de ser um problema, é, na verdade, uma vantagem.

Em conjunto, as EACs e a IVS compreendem as cinco possíveis estratégias de sustentabilidade. A Figura 2.3 apresenta esquematicamente essas escolhas estratégicas, enfatizando as amplas condições de aplicação. As empresas podem usar as EACs, descritas em detalhes na Parte II deste livro, para aumentar seu posicionamento competitivo nos mercados existentes, enquanto a estratégia IVS é usada na criação de novos espaços de mercado (Parte III). Nos Capítulos 3 a 7, as respostas a *quando vale a pena ser verde* são resumidas em duas dimensões: o contexto externo das organizações e suas competências internas para implementar qualquer estratégia de sustentabilidade.

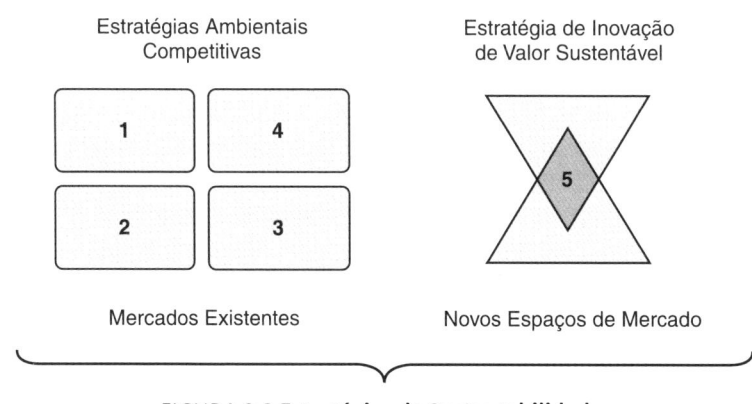

FIGURA 2.3 **Estratégias de Sustentabilidade.**

Finalmente, este capítulo pretende tornar claro que as estratégias de sustentabilidade são escolhas disponíveis aos gestores para alinhar investimentos ambientais e sociais com a estratégia geral da empresa. Ao focalizar em uma estratégia específica, os administradores escolhem priorizar determinados ecoinvestimentos em relação a outros, que poderão ser empreendidos em um estágio posterior.

Mesmo assim é importante ressaltar que o foco nas Marcas Socioambientais (Estratégia 3), por exemplo, não quer dizer que a empresa não deva se esforçar em aumentar a eficiência de seus processos organizacionais. Afinal, as estratégias de sustentabilidade partem de um comportamento proativo, que vai além do que é exigido pela lei. As empresas que adotarem qualquer uma das cinco estratégias já estarão se posicionando bem à frente das exigências socioambientais legais.

O que a escolha implica, efetivamente, é o alinhamento dos ecoinvestimentos com o contexto e as competências da empresa e com sua estratégia corporativa.

Ao usar critérios claros para identificar uma estratégia de sustentabilidade específica a ser seguida, os gestores estarão em uma melhor posição para justificar os ecoinvestimentos aos acionistas, enquanto também atendem as demandas de outros *stakeholders*.

CONCLUSÃO

Este capítulo utilizou os fundamentos da administração estratégica para identificar o que as estratégias de sustentabilidade são e, também, o que não são. Apesar de muito ter sido escrito sobre o assunto, um exame mais detalhado mostra que muito do que é considerado estratégia na verdade não passa de abordagens genéricas à administração socioambiental das empresas.

Os elementos básicos da perspectiva de Michael Porter sobre estratégia e o reconhecimento de que estratégia envolve opções e escolhas foram usados para substanciar este ponto. Um olhar mais profundo quanto à singularidade dos assuntos ambientais nos negócios também indicou a necessidade de se fazer uma distinção entre a vantagem competitiva baseada em processos organizacionais e em produtos/serviços.

Apesar de sutil, tal distinção é fundamental não apenas para a identificação das inequívocas Estratégias Ambientais Competitivas (EAC), mas também se aproxima das perspectivas rivais do posicionamento e da RBV. Adicionalmente, o conceito de inovação de valor proposto por Kim e Mauborgne foi estendido ao campo da administração da sustentabilidade.

A quinta estratégia de sustentabilidade – Inovação de Valor Sustentável (IVS) – fornece a base para a criação de novos espaços de mercado, alinhados com as demandas de responsabilidade ambiental e social.

A categorização de cinco estratégias de sustentabilidade constitui um passo sólido na direção da identificação das condições nas quais os ecoinvestimentos podem aumentar a competitividade das empresas ou criar novos espaços de mercado – amplamente englobados pela pergunta: *quando vale a pena ser verde?* Pela separação dos principais constituintes do debate em torno desta pergunta, este capítulo inicia a jornada na direção de uma melhor compreensão dos aspectos socioambientais nos empreendimentos, assim como o estabelecimento de estratégias claras.

Esse refinamento teórico, ancorado em sólida pesquisa experimental, chega em momento oportuno. Os administradores que têm sido cada vez mais solicitados a atender as exigências quanto à sustentabilidade socioambiental precisam decidir sobre seus ecoinvestimentos em bases sólidas. Eles têm sido bombardeados por abordagens teóricas, ferramentas, técnicas, esquemas, padrões e casos de demonstração das melhores práticas socioambientais. Enquanto a multiplicação do material ajuda a trazer os assuntos relativos à sustentabilidade para a corrente principal do pensamento empresarial, uma grande quantidade de administradores ainda precisa saber o que devem fazer por primeiro, e por que.

Deveriam eles obter créditos de carbono através de estratégia que busque a ecoeficiência de processos? Aumentar a reputação da empresa unindo-se a clubes verdes? Subscrever programas de rotulagem ecológica? Explorar mercados emergentes de tecnologia limpa? Desenvolver uma marca socioambiental? Mover-se da venda de produtos para a prestação de serviços – com menor impacto ambiental? Em meio à confusão, muitos fazem um pouco de tudo e gastam preciosos recursos sem lógicas sólidas.

Depois do surgimento da sustentabilidade como um assunto empresarial, os executivos precisam de uma base sólida para poder priorizar os ecoinvestimentos. Mais amplamente, eles precisam alinhar esses investimentos com a estratégia corporativa. É por esse motivo que a pesquisa que resultou nos modelos analíticos, conceitos e ideias apresentadas neste livro é de muita utilidade.

Os acadêmicos poderão usar os modelos apresentados neste capítulo e explorados em detalhes ao longo do livro para definir construtos teóricos ou variáveis empíricas para a definição de propostas ou hipóteses de pesquisas.

De um ponto de vista mais prático, as tipologias de classificação podem ajudar os administradores a definir e priorizar áreas de ação organizacional, otimizando o retorno econômico sobre os ecoinvestimentos, assim como o potencial para transformá-los em fontes de vantagem competitiva ou novos espaços de mercado.

PARTE II
AMBIENTALISMO COMPETITIVO

3
ECOEFICIÊNCIA DE PROCESSOS

Em algum grau, todas as organizações buscam a produtividade de recursos. Ao otimizar o uso dos recursos, tais como a redução do consumo de energia e de resíduos, as empresas podem também reduzir os custos associados a eles e, consequentemente, se tornarem mais competitivas. No entanto, como enfatizado no Capítulo 2, mesmo que a produtividade dos recursos melhore a competitividade das empresas, ela não pode ser considerada uma estratégia por si só. A produtividade dos recursos é parte da eficiência operacional necessária para as empresas continuarem competitivas. Se este é o caso, então por que a ecoeficiência é considerada um tipo específico de estratégia ambiental competitiva (descrita na figura da página 35)? Se a eficiência dos recursos é uma prática administrativa a ser buscada por todas as organizações, não seria ela então apenas um tipo específico de eficiência operacional? Ou existe algo fundamentalmente novo sobre a eficiência orientada para a sustentabilidade?

Sim, existe. Ao focar em três novos aspectos da produtividade de recursos, este capítulo explica por que este é o caso. O primeiro se relaciona com as consequências da adoção do pensamento enxuto (*Lean Thinking*) nas fábricas. A estratégia da ecoeficiência pode levar a inovações revolucionárias e a melhorias radicais na utilização de recursos. Pela aplicação do pensamento enxuto na administração das operações, os resíduos e os subprodutos podem ser eventualmente transformados em novas fontes de renda. Adicionalmente, quando esta lógica é estendida além das fronteiras da organização, pode render ganhos adicionais através da simbiose industrial. Finalmente, ecoeficiências visando a redução de emissões de dióxido de carbono (CO_2) estão adquirindo uma importância sem precedente para a competitividade das empresas.

As soluções para o aquecimento global compreendem novos mecanismos de mercado que irão progressivamente recompensar as estratégias ecoeficientes.

DA PRODUTIVIDADE DE RECURSOS À ECOEFICIÊNCIA

No início dos anos 90, Porter[1] enfatizou que a produtividade é o elemento-chave para as empresas ganharem competitividade. As empresas deveriam ser capazes de desvendar oportunidades para inovar que resultem em sistemas organizacionais mais eficientes e custos operacionais reduzidos. Em um trabalho posterior, Porter e Clas Van der Linde[2] afirmaram que as empresas deveriam buscar a produtividade de recursos na forma de economias de materiais, aumentos nos rendimentos do processo e melhor utilização dos subprodutos porque, fundamentalmente, o resíduo consiste em um uso ineficiente dos recursos. As empresas precisariam apenas identificar as oportunidades ocultas para lucrarem com os ecoinvestimentos e, no devido tempo, transformá-los em fontes de vantagem competitiva. Como mencionado no Capítulo 1, o argumento de Porter ficou conhecido como *hipótese ganha-ganha*, e despertou um debate intenso durante a década de 90 – ainda em aberto, como este livro sugere.

A publicação do livro *Capitalismo Natural* ao final da década de 90 representou outro marco no debate sobre produtividade de recursos, vantagem competitiva e sustentabilidade. Paul Hawken, Amory Lovins e Hunter Lovins[3] demonstraram que, pelo redesenho dos sistemas de produção e consumo, os ganhos potenciais na produtividade de recursos são tão consideráveis que um novo sistema econômico pode emergir. Eles fundamentaram seus argumentos em exemplos de empresas que aumentaram a produtividade dos recursos naturais, mudaram para modelos de produção inspirados na biologia, adotaram modelos empresariais baseados em soluções e reinvestiram em capital natural. Segundo os autores, essas práticas promovem o capitalismo natural, ou seja, o que o capitalismo pode se tornar quando os mecanismos reguladores e de mercado finalmente fizerem as organizações internalizar seus custos ambientais.

ECOEFICIÊNCIA DE PROCESSOS

Embora o *Capitalismo Natural* tenha causado alguma agitação nos círculos empresariais e políticos na América do Norte e na Europa, principalmente, os assuntos ambientais iriam logo ser superados por questões sociais nos negócios, como mencionamos no Prefácio deste livro. A postura contrária ao Protocolo de Kyoto da presidência de George W. Bush transformou os problemas ambientais em cidadãos de segunda classe. Tanto em círculos acadêmicos como empresariais, o ambientalismo corporativo foi colocado sob o guarda-chuva da Responsabilidade Social Empresarial (RSE). Enquanto as empresas começaram a publicar relatórios de RSE, um grande número de acadêmicos e consultores voltou a atenção para as questões sociais nos negócios. O ponto de inflexão desta tendência centrada no social ocorreu com a repentina sensibilização das massas sobre os perigos associados à mudança climática. O aquecimento global finalmente alcançou a consciência do público através dos efeitos de furacões e da incansável cruzada pessoal de Al Gore, a quem foi conferido o Prêmio Nobel de 2007. O ponto de inflexão reforçou a urgente necessidade das sociedades reduzirem seus impactos antropogênicos. Repentinamente, a atmosfera se tornou mais receptiva ao ambientalismo corporativo. Enquanto o aquecimento global começava a ser um tema comum entre políticos e mesmo entre cidadãos, assuntos mais práticos, como a ecoeficiência, retornaram ao jargão dos especialistas, consultores e executivos.

É verdade que a ecoeficiência tem sido parte do vocabulário corporativo já há algum tempo. Em particular, a disseminação da terminologia da ecoeficiência entre pessoas do meio empresarial é devida ao conceito (deveras) simplificado proposto pelo *World Business Council for Sustainable Development* (WBCSD, representado no Brasil pelo Conselho Empresarial Brasileiro para o Desenvolvimento Sustentável, CEBDS) – em 1996: "fazer mais com menos". A definição é certamente atraente para os negócios, mas não reflete o escopo verdadeiro da ecoeficiência. Mais problemático, ele equipara os conceitos de ecoeficiência e produtividade de recursos.[4] Apesar de a produtividade de recursos ser uma forma importante de diminuir o impacto ambiental dos processos industriais e dos produtos, é apenas parte dele. Por exemplo, desde a década de 70 as emissões automobilísticas de substâncias tóxicas (conhecidas como NOx) foram reduzidas em 97 por cento. Este desempenho foi obtido quase que exclusivamente pela melhoria da tecnologia embutida nos motores de combustão interna e seus componentes eletrônicos, o que sugere que a ecoeficiência é muito mais ampla do que a produtividade de recursos.

Além da otimização de processos, a ecoeficiência também pode ser obtida pela substituição ou redução da quantidade de material utilizado em um produto – daí o jargão (acadêmico) da *desmaterialização*. Mais amplamente, a eficiência ecológica pode ser alcançada pela redução do impacto ambiental de todo o sistema de produção e de consumo, assim como todos os estágios anteriores à fabricação e ao pós-consumo.[5] Assim, uma definição genérica melhorada para a ecoeficiência seria: "fazer mais com menos e reduzir o impacto ambiental". Seguindo esta lógica, o título da Estratégia 1 – Ecoeficiência de Processos – indica que a busca pela eficiência de processo é orientada em prerrogativas ecológicas.

Ao focar em estratégias de ecoeficiência, as empresas almejam reduzir tanto os custos econômicos como os impactos ambientais dos processos organizacionais. Como a redução de custos é crucial, a maior parte das empresas que trabalham com a Estratégia 1 o faz sem muita publicidade. Por exemplo, com o objetivo de reduzir os seus impactos e riscos ambientais, as Pequenas e Médias Empresas (PMEs) podem desenvolver Sistema de Gestão Ambiental (SGA), mas evitar os custos associados à certificação do SGA. Neste caso, a criação de um SGA mais simples e menos burocrático do que os que usam as orientações da ISO 14001 faz sentido. Empresas que fornecem para um pequeno número de clientes comerciais (isto é, fornecem para outras empresas, também conhecido como *business to business* – B2B) podem evitar os custos da certificação SGA simplesmente através de convite às organizações clientes para auditarem os seus sistemas.

Por sua própria natureza, espera-se que a maioria das empresas que fazem uso intensivo de processos industriais busque estratégias de Ecoeficiência. Menos óbvia, no entanto, é a possibilidade de gerarem novas oportunidades de negócio a partir do que era antes considerado resíduo. Em geral, espera-se que as empresas que focam na Estratégia 1 desenvolvam competências para aumentar continuamente a produtividade dos processos organizacionais enquanto diminuem tanto o impacto ambiental quanto os custos associados a ele. Entretanto, para que se vá além da eficiência operacional – e então, se tornar uma estratégia verdadeira – as empresas devem não apenas apresentar os custos operacionais mais baixos do setor, mas também obter um valor extra pelos resíduos, subprodutos e pela própria produtividade dos recursos. As seções a seguir identificam as três principais maneiras para se alcançar esses objetivos.

ECOEFICIÊNCIA NA EMPRESA: PENSAMENTO ENXUTO

A busca pela produtividade dos recursos sempre fez sentido na indústria. No contexto da montagem de automóveis, por exemplo, a sobrevivência das montadoras tem exigido esforços constantes para a redução dos custos dos processos industriais. A racionalização dos sistemas de produção se tornou imperativa para os fabricantes de automóveis para se manterem competitivos. A pressão para cortar custos os tem levado a trabalhar na direção da eliminação do desperdício e a máxima otimização dos recursos. Em geral, a redução do impacto ambiental da fabricação de automóveis pode ser vista como uma consequência da abordagem do pensamento enxuto (*lean thinking*) recomendado por James Womack e Daniel Jones,[6] no qual as empresas devem eliminar qualquer fonte de ineficiência – particularmente na forma de desperdícios e subprodutos. Assumindo esta lógica como ponto de partida, a ecoeficiência pode ser vista como a extensão da lógica do pensamento enxuto e a busca pela radical produtividade de recursos.

Se este é o caso, não seria a Ecoeficiência apenas um tipo de eficiência operacional, como descrita no Capítulo 2? Inegavelmente, as montadoras de automóveis não deveriam esperar obter vantagem competitiva a partir de estratégias ecoeficientes. A indústria automotiva é bem conhecida por seus elevados níveis de otimização de processos, e práticas de desperdício zero são onipresentes na indústria. Neste caso, os fabricantes de automóveis não deveriam esperar gerar vantagem competitiva a partir da Estratégia 1 simplesmente porque, nos últimos anos, as ecoeficiências se transformaram na eficiência operacional média do setor – ou meramente a sua *licença para operar*. Por outro lado, em indústrias com baixos níveis de eficiência de recursos, os primeiros a seguirem na direção da ecoeficiência podem, de fato, obter vantagens competitivas – ao menos por algum tempo. À medida que o desempenho médio do setor aumenta, no entanto, as estratégias ecoeficientes tendem a convergir para a eficiência operacional.

Uma vez mais, isso significa que a ecoeficiência está sempre destinada a se tornar eficiência operacional? Se fosse verdade, a ecoeficiência simplesmente não poderia ser considerada uma estratégia. A razão pela qual este não é o caso repousa nos desdobramentos de uma mentalidade orientada para a ecologia. Como os autores do livro *Capitalismo Natural* têm afirmado tão enfaticamente, as estratégias de Ecoeficiência podem levar a inovações tecnológicas revolucionárias, permitindo melhoramentos substanciais na utilização de recursos. O pensamento enxuto pode despertar inovações ecológicas com o potencial de se tornarem fontes de vantagem competitiva. Na prática, quando o desperdício não é considerado como tal em empresas de processo intensivo, receitas extras são obtidas por se tirar a vantagem da total utilização dos subprodutos. Apesar de o desenvolvimento de tais oportunidades exigir consideráveis competências administrativas e criatividade e – como nas melhores atividades empresariais – estar sujeito a falhar, elas estão prontamente disponíveis para alguns empreendimentos.

De acordo com a Iniciativa de Pesquisa para Emissão Zero (ZERI)[7] este potencial é claro nas cervejarias. Desde meados dos anos 90, práticas ecoeficientes na produção de cerveja têm sido um caso central para a ZERI. Em uma fábrica tradicional de cervejas, os grãos utilizados, que representam a maior parte dos subprodutos de uma cervejaria (cerca de 18kg por hectolitro de cerveja), são vendidos a preços baixos para criadores de suínos ou bovinos. Apesar disso fazer sentido econômico para as cervejarias, não é saudável para os animais, nem ambientalmente ideal. Devido à incapacidade dos bovinos de digerir adequadamente os resíduos de grão, eles acabam produzindo muito gás metano – um gás que contribui para a formação do efeito estufa. Como alternativa a esta prática, devido ao fato de os grãos serem ricos em fibras e proteínas, a ZERI sugere que sejam utilizados para cultivar cogumelos. Com um equipamento simples, é possível separar as enzimas geradas pela decomposição da lingo-celulose e do substrato rico em proteínas resultantes do processo de cultivo dos cogumelos. Além de ser uma solução ambientalmente mais adequada, os cogumelos possuem um valor de mercado maior do que as rações animais. As cinco categorias de enzimas resultantes também podem ser utilizadas como aditivos na fabricação de sabão.[8] Assim, pela recuperação da proteína que tradicionalmente tem sido considerada um resíduo no setor, algumas microcervejarias geraram novas fontes de renda e, em alguns casos, novos negócios.[9]

Se tais práticas são possíveis, alguns céticos podem perguntar por que somente algumas pequenas cervejarias em países em desenvolvimento as adotaram? Por que o cultivo de cogumelos a partir dos grãos usados na produção de cerveja não se tornou uma prática normal do setor? Parte da resposta se relaciona com o que as empresas consideram sua competência central.[10] Os fabricantes de cerveja raramente estão interessados em atividades periféricas, como o tratamento de resíduos. Menos ainda se tais atividades demandarem novas competências, investimentos e com um potencial de retorno financeiro relativamente pequeno, quando comparados com as receitas advindas de seu negócio central – neste caso, a venda de cerveja. Para um grande produtor de cerveja como a Heineken, sempre que possível os grãos usados são vendidos como alimento para gado. Para a Heineken, esta é uma solução satisfatória tanto dos pontos de vista econômico quanto ambiental. Mas, além de não serem ideal como alimento para o gado,[11] esta solução não é aplicável quando a criação de gado está muito distante da fábrica.[12] Na atual lógica das cervejarias, menos aplicável ainda é a ideia de cultivar cogumelos. Localização e a escala são cruciais. Tecnicamente, a produção de cogumelos a partir de subprodutos da cervejaria pode fazer sentido econômico para uma microcervejaria localizada em área onde exista demanda para ração animal e onde qualquer oportunidade para criar empregos e extrair valor – ainda que marginal – de um negócio seja sempre bem-vinda. Tais empresas normalmente fornecem para mercados locais e são mais fáceis de serem encontradas em economias emergentes. Para a maioria das multinacionais da indústria de cerveja, a água, e não os resíduos dos grãos, tem cada vez mais se tornado a principal preocupação.

O grupo chinês Guitang, um conglomerado industrial que opera uma das maiores refinarias de açúcar naquele país, apresenta um exemplo mais convincente de gerar valor (extra) a partir da otimização de recursos. A lógica da instalação das empresas do grupo considerou a capacidade de otimizar recursos não somente na produção de açúcar mas no polo industrial como um todo. Com isso, o grupo aumentou a qualidade do açúcar, reduziu a quantidade de resíduos e os custos associados a eles, aumentando a lucratividade.

As atividades do Grupo Guitang consistem na produção interligada de açúcar, álcool, cimento, fertilizante composto e papel, incluindo a reciclagem e a reutilização dos subprodutos e dos resíduos. "Por considerar os resíduos como oportunidades de negócios, o Grupo Guitang solucionou um problema tradicional, usando o sedimento de carbonato de cálcio ($CaCO_3$ – conhecido mais comumente como giz) como matéria-prima para a fábrica de cimento. Isso ajudou a compensar o custo da carbonatação, aumentando a competitividade da empresa no mercado de açúcar."[13]

Este tipo de atividade cria desafios gerenciais permanentes. Para manter sua competitividade no mercado global de açúcar, o grupo tem que continuamente influenciar suas operações tanto acima como abaixo da cadeia de valor. Ela garante sua base de fornecedores, por exemplo, através de incentivos tecnológicos e econômicos para os fazendeiros. No geral, por mais de quatro décadas o Grupo Guitang tem implantado uma estratégia de ecoeficiência que resultou em uma rede interorganizacional com características especiais. O sistema industrial se apoia nos conceitos da simbiose industrial.

ECOEFICIÊNCIA ALÉM DAS FRONTEIRAS: SIMBIOSE INDUSTRIAL

Como o exemplo do Grupo Guitang sugere, as empresas podem reduzir os impactos e custos ambientais através da eficiência no uso de recursos em processos de forma mais abrangente do que a convencional. Ou seja, a mentalidade de ecoeficiência pode gerar ganhos além das fronteiras da empresa. A partir da perspectiva da Ecologia Industrial (EI),[14] os processos individuais de fabricação são considerados parte de sistemas mais amplos de produção e de consumo. Em tais sistemas, o ciclo total de materiais – de material virgem a componente, produto, produto residual e eliminação final – é otimizado em termos de recursos, energia, impacto ambiental e capital.

Embora o escopo da EI compreenda o ciclo inteiro de vida dos produtos – desde a fase de pré-fabricação até a fase de pós-consumo – o conceito inspirou o desenvolvimento da Simbiose Industrial (SI) de maneira mais intensa do que qualquer outra área. A SI pressupõe um fluxo interdependente de materiais, processos e energia dentro do *cluster* onde as empresas se localizam. Na prática, os resíduos, os subprodutos e a energia de uma empresa poderão alimentar processos em outra, formando sistemas fechados, comumente chamados de Parques Ecoindustriais (PEIs). Em tais parques, as empresas colaboram para um gerenciamento de materiais, processos e energia eficiente dentro do *cluster*. A lógica econômica para tal prática é simples: os custos dos *inputs* e dos resíduos podem ser reduzidos e receitas podem ser obtidas pela venda de subprodutos ou de energia a empresas vizinhas.[15]

O primeiro PEI a ser identificado como tal (em 1989) foi formado nos anos 70 na cidade de Kalundborg[16] e até hoje continua sendo o melhor *benchmark* de ecoparque. Naquela cidade dinamarquesa, a necessidade de assegurar o abastecimento de água para as empresas locais no longo prazo resultou no ponto de referência da simbiose industrial. No PEI de Kalundborg as seguintes organizações cooperam para otimizar o uso de energia e de recursos e reduzir o desperdício: uma termoelétrica a carvão, uma refinaria de petróleo, uma empresa farmacêutica especializada em biotecnologia, uma fábrica de placas de gesso e outra de placas de plástico, fabricantes de cimento, um produtor de ácido sulfúrico, a empresa municipal de aquecimento residencial, uma criação de peixes, algumas estufas para plantas, fazendas locais e outros pequenos empreendimentos. A ideia básica do sistema é que o resíduo e os subprodutos de uma empresa se tornem matérias-primas para outras. Sem o uso de qualquer regulamentação governamental, essas organizações estabeleceram contratos visando um fluxo eficiente de materiais e de energia. De forma semelhante ao Grupo Guitang, à medida que as empresas otimizaram o uso dos recursos e reduziram o impacto ambiental, seus custos também diminuíram. Mas existe uma diferença básica entre os dois casos: enquanto a IS chinesa foi formada sob o guarda-chuva de um único proprietário, as empresas participantes do PEI dinamarquês pertencem a vários donos.

Uma das razões pelas quais o PEI de Kalundborg é conhecido mundialmente tem relação com a possibilidade da diminuição dos custos de produção pela adoção de novas maneiras de tratar dos resíduos e pela otimização do *input* e do *output* de materiais e de energia. Este é um argumento sedutor para os empreendedores e um motivo para os governos promoverem projetos colaborativos imitando o modelo do caso dinamarquês. Nos Estados Unidos, por exemplo, durante a administração Clinton nos anos 1990, o *US President's Council for Sustainable Development* – Conselho do Presidente dos Estados Unidos para o Desenvolvimento Sustentável (USPCSD) – promoveu 15 PEIs. Um número equivalente de parques foi apoiado por outras entidades nos Estados Unidos, enquanto mais de 30 foram classificados como ecoparques na Europa – principalmente na Holanda, Inglaterra e Suécia.[17]

Por volta de 2007, os resultados não eram tão encorajadores. Uma avaliação dos ecoparques realizada pelo USPCSD evidenciou resultados parcos. Dentre os 15 casos, somente um podia ser considerado um ecoparque padrão; os demais projetos nunca emergiram, abriram com objetivos diversos, ou simplesmente fracassaram. Havia razões peculiares para tais fracassos; muitos tinham relação com a falta de financiamento ou mudanças nas prioridades políticas e preferências dos governos locais. De qualquer maneira, esses fracassos despertam uma pergunta óbvia: considerando os benefícios atribuídos aos ecoparques, por que eles não são um sucesso em um ambiente tão favorável aos negócios como o dos Estados Unidos? Parte da resposta tem suas raízes na estrutura regulamentadora americana. As empresas que fabricam produtos a partir de resíduos de outras empresas (material secundário) podem ser responsabilizadas por problemas de saúde ou por danos causados pelo resíduo que foi utilizado como matéria-prima. Assim, a atitude óbvia é evitar se envolver com os resíduos de outras empresas.

Mais amplamente, a experiência de promover ecoparques nas duas últimas décadas revelou diferenças fundamentais entre os sistemas industriais e naturais.[18] Como podemos imaginar, os ecoparques industriais não funcionam organicamente como os nichos ecológicos naturais. Questões operacionais, financeiras, comportamentais e políticas limitam a motivação das empresas em participarem de simbioses industriais. O relativo baixo valor dos resíduos, que tende a ser embutido em despesas indiretas, constitui uma frequente barreira econômica. Algumas empresas também não desejam correr o risco de expor informações comercialmente sensíveis ou confidenciais. E, uma vez mais, a simbiose industrial corre contra uma tendência empresarial iniciada no início da década de 90. As escolas de administração têm ensinado MBAs e executivos a não se desviarem da competência central de suas empresas. De acordo com esta lógica, a menos que você esteja no setor de administração de resíduos, trabalhar com eles simplesmente não é o seu negócio.

Isso quer dizer que a simbiose industrial nasceu morta? Afinal, se a justificativa empresarial ainda é fraca, por que alguém deveria se importar com tais arranjos industriais? Os administradores deveriam se importar porque as principais limitações dos parques ecoindustriais estão associadas às políticas públicas, e não à administração privada. O que se tornou clara na avaliação dos ecoparques é a habilidade limitada de programas públicos (ou seja, vindos de cima para baixo) de desencadearem redes colaborativas.[19] Como a essência da colaboração é a confiança, um programa formal de governo raramente gera os resultados de uma aliança natural (de baixo para cima), como foi o caso em Kalundborg. Em outras palavras, o empreendedorismo comercial é o que mais importa em tais esquemas. Em vez de aguardarem a intervenção governamental, os administradores com mentalidade voltada para a ecoeficiência podem buscar soluções em todos os locais onde possam ser encontradas, mesmo que elas estejam além das fronteiras da empresa. A partir da ótica empresarial, não é importante se as sinergias conduzem a um ecoparque ideal. Isso é mais uma preocupação acadêmica. Em vez disso, o que importa é a possibilidade de as sinergias gerarem ecoeficiências superiores ao desempenho médio do setor.

O caso da Kwinana na Austrália Ocidental é exemplar a este respeito. Neste *cluster* de indústrias minerais primárias, foram identificados 32 subprodutos e 15 sinergias de utilidades.[20] Isso resulta de fatores que são únicos àquele contexto. Essencialmente, pelo fato de as empresas locais fornecerem principalmente para mercados internacionais, os níveis de competição entre elas são baixos. A localização também é importante. O *cluster* é isolado de outros complexos industriais mas relativamente próximo ao centro metropolitano de Perth, na Austrália Ocidental, que está rapidamente se expandindo para áreas adjacentes. A proximidade do distrito industrial de um frágil ambiente marinho e de uma área recreativa para os residentes gerou a conscientização ambiental e a valorização dos recursos naturais na área, o que também motivou as empresas a buscarem simbioses industriais. Finalmente, o Conselho de Indústrias de Kwinana tem desempenhado um papel fundamental ao tratar de assuntos comuns às empresas e em promover colaboração entre elas.

O caso Kwinana leva a uma conclusão contraintuitiva. Muitos pensariam – como a maioria dos estudiosos e planejadores públicos o fez – que seria mais fácil desenvolver ecoparques no estágio de planejamento de complexos industriais. Ao tentar replicar o ecoparque de Kalundborg, pensou-se que seria mais difícil obter sinergias simbióticas em áreas onde a infraestrutura já estivesse pronta. Mas o *cluster* de indústrias de minerais australianas sugere o oposto. Uma vez que as empresas estão funcionando relativamente bem, focando em suas competências-chave, elas parecem estar mais abertas a explorar a produtividade de recursos e as ecoeficiências em uma escala mais ampla, regional.

Não há razão, entretanto, para ignorar o potencial de ecoparques serem concebidos na fase de projeto. Um ecoparque pode certamente emergir a partir de um plano de negócios bem elaborado.[21] O método menos arriscado de desenvolvê-lo é colocar todas as organizações sob um mesmo controle, como algumas cooperativas fazem no agronegócio. Mas mesmo não havendo nada impedindo os agroindustriais de fazerem investimentos semelhantes ao do Grupo Guitang chinês, tais sistemas simbióticos de propriedade privada são de instalação cara e difíceis de coordenar. Sob uma organização cooperativa, o sistema pode ser mais flexível e adaptável às mudanças do mercado.

No geral, para empresas de uso intensivo de processos, faz sentido comercial considerar a simbiose industrial como um componente de sua estratégia de ecoeficiência. Semelhantemente, as empresas que lidam com produtos agrícolas têm boas razões para prestar especial atenção às práticas sinérgicas.

Como se espera que a produção de biocombustíveis irá crescer em paralelo à crescente demanda por alimentos, a integração entre processos agroindustriais é imperativa para a redução dos impactos ambientais e dos custos econômicos no setor. O Programa Nacional do Álcool (Proálcool) é um exemplo didático, discutido em mais detalhes no Capítulo 6.

De 1980 a 2005, os custos da produção do etanol caíram de US$100 para US$30 por barril devido a melhoramentos nas técnicas agrícolas e, mais significativamente, devido ao uso do bagaço para a produção de energia, evitando o uso de combustível fóssil para o processamento da cana de açúcar.[22] Além disso, como o complexo do Grupo Guitang sugere, a simbiose agroindustrial pode resultar em redução de custos e desempenho socioambientais acima da média. Mais amplamente, a simbiose industrial pode viabilizar – técnica e economicamente – sistemas de produção e consumo mais sustentáveis.[23] Mas o potencial não se encerra com as sinergias. Como a seção seguinte explica, tais projetos podem gerar lucros de uma fonte cada vez mais importante.

ECOEFICIÊNCIA NO CÉU: CRÉDITOS DE CARBONO

A diferença entre a eficiência operacional e a ecoeficiência é sutil e, para muitos, pode parecer apenas como uma boa maneira de se cuidar da casa. Mas a razão pela qual este não é o caso refere-se ao potencial da ecoeficiência reduzir custos de forma não convencional. Levadas ao seu potencial extremo, o pensamento enxuto e a simbiose industrial podem levar a ganhos que vão além da redução de custos via eficiência operacional e, assim, tornarem-se uma estratégia *per se*. Não obstante, se tais dividendos extras ainda não parecem tão óbvios, eles se tornam evidentes quando consideramos o potencial da ecoeficiência em gerar um tipo radicalmente novo de valor; um que vai mais longe do que os recursos físicos gerenciados pelas empresas. Medidas de mitigação para o aquecimento global – a questão ambiental mais importante do século XXI – irão cada vez mais recompensar a ecoeficiência de uma maneira nova. Para algumas empresas que operam em setores de uso intensivo de energia, a Estratégia 1 pode gerar valor extra através de créditos de carbono.

As máquinas e as tecnologias incorporadas têm sempre sido o meio de produzir outras coisas, como equipamentos ou produtos de consumo. Por exemplo, o preço de máquinas para embalagem depende de sua produtividade, normalmente medida em um número de pacotes por um período-padrão de tempo. Os resíduos gerados durante a calibragem ou a operação são lançados na conta de custo de processamento, para que as máquinas possam ser comparadas na base de sua razão custo-eficiência. Semelhantemente, os custos de instalação de filtros para redução de emissões de poluentes têm servido ou para cumprir a legislação ou para demonstrar a boa-vontade das empresas em reduzirem seu impacto ambiental. Mas, até recentemente, as empresas raramente podiam mitigar tais custos.

Os mecanismos de mercado incorporados no Protocolo de Kyoto mudaram parcialmente esta situação.[24] O processo tem suas origens em 1988, quando as Nações Unidas (UN) estabeleceram um grupo chamado de Painel Intergovernamental sobre as Mudanças Climáticas (IPCC). Em seu primeiro relatório em 1990, o IPCC enfatizou a seriedade da ameaça da mudança do clima. A grande maioria dos dois mil cientistas envolvidos no painel concordou que a liberação dos Gases de Efeito Estufa (GEE)[25] pela atividade humana está aquecendo o planeta em uma escala sem precedente. O primeiro relatório IPCC foi feito a tempo para a *Earth Summit* realizado no Rio de Janeiro em 1992 (mais conhecido como ECO-92). O relatório serviu como um catalisador para a comunidade internacional considerar uma ação coletiva para o combate às mudanças climáticas. Como resultado, 166 nações (que cresceram para 193 em 2008)[26] assinaram a Convenção das Nações Unidas sobre o Quadro de Mudanças no Clima (*United Nations Framework Convention on Climate Change* – UNFCCC), que entrou em vigor em 1994, com a meta não legalmente obrigatória de estabelecer suas emissões de GEE aos níveis de 1990 no ano 2000.

Somente quando o segundo relatório de avaliação do IPCC foi divulgado em 1995, clamando por uma forte ação política, é que governos se mobilizaram para o que, ao final, se tornou o Protocolo de Kyoto.[27] Metas de redução obrigatórias foram determinadas na conferência da UNFCCC de *follow-up*, em dezembro de 1997, em Kyoto, no Japão. A conferência em Kyoto se tornou um marco e um dos eventos mais controversos na história recente das políticas de mitigação para as mudanças climáticas. Após negociações incessantes e a assistência do vice-presidente americano Al Gore, as partes concordaram em reduzir os níveis de emissão em 5 por cento, comparados com os níveis de 1990, no período de comprometimento 2008-2012. Os países em desenvolvimento foram isentados. As metas são diferentes para países diferentes, com alguns, como a Noruega, Austrália e Islândia, tendo até mesmo o direito de aumentar as emissões. Para que o tratado se tornasse lei, era necessário pelo menos que 55 por cento das nações do Anexo I o ratificassem. Então, mesmo não tendo os Estados Unidos nunca o ratificado, e a Austrália tê-lo feito somente em 2007, o protocolo se tornou lei internacional em 2005, após sua ratificação pela Rússia. Uma vez que não se sabia se o Protocolo de Kyoto se tornaria uma lei ou não, a maior parte dos governos signatários não tomou medidas concretas para se prepararem para o período de comprometimento, e alcançar as metas se tornou um enorme desafio para a maioria, com o Canadá liderando a liga.

Os mecanismos de mercado costurados no Protocolo – Esquemas Internacionais de Negociação de Emissões (*International Emission Trading Schemes* – ETSs), Mecanismo de Desenvolvimento Limpo (MDL; *Clean Development Mechanisms* – CDL) e projetos de Implantação Conjunta (*Joint Implementation* – JI) – valorizam o potencial de certas tecnologias para a redução de emissões de GEE.[28] O argumento central para a implantação desses mecanismos se baseia no cumprimento do custo mais baixo de acordo com o Protocolo de Kyoto. Quando se fala de negociação internacional de emissões, apesar de a União Europeia (EU) ter sido a líder mundial, muitos estados americanos desenvolveram esquemas de registro de carbono, passaram ou propuseram legislação independentemente da posição oficial do governo federal norte-americano, que havia se oposto ao Protocolo de Kyoto.

O Japão também desenvolveu ETSs voluntários, resultando em alguma demanda por créditos gerados em países em desenvolvimento. Canadá e Austrália iniciaram seus ETSs em julho de 2007. Apesar de existirem algumas diferenças, a maioria dos ETSs trabalha de uma maneira semelhante, porque estão todos sob as regras do Protocolo de Kyoto. O ETS da EU serve como exemplo. O esquema é baseado no princípio de limitação e comércio de emissões (*cap and trade principle*), no qual a *limitação* é um volume total fixo de emissões que os países-membros da EU podem liberar. Isto, por sua vez, define quanto os grupos de empresas e firmas individuais operando nas cinco indústrias de uso intensivo de energia podem emitir. No primeiro período (2005-2008), permissões foram dadas gratuitamente para empresas que operavam em cinco setores: eletricidade, petróleo, metais, materiais de construção e papel.[29] Tais empresas podiam negociar quaisquer créditos de carbono (que são, mais precisamente, carbono não emitido). Por outro lado, as empresas que excedessem suas emissões tinham que adquirir créditos de emissão no mercado a fim de se manterem dentro da cota.[30]

Sob o Protocolo de Kyoto, projetos de JI são levados a efeito em países industrializados, enquanto os países em desenvolvimento recebem os MDLs.[31] Projetos tipicamente elegíveis são os de geração de energia renovável e eficiência energética. Tais projetos representam oportunidades para investidores interessados na geração de créditos de carbono através de ecoeficiências ou de fontes alternativas de energia. Eles podem encontrar mais oportunidades nos MDLs porque o escopo geográfico é maior do que o das JIs. Para se ter uma ideia, em 2008 ocorreram apenas 175 projetos de JI, enquanto perto de 4.000 MDLs[32] foram registrados. Assim, para empresas locais ou subsidiárias de multinacionais que operam nos mercados emergentes, os MDLs representam uma oportunidade para gerar dividendos extras através de estratégias voltadas à ecoeficiência.[33] Por exemplo, alguns dos ganhos em ecoeficiência do Grupo Guitang, mencionado na seção anterior, também se qualificam para os MDLs. Assim, as possibilidades para os MDLs são efetivamente vastas.

O encapsulamento de aterros sanitários (mais conhecidos como lixões) com a subsequente separação e queima do metano para gerar eletricidade tem sido um projeto típico de CDM, mas o metano pode ter outras origens. Por exemplo, a Bunge, uma grande empresa agrícola americana que opera no setor agroindustrial, e a Sadia, uma das maiores produtoras de frango, carne suína e bovina no Brasil, instalaram biodigestores nas granjas de criação de suínos no sul do país. Lagoas de esterco foram encapsuladas para a coleta e subsequente queima de metano para gerar eletricidade para as granjas. Porque o CO_2 resultante da queima é relativamente menos prejudicial do que o metano, esses projetos dão direito a créditos de carbono. A Sadia e a Bunge financiam os investimentos para os granjeiros e em troca retêm a maior parte dos créditos, que são então vendidos para empresas que operam nos países do Anexo I. Em 2006, a Sadia vendeu os créditos obtidos em quatro projetos desse tipo ao European Carbon Fund (Luxemburgo) por € 35 milhões. Finalmente, o metano também pode gerar créditos de carbono via simbiose industrial. Por exemplo, a produtora de petróleo anglo-holandesa Shell transfere CO_2 de uma refinaria na região de Botlek, na Holanda, para 500 estufas que produzem frutas e vegetais. Essa sinergia evita a emissão de 170.000 toneladas de CO_2 por ano pela

Shell e a queima de 95 metros cúbicos de gás pelos donos das estufas para produzir o CO_2 necessário para as plantas.[34]

Dois casos adicionais no Brasil ilustram como os MDLs podem ser extraídos de processos industriais ecoeficientes.[35] A SA Paulista,[36] uma empresa brasileira que opera na administração ambiental e em infraestrutura urbana, criou um sistema para usar o metano liberado em um aterro para gerar eletricidade para a cidade de Nova Iguaçu, no Estado do Rio de Janeiro. Em novembro de 2005, os créditos foram vendidos para o governo holandês por € 9 milhões. A subsidiária brasileira da Rodhia, uma multinacional suíça, instalou filtros na fábrica de Paulínia no estado de São Paulo, com o objetivo de reduzir as emissões de óxido nitroso (N_2O) na produção de nylon. Em março de 2006, a Rodhia vendeu seus créditos de carbono (mais precisamente neste caso, créditos de N_2O) para os bancos Société Générale e IXIS por € 54 milhões.

Apesar de a certificação e a negociação dos instrumentos baseados em projetos sob os CDMs e as JIs envolverem uma grande dose de burocracia, a lógica não é diferente de outros mercados de *commodities*. Nas palavras de Andrew Hoffman:[37] "a pergunta empresarial nas reduções de GEE é: Como se pode gerar créditos de carbono ao menor custo e vendê-los ao maior preço?" As empresas que operam na EU podem vender qualquer excesso de redução de emissões através do EU-ETS, enquanto aquelas localizadas nos países em desenvolvimento (isto é, sem reduções de emissão compulsórias) podem, como os projetos no Brasil sugerem, vender reduções de emissão para os países da EU via MDLs. Assim sendo, sob as estruturas regulatórias orientadas para o mercado, as empresas que desenvolverem competências para inovar e reduzir as emissões a custos relativamente baixos podem certamente aumentar sua competitividade.[38]

Os mercados de carbono na Europa e os MDLs na Ásia e na América Latina já estão bem estabelecidos, mas ainda enfrentam múltiplos desafios. Existem muitas incertezas sobre metodologias de cálculo, competências organizacionais para a monitoração dos projetos e entidades de registro, e também sobre os custos de transação. Apesar dessas incertezas, o interesse e o número de transações no mercado voluntário indicam que os mecanismos de mercado irão gradualmente recompensar as reduções de carbono além do período do comprometimento de Kyoto.

Isso também indica que as competências organizacionais para a redução dos níveis de emissão das operações estão se tornando tão importantes que já se fala em estratégias para a mudança climática.[39] Em geral, tem havido uma clara tendência na direção de incentivos orientados para o mercado para a descarbonização do mundo. E mesmo que não haja clareza após 2012, quando expira o primeiro período de comprometimento do Protocolo de Kyoto, as incertezas são menos sobre a existência de um novo plano limitando emissões e mais sobre como ele será. Para os empresários, se o regime pós-Kyoto será um tratado global ou um conjunto de alianças descentralizadas não é tão importante quanto saber se o mercado de carbono sobreviverá. Embora não possamos ser definitivos, a tendência aponta na direção da consolidação do carbono como uma da *commodities* mais importantes do século XXI.

QUANDO A ECOEFICIÊNCIA DE PROCESSOS VALE A PENA

Se as oportunidades de lucrar com a ecoeficiência estão tão prontamente disponíveis, poder-se-ia perguntar por que elas não são práticas comuns na maioria dos empreendimentos? Fundamentalmente, porque os administradores não têm tempo suficiente e competências para se focarem no fluxo de recursos dentro e no entorno da empresa.[40] A ecoeficiência requer também condições especiais para ser desenvolvida e assim não pode ser estendida indiscriminadamente para todas as firmas. Apesar de ser possível obter ganhos em algum nível em virtualmente todas as organizações, circunstâncias específicas irão recompensar umas mais do que outras. De forma similar, para cada Estratégia Ambiental Competitiva (EAC) a resposta para quando *vale a pena ser verde* depende do contexto no qual as empresas operam, assim como em suas competências internas.

Contexto

O contexto organizacional pode se referir a diversos aspectos. O setor econômico no qual a empresa opera é o mais óbvio, mas ele também inclui os cenários político e cultural que mais diretamente afetam a empresa. A este respeito, as empresas baseadas em democracias industriais estáveis enfrentam demandas muito diferentes daquelas que operam em países onde a inquietação social é comum. Os tipos de mercados e de clientes atendidos pela empresa também são importantes dimensões contextuais. Em geral, condições externas específicas favorecem ou dificultam as empresas a obter resultados positivos de ecoinvestimentos.

Genericamente, a evidência empírica sugere que as estratégias de ecoeficiência possuem um maior potencial para gerar vantagem competitiva em empresas que fornecem a mercados industriais (também conhecidos como B2B, do inglês *business to business*), enfrentando custos relativamente elevados de processamento e geração de resíduos e/ou subprodutos. Muitas empresas no agronegócio e as indústrias de alimentos e bebidas se enquadram nesta categoria. Em tais circunstâncias, devido ao fato de a organização cliente não estar disposta a arcar com custos associados à proteção ambiental, o foco nas estratégias de ecoeficiência faz muito sentido comercial. Ao trabalhar na direção da ecoeficiência dentro da empresa, assim como além de suas fronteiras, as empresas com uso intensivo de processos estarão economizando dinheiro enquanto diminuem o impacto ambiental de suas operações.

Curiosamente, o setor eletrônico é um onde o potencial de lucrar com ecoeficiências é significativo. Embora o setor tenha sido frequentemente identificado como *high-tech*, as fábricas produtoras de circuitos eletrônicos têm sido projetadas de tal maneira que 100 por cento ou mais de melhorias são possíveis na maioria dos casos.[41] Existe um grande potencial na fabricação de *microchips* para reduzir o uso da água e de emissões de compostos perfluorados (PECs), que são gases de efeito estufa com elevado impacto climático.[42] Existe também evidência de que as estratégias de ecoeficiência são de importância particular para as indústrias de minerais e químicas, como o caso de Kwinana sugeriu.

Com relação à simbiose industrial, uma vez que a matéria orgânica tem menor tendência de ser tóxica, o potencial para transformar subprodutos e resíduos em *inputs* para novos processos industriais é maior no agronegócio do que em outras atividades industriais. De fato, o relacionamento simbiótico faz parte da história da agricultura. As sinergias entre a agricultura de pastos e a produção de cereais e de proteína animal tem sido uma prática comum entre (principalmente pequenos) fazendeiros ao redor do mundo. Tais práticas somente mudaram com o advento da moderna agroindústria, onde monoculturas são cultivadas com a ajuda de fertilizantes e pesticidas petroquímicos.[43] Mas as monoculturas baseadas em *inputs* químicos são cada vez mais questionadas do ponto de vista tanto de se evitarem riscos como da otimização de recursos. As monoculturas de milho e soja, por exemplo, têm apenas aumentado a dependência dos agricultores das flutuações dos preços das *commodities*, provocando ondas cíclicas de infortúnios no agronegócio. À medida que a produção de biocombustíveis para veículos é elevada a uma escala global, uma integração equilibrada da produção de grãos e industrial parece ser mais sustentável tanto da perspectiva econômica quanto ambiental.

As estratégias de ecoeficiência representam uma oportunidade especial para as indústrias de uso intensivo de energia, através de diversos incentivos para a descarbonização. Além dos mecanismos incluídos no Protocolo de Kyoto, os governos têm criado incentivos adicionais para as empresas assumirem uma postura proativa com relação aos assuntos de energia e de mudança do clima. Os mecanismos de mercado foram criados para funcionar para setores específicos, como os Certificados Verdes Negociáveis (*Tradable Green Certificates* – TGCs), criados na Europa para o setor energético.[44] Em termos gerais, a criação de um esquema TGC implica uma meta compulsória de eletricidade renovável que os produtores de energia são obrigados a atingir em um dado limite de tempo.

A proposta por trás disso é de encorajar a criação de tecnologias de energia renovável que sejam eficientes quanto ao custo por parte dos fornecedores de energia. Certificados verdes são dados a empresas que apresentem evidência de que elas produziram energia (eletricidade, em particular) usando fontes renováveis, como a água, o vento, fontes geotérmicas ou a energia solar. Elas podem negociar os certificados para atender suas metas individuais e equilibrar os custos marginais de conformidade. As empresas com um superávit de certificados verdes podem se beneficiar de lucros adicionais obtidos das vendas. Os compradores de certificados verdes se beneficiam de economia de custos, pois o preço dos certificados comprados é menor do que os custos marginais de produzir internamente energia renovável adicional.

Por outro lado, os esquemas de Certificado Negociável Branco (*Tradable White Certificate* – TWC) foram criados para aumentar a eficiência energética no lado da demanda.[45] A criação de um esquema TWC implica uma meta compulsória de economia de energia que determinados atores do mercado (usualmente fornecedores de energia) são obrigados a cumprir em um certo período de tempo. Como em qualquer esquema de certificados negociáveis, a flexibilidade é crítica porque ela permite que as empresas escolham como atingir suas metas com eficiência de custos.[46] França, Grã-Bretanha e Itália criaram um mercado para negociar certificados resultantes de medidas de eficiência de energia, como a troca de aparelhos e de lâmpadas por outros com maior eficiência energética, assim como melhorias na ventilação em residências e em edifícios comerciais. As economias de energia obtidas são creditadas com certificados. A estratégia-chave do mercado para os atores depende do preço de mercado do TWC comparado com o custo necessário para a obtenção de suas próprias economias de energia. Empresas com superávit de certificados podem guardá-los para futuros períodos de comprometimento ou para especular no mercado por preços mais elevados.[47] Embora os esquemas de TGC e de TWC não sejam ubíquos, a tendência sinaliza sua adoção (ou, pelo menos, interesse) por quase todos os países do Anexo I do Protocolo de Kyoto, e por alguns países em desenvolvimento. Como as credenciais ambientais se tornaram importantes para o público em geral, os governos têm feito o seu melhor para implantar políticas de incentivos com base no mercado.

Competências

A fim de explorar as estratégias de ecoeficiências, as empresas necessitarão desenvolver competências de pensamento enxuto, simbiose industrial e negociação de carbono. Enquanto existir uma vontade genuína de adquirir o conhecimento, nada pode impedir as empresas de obtê-lo. Mas, uma vez que o desenvolvimento das competências pode tomar algum tempo e esforço, quanto mais cedo o trabalho começar, melhor será.

Como descrito no trabalho de Womack e Jones, o desenvolvimento do pensamento enxuto não é tão simples como alguns imaginam e somente algumas poucas empresas no mundo conseguiram realmente se tornar tão enxutas quanto recomendado pelos autores. Afinal, a ideia é competir somente contra a perfeição: "Nosso mais sério conselho às empresas enxutas de hoje é simples: danem-se os concorrentes; concorram contra a perfeição, pela identificação de todas as atividades que são *muda* (desperdício em japonês) eliminando-as. Esse é um padrão absoluto e não relativo, que pode fornecer o norte essencial para qualquer organização." De acordo com os proponentes do capitalismo natural:[48] "a mensagem e o método são fortes: não estudem, apenas façam, continuem tentando. Se você consertou, conserte de novo". As coisas não são tão diferentes para a simbiose industrial. Como destacado nas seções anteriores, os parques coindustriais bem-sucedidos têm pouco a ver com planejamento e muito com tentativa e erro.

As empresas necessitarão desenvolver competências não apenas para gerar créditos de carbono mas também para fazer o melhor para negociá-los. No primeiro período do Esquema Europeu de Negociação de Emissões (*Emission Trading Scheme*, ETS – 2005-2008), por exemplo, muitas empresas manufatureiras não obtiveram vantagem plena dos mercados de carbono porque elas viam o ETS como uma carga regulatória, em vez de uma oportunidade de fazer dinheiro. Como os especialistas ambientais foram encarregados da negociação, o foco principal era a certificação de que a empresa tinha permissões suficientes, em vez de maximizar o valor, como fariam os especialistas em finanças.[49] Por contraste, as empresas de fornecimento de energia que operam em mercados desregulados têm tendência a desenvolver essas habilidades negociando a energia e ajustando suas fontes de energia com base nos custos mutantes dos diferentes combustíveis em base diária. Essas empresas estão certamente em uma posição melhor para explorar estratégias de ecoeficiência. Operadores experientes da própria empresa fornecem as competências necessárias para a adaptação aos preços de emissão variáveis com relativa facilidade, competências que fornecedoras de energia que operam em mercados regulamentados terão que desenvolver. Isso também é verdade para a negociação no mercado de TWC. Para se beneficiar completamente das oportunidades comerciais que esta política oferece, existe a necessidade de as empresas incrementarem a construção de competências nesses novos mecanismos de mercado.[50]

Em geral, para desenvolver estratégias de ecoeficiências, os administradores necessitam ter respostas ao seguinte conjunto de perguntas, ou usar as perguntas para orientá-los através dos projetos potenciais dentro da organização. Apesar de a lista poder obviamente ser bem maior, os administradores podem começar com essas:

- Quão ecoeficientes são os nossos processos de manufatura? Como os medimos? Temos mecanismos de recompensa para estimular a inovação ecológica em nossa empresa?
- Temos algum programa de LT? Nosso pessoal compreende os princípios da produtividade de recursos e da ecoeficiência?
- A empresa gera muitos resíduos e subprodutos? Podemos utilizá-los como *input* para outros processos? Quanto? Podem os resíduos ser reutilizados, remanufaturados ou reciclados internamente ou por outras empresas? Caso positivo, em que extensão estamos fazendo isso? Podemos melhorar isso significativamente?
- Temos competência para explorar IS com empresas vizinhas? Elas possuem problemas similares com a administração dos resíduos? Elas estão desejosas de trocar informações conosco? Elas possuem alguma coisa que poderíamos usar em nossa empresa? Como podemos construir confiança com elas?
- Temos as competências para criarmos um ETS interno para motivar as pessoas a trabalharem na direção da ecoeficiência, assim como aprenderem mais sobre seus possíveis mecanismos?
- Qual é o nosso potencial para gerar créditos de carbono de nossas operações? Compreendemos o ETS e seus meandros? Alguém está responsável?
- Alguém na empresa tem a competência para operar em um ETS? Qual a nossa estratégia geral para o carbono?

CONCLUSÃO

O potencial das empresas lucrarem com a produtividade dos recursos tem sido enfatizado pelos especialistas já faz algum tempo. A literatura especializada sugere que, de fato, existem espaços para duplos dividendos (ganha-ganha) na maioria dos setores econômicos. O que os especialistas raramente têm feito, entretanto, é identificar os contextos específicos nos quais tais oportunidades têm menor probabilidade de ocorrer. Embora algumas empresas possam obter melhorias do nível de Fator Quatro (isto é, com 75 por cento menos recursos, energia e impacto ambiental) outras estão mais limitadas pela natureza de seus negócios. Em outras palavras, mesmo que algum grau de melhoria seja sempre possível, ele não está igualmente distribuído entre as firmas e os setores econômicos. O mapeamento de tais oportunidades ainda é necessário.

Ao explicar por que o foco na redução de custos via ecoeficiência faz sentido comercial para empresas orientadas para o processo (a maioria operando em mercados industriais), este capítulo contribuiu para este mapeamento. Tal foco, entretanto, não implica que a empresa não deva se esforçar para reduzir o impacto ambiental de seus processos, produtos e serviços. Significa apenas que, para algumas empresas, as possibilidades de gerar vantagem competitiva a partir de ecoeficiências de processo são maiores do que em outras estratégias de sustentabilidade. Embora as empresas devam fazer o seu melhor para atender às expectativas das partes interessadas, tais esforços não deveriam distraí-las de seu foco estratégico. Ao focar na estratégia de ecoeficiência, elas decidem não gastar energia excessiva em setores nos quais a vantagem competitiva não tem probabilidade de emergir. Como o capítulo seguinte irá explorar em detalhes, a construção de reputação a partir de investimentos em reduções de GEE (gases de efeito estufa), por exemplo, é pouco provável. Devido ao fato de que os retornos dos ecoinvestimentos dependem do contexto no qual a empresa opera e de suas competências, os administradores precisam decidir o que a empresa deve fazer por primeiro e por quê.

As estratégias de sustentabilidade devem ser vistas no contexto de escolhas relacionais. Os administradores que identificarem as estratégias de ecoeficiência como adequadas ao seu negócio irão concentrar esforços na exploração de oportunidades latentes. Como este capítulo mostrou, as recompensas virão na forma de custos operacionais mais baixos e de receitas extras, como a transformação de subprodutos e de resíduos em novos negócios, e eventualmente pela geração de créditos de carbono.

Tais vantagens econômicas formam a base da estratégia de ecoeficiência de processos – embora a redução de risco e a maior cidadania corporativa possam surgir como efeitos adicionais. De fato, para algumas empresas que enfrentam forte pressão pública, a reputação é tão importante que a administração de riscos e o diálogo com os *stakeholders* se tornam a lógica principal para suas estratégias de sustentabilidade. Para tais empresas, ser eficiente não é suficiente. Elas precisam mostrar à sociedade que são boas cidadãs.

4
ECODIFERENCIAÇÃO DE PROCESSOS

Algumas empresas que operam em setores de uso intensivo de recursos estão frequentemente no radar dos ecoativistas. Para tais empresas, é vital que os clientes e o público em geral reconheçam que seus esforços vão além da conformidade legal. Elas investem para certificar seus Sistemas de Gestão Ambiental (SGAs), de acordo com a *International Organization for Standardization* (ISO) 14001, para desenvolver e participar de iniciativas ambientais voluntárias, que podem exigir o pagamento de taxas de filiação e o compromisso com a redução do impacto geral dos processos organizacionais. Empresas nos setores de energia e petróleo, por exemplo, estão entre aquelas que têm despendido milhões não apenas para irem além das práticas de conformidade legal, mas também para promoverem suas credenciais verdes. Essas empresas têm feito o melhor para demonstrar seu comprometimento na redução do impacto de suas operações, fazendo mais do que é exigido por lei, para serem vistas como líderes em proteção ambiental.

A lógica por trás desses esforços é simples: risco reputacional. As empresas expostas aos riscos da má reputação precisam demonstrar suas credenciais de boas cidadãs. Algumas aprenderam isso da maneira mais difícil. Elas enfrentaram grandes crises de reputação por causa de acidentes industriais e consequentes pressões de ecoativistas. Empresas de uso intensivo de recursos, como mineradoras e petroquímicas, tiveram que investir pesadamente para construir uma boa reputação, que poderia protegê-las da pressão de ativistas e outros *stakeholders* – termo inglês utilizado para denominar múltiplas partes interessadas. Além de realizar altos ecoinvestimentos para melhorar a segurança e a eficiência de processos industriais, elas também investiram muito para aprender a dialogar e engajar-se com *stakeholders*. Para esse propósito, elas adotaram uma nova prática regulatória voluntária que caracteriza o compromisso das organizações com a sociedade civil. Frequentemente, elas formalizam seus compromissos com o ambientalismo corporativo em códigos de conduta de gestão socioambiental.

Nos anos 90, alguns acadêmicos e administradores acreditavam que o endosso de códigos de conduta socioambiental voluntários ou a certificação ISO 14001 poderiam gerar vantagens competitivas. No início, algumas empresas realmente lucraram com a certificação. Mas, desde então, o número de iniciativas socioambientais voluntárias ou Clubes Verdes – como também são conhecidas – tem crescido e se diversificado tanto, que hoje é necessário perguntar: Por que e quando uma empresa deveria participar de um Clube Verde? Quando a filiação ajuda as empresas a evitarem riscos de reputação? Os clubes facilitam o diálogo com *stakeholders* para as empresas construírem uma reputação positiva ao longo do tempo? Em bases mais práticas podemos perguntar, por exemplo, quando a certificação ISO 14001 faz sentido para o negócio? Que tipos de indústrias e segmentos do mercado estão mais propensos a recompensar a certificação de um SGA? Afinal, quais são as condições necessárias para as empresas diferenciarem seus processos organizacionais? Quando esse tipo de esforço dá resultado?

Este capítulo aborda essas questões investigando a essência da reputação e o papel que os Clubes Verdes têm em sua formação. Apesar de muito ter sido dito sobre como as empresas criam valor reputacional, o tema permanece controverso; mais ainda quando ligamos reputação às responsabilidades ambientais e sociais da corporação. Um caso exemplar de diálogo com *stakeholders* abre a discussão da identificação do que é, afinal, a reputação socioambiental corporativa. O capítulo revela, ainda, as principais iniciativas que vão além da conformidade legal praticada por empresas nas últimas duas décadas. Portanto, além da lógica intrínseca ao uso dos Clubes Verdes para a construção de estratégias de ecodiferenciação de processo, este capítulo apresenta os desenvolvimentos históricos para ajudar os leitores a terem uma melhor visão de tais iniciativas.

A REPUTAÇÃO E SEUS RISCOS

A Southern Pacific Petroleum (SPP) foi fundada em 1968 com a proposta principal de descobrir e explorar reservas de xisto betuminoso (*oil shale*) na Austrália.[1] A exploração de petróleo na forma de uma substância preta parecida com o alcatrão, chamada de betume, tem sido tecnicamente viável já faz um bom tempo. Mas historicamente a extração e o processamento do óleo de xisto têm sido mais custosos do que o petróleo convencional (líquido). Para a SPP, a exploração a longo prazo das reservas no estado de Queensland tinha o potencial de atender as necessidades, ou até de criar um mercado de exportação para a Austrália. A indústria de óleo de xisto poderia oferecer uma ponte para se atender as necessidades modernas de energia até que uma fonte mais limpa de combustível fosse desenvolvida e se tornasse viável e econômica. A respeito disso, a SPP fez a seguinte declaração:[2]

> O petróleo fornece 92 por cento do combustível necessário para nossos carros e caminhões e é essencial para nossos aviões e barcos. Pelo menos nos próximos 15 anos, a Austrália e os demais países desenvolvidos continuarão altamente dependentes do petróleo para as principais necessidades de transporte. Enquanto os governos ao redor do mundo estão investindo pesadamente no desenvolvimento de combustíveis que gerem menos gases de efeito estufa, é esperado que isso leve ao menos uma geração. Nesse meio tempo, continuamos dependentes do petróleo.

A demanda por petróleo e as reservas comprovadas de óleo de xisto na Austrália justificavam o projeto de uma planta-piloto em 1990, com apoio do governo na forma de desconto nos impostos. Em 1995, a Suncor Energy, uma empresa canadense, assegurou 250 milhões de dólares australianos para uma *joint venture* com a SPP para construir uma planta experimental de óleo de xisto na Austrália, conhecida como o Stuart Oil Shale Project. A Suncor Energy tem sido pioneira na exploração de areias petrolíferas (*oil sands*) no Canadá e é hoje a maior produtora mundial. A empresa também está envolvida na exploração e produção de gás natural, assim como em operações de refino e comercialização.

O primeiro estágio de desenvolvimento do Projeto Stuart tinha a capacidade de produzir 4.500 barris de petróleo por dia. Após os segundo e terceiro estágios, o empreendimento tinha o objetivo de aumentar a produção para cerca de 85.000 barris por dia. Apesar de a planta-piloto ter sido concluída em 1999, ela foi alvo de protestos de ecoativistas bem antes disso. Por cauda da localização do projeto próximo à Grande Barreira de Corais Australiana, um ambiente marinho muito sensível, a emissão significativa de gases de efeito estufa associada ao óleo de xisto e o impacto potencial do aquecimento global nos recifes de corais atraíram a atenção de *stakeholders* locais e do Greenpeace – uma organização ecoativista. No geral, as operações de exploração, produção e transporte pressionariam o ambiente natural e as comunidades locais e, em nível global, a queima dos combustíveis fósseis produzidos a partir do xisto betuminoso impactaria o clima.

Não surpreendentemente, o Greenpeace iniciou uma ação contra o projeto, destacando o impacto a longo prazo dele sobre o meio ambiente e a saúde da comunidade local. A organização ativista foi fundamental na mobilização do público nativo visando o fechamento do projeto. Ocorreram, de fato, muitas solicitações de interessados rejeitando a continuação do projeto: mais de cem residentes locais moveram uma ação legal reclamando 12 milhões de dólares australianos como compensação por problemas de saúde e redução no valor das propriedades. Setenta desses residentes locais reclamam terem sido afetados pela emissão de dioxina no ar. Em torno de 14.000 pessoas e 17 grupos ligados ao meio ambiente, ao turismo e à pesca apresentaram solicitações por escrito ao governo do estado se opondo à proposta de expansão da planta, um recorde em subscrições públicas. Um total de 27 grupos ambientais, de turismo e de pesca, em conjunto, apresentou um pedido formal aos governos federal e estadual que não aprovassem qualquer expansão ou o apoio financeiro ao projeto. Finalmente, a Agência de Proteção Ambiental (APA) declarou, em 2001, que o Projeto Stuart representava um risco à saúde pública.

Como resultado da pressão dos ecoativistas, em 2001 a Suncor Energy não teve outra escolha senão abandonar o Stuart Project. A razão oficialmente declarada pela empresa foi a necessidade de focar em projetos no seu país de origem, o Canadá. No entanto, notas do

Greenpeace à imprensa indicam que foram sua campanha para educar a Suncor Energy e a intensa reação pública a respeito da indústria insustentável que levaram ao abandono do projeto.

Em maio de 2002, o *chairman* da SPP, Campbell Anderson, assumiu o compromisso da empresa em melhorar o desempenho ambiental tanto em suas plantas atuais como nas futuras, e apresentou várias iniciativas pedindo que a SPP fosse avaliada por sua habilidade de solucionar os seus problemas ambientais, uma vez identificados. A SPP argumentou que o Stuart Project havia gerado benefícios ao possibilitar a melhoria de suas operações, sobretudo quanto às questões ambientais e emissão de gases de efeito estufa. Contudo, uma investigação conduzida em 2003 por especialistas em desenvolvimento regional indicou que o impacto ambiental havia sido subestimado, e que o problema de uma indústria nociva adjacente a uma comunidade de horticultura era irreparável. A forte pressão do Greenpeace desde o início, combinada com a oposição pública, forçou o fim do Projeto Stuart de óleo de xisto em 2004.

Curiosamente, o fim do projeto coincidiu com um preço do petróleo que tornava a exploração de óleo de xisto economicamente competitiva.[3] Entretanto, o diálogo mal conduzido com as partes interessadas cortou as possibilidades da Suncor de explorar as vastas reservas australianas. Mais ainda, o debate a respeito do Stuart Project trouxe à atenção do público as operações nas areias petrolíferas no Canadá, que poderiam, mais tarde, se tornar o próximo alvo do ecoativismo.

Fazendo uma diferença: a lição da agência

> *São necessárias muitas ações para construir uma boa reputação, e apenas uma má para perdê-la. (Benjamin Franklin)*

O caso Stuart de óleo de xisto na Austrália é um exemplo extremo de mau diálogo com a sociedade, que foi oportunamente explorado pelo Greenpeace. Apesar do inegável impacto ambiental local, as medidas de precaução em torno do projeto eram de um elevado padrão desde o início. De fato, se considerarmos o ciclo de vida do produto explorado pela SPP, sem dúvida o maior impacto não era local, mas global, através da contribuição para o aquecimento global com a queima do petróleo (óleo de xisto). Não obstante, os argumentos levantados contra os sócios do projeto se referiam principalmente ao impacto que as operações locais (processos organizacionais) teriam na comunidade local. Assim, é fundamental reconhecer que o projeto fracassou não por causa de suas más credenciais ambientais *per se*, mas por causa da má percepção que a comunidade tinha a seu respeito. O Greenpeace, experiente neste tipo de campanha, explorou astutamente o assunto e transformou uma preocupação local em uma cruzada nacional, obtendo uma vitória relativamente fácil.

O referido caso revela a percepção negativa que muitos de nós temos sobre as indústrias de petróleo e de mineração. Historicamente, as empresas têm submetido as comunidades locais a todo tipo de perigo à saúde, segurança e sustento próprios. Alguns projetos de mineração se tornaram ícones de inquietação social e degradação ambiental. Por exemplo, na década de 90, a OK Tedi, uma empresa de mineração que tinha 52 por cento de suas ações pertencentes à gigante australiana BHP, enfrentou processos legais por poluir o rio Fly, de maneira imensurável, em Papua Ocidental, Nova Guiné. A comunidade local, que viu seu sustento da pesca no rio desaparecer, venceu a disputa e ganhou 110 milhões de dólares australianos como compensação. A empresa OK Tedi acabou pagando a compensação, mas tentou influenciar o governo local a mudar a legislação para tornar ilegal que habitantes de vilarejos locais processassem as empresas de mineração após o incidente do Fly.[4] Apesar da BHP não ser a única acionista e, assim, não ser a única transgressora, o incidente danificou muito a sua reputação.

Tais exemplos de desrespeito à população e às espécies locais fizeram com que as pessoas se tornassem receosas com o que sai das minas e das chaminés de fábricas, e os riscos de ter empresas processando minerais, petróleo e gás em seu quintal. A maioria dos especialistas e executivos da indústria tem consciência dessas externalidades negativas já há algum tempo, porém passaram a agir efetivamente somente quando alguns acidentes históricos ameaçaram a licença para operar de algumas empresas multinacionais.

ECODIFERENCIAÇÃO DE PROCESSOS

Os casos do xisto australiano e da mina OK Tedi na Nova Guiné deixaram outra lição: quando os processos organizacionais atraem a atenção dos consumidores e do público em geral, na vasta maioria dos casos esta influência é negativa. Ela depende do que os sociólogos chamam de agência: qualquer coisa que provoque mudanças na realidade percebida das pessoas e mobilize a opinião pública.[5] Em termos simples, a agência é a habilidade de fazer a diferença. O Greenpeace foi fundamental ao influenciar a opinião pública sobre o Projeto Stuart. Os australianos se orgulham muito da biodiversidade na Grande Barreira de Corais e a ideia de um projeto sujo de grandes proporções matando os coloridos peixes da Barreira infiltrou o imaginário coletivo. O Greenpeace se transformou em uma agência. Esta reação é similar à do caso bem documentado da luta entre o Greenpeace e a Shell no Mar do Norte. Naquela ocasião, os consumidores europeus rejeitaram a decisão da Shell de depositar as plataformas velhas no fundo do Mar do Norte através do boicote a seus produtos.[6] Naquela situação em particular, a desaprovação dos consumidores em relação às práticas da Shell foi percebida através de uma forte queda nas vendas.

De fato, o boicote tem sido, historicamente, um dos poucos poderes eficazes usados pelos consumidores para forçar as empresas a agirem com mais responsabilidade. Este tipo de comportamento tem sido classificado como consumo ético negativo,[7] pois os consumidores examinam as empresas e então boicotam seus produtos por causa das visões negativas que eles têm sobre elas. Como o caso do Mar do Norte sugere, os boicotes tendem a ter um efeito espetacular que pode afetar a reputação de uma empresa de forma bastante negativa. Mesmo que a mensuração de tal efeito possa não ser imediata, é fácil compreender porque o efeito final é negativo. Por esta razão, muitas empresas extrativistas de grande porte perceberam que deviam fazer o seu melhor para evitar se tornarem alvos de ecoativistas e correrem o risco de ter suas reputações prejudicadas. E, como o caso do óleo de xisto de Stuart demonstra, o desempenho ambiental global de empresas que operam em setores sujeitos à poluição em larga escala está se tornando cada vez mais importante para a sociedade. Assim, uma explicação para a mudança radical da estratégia de comunicação da Shell é simplesmente a proteção reputacional. A Shell se uniu a um grupo de empresas que está tentando evitar os efeitos negativos de um mau diálogo com *stakeholders* e trabalhar na direção de um maior comprometimento com as partes interessadas. Antes de analisarmos essas iniciativas, entretanto, é necessário ter uma compreensão clara sobre a reputação corporativa e como ela pode ser mensurada.

Reputação Corporativa: a percepção da realidade

O caráter é como uma árvore e a reputação é como a sua sombra. A sombra é o que pensamos a respeito; a árvore é a coisa verdadeira (Abraham Lincoln).

Muito tem sido escrito sobre reputação, mas o assunto permanece controverso. A reputação é um daqueles conceitos sobre os quais as pessoas imediatamente têm uma ideia e uma opinião, mas, logo que tentamos discutir, notamos significados diferentes. Isto é porque, nos termos de Wittgenstein[8], os significados de reputação possuem uma semelhança entre si. Semelhantemente à maneira como membros de uma família podem lembrar uns aos outros mas sem qualquer elemento específico que possa uni-los, o uso do conceito de reputação tende a significar coisas diferentes para pessoas diferentes – incluindo os acadêmicos e praticantes da administração

Portanto, uma maneira prática de olhar a reputação é compreender as percepções das responsabilidades de uma empresa aos olhos das partes interessadas, como Hillebrand e Money criativamente fizeram em sua pesquisa.[9] Eles analisaram, por exemplo, como uma empresa em particular se relaciona com o consumidor através dos tipos de benefícios que ela oferece através de seus produtos e serviços; como se comunica e cumpre suas promessas; como se relaciona com outras partes interessadas, com a comunidade local, por exemplo, através do conhecimento de seus problemas (alguns podem até ser provocados pela própria empresa); e como atua, caso o faça para resolver esses problemas. Finalmente, a reputação também diz respeito à maneira como a empresa se relaciona consigo mesma (acionistas) em termos de desempenho financeiro e sucesso comercial no longo prazo.

Além dessa proposta, existem diversos índices bem estabelecidos para mensurar a reputação de uma corporação. Eles diferem no tipo de abordagem, no público interessado e no critério pelo qual as empresas são julgadas. Não obstante, todos os principais índices demonstram uma forte proximidade entre a reputação e a responsabilidade corporativa. Por exemplo, a lista das Empresas Mais Admiradas da revista *Fortune* avalia a reputação de acordo com oito aspectos que são mais admirados por jornalistas, analistas financeiros e CEOs, a saber: inovação, solidez financeira, talento dos funcionários, uso dos ativos corporativos, valor do investimento a longo prazo, responsabilidade social, qualidade da administração e qualidade dos serviços e produtos são, igualmente, critérios para administração responsável – econômica e social.

Outro exemplo é o índice do Quociente de Reputação (QR), que descreve a reputação como um resultado das expectativas dos interessados. O QR é baseado em seis pilares de reputação: apelo emocional, produtos e serviços, visão e liderança, ambiente no local de trabalho, desempenho financeiro e responsabilidade social. Outros índices que valem a pena ser mencionados são o índice de Personalidade Corporativa, que investiga os clientes e os funcionários sobre a "personalidade" de uma empresa, e o índice SPIRIT, que é o mais abrangente em termos de número de partes interessadas consideradas e dimensões do índice.[10]

Em geral, a reputação da corporação se relaciona com a percepção que as pessoas têm sobre a empresa. Se assumirmos um ponto de vista objetivo, o mau comportamento de uma empresa levaria a uma má reputação, motivando as empresas a adotarem um bom comportamento para satisfazer as expectativas das partes interessadas. Mas a realidade não é tão objetiva. Frequentemente, diversas demandas competem por atenção e a identificação das demandas mais importantes, abrangentes e legítimas não é tão clara. Assim, administrar a reputação é extremamente complexo, o que explica os exemplos frequentemente bombásticos de empresas bem dirigidas que caem em desgraça. Como vimos na seção anterior, as posturas políticas de algumas organizações da sociedade civil podem causar sérios danos à reputação de uma empresa, independentemente de quais sejam os fatos reais; afinal, a reputação tem a ver com as percepções, não com a realidade em si.

A reputação depende grandemente de uma terceira opinião ou da influência dos formadores de opinião. Uma boa reputação corporativa dificilmente pode ser construída sobre o que a empresa diz sobre si mesma. Além de tentar ser responsável em todas as possíveis esferas de ação, o que uma empresa pode fazer para influenciar a sua imagem é limitado. A legitimidade é altamente dependente do endosso e da verificação por uma terceira parte. Isso explica por que tantas empresas se filiaram a Iniciativas Ambientais Voluntárias (IAVs) ou Clubes Verdes, como alguns preferem chamá-las (doravante utilizados alternadamente), como a Coalisão para uma Economia Ambientalmente Responsável (CERES), Cuidado Responsável (*Responsible Care*), Compacto Global, Líderes Climáticos, ou normas de Sistemas de Gestão Ambiental (SGA), descritos nas seções seguintes.[11]

Para usar um pensamento acadêmico genérico, essas iniciativas são tipos especiais de instituições descentralizadas "porque a participação é voluntária e porque atores difusos, em vez de uma autoridade central, oferecem recompensas pela participação ou sanções pela não participação"[12]. Em princípio, elas são instrumentos usados pelas empresas para se comunicarem melhor com suas partes interessadas, frequentemente servindo como um escudo contra a má reputação. As empresas têm despendido recursos significativos para se filiarem aos Clubes Verdes e legitimarem suas práticas que vão além da conformidade legal, e eventualmente se diferenciarem de seus competidores com base na forma como administram os processos organizacionais.

A Figura 4.1 demonstra a lógica para essas empresas usarem os Clubes Verdes como um meio de melhorar o diálogo, a comunicação e o engajamento com as partes interessadas (*stakeholders*), o que irá, ao seu tempo, afetar sua reputação.

A figura também demonstra a lógica central das seções restantes deste capítulo. Basicamente as empresas têm usado os Clubes Verdes como instrumentos para o gerenciamento de sua reputação ambiental. Elas tentaram se mover das extremidades esquerdas para as da direita da figura – de evitar uma reputação negativa para a construção de uma positiva; de confrontos para diálogos com as partes interessadas; e da oposição e boicote dos consumidores para o envolvimento com eles.

ECODIFERENCIAÇÃO DE PROCESSOS

Não-conformidade	**Além da Conformidade Legal** Atrasado Médio	**Liderança Além da Conformidade Legal** Líder	
Negativo	VEIs (Iniciativas Ambientais Voluntárias) Clubes Verdes		Positivo
	Reputação		

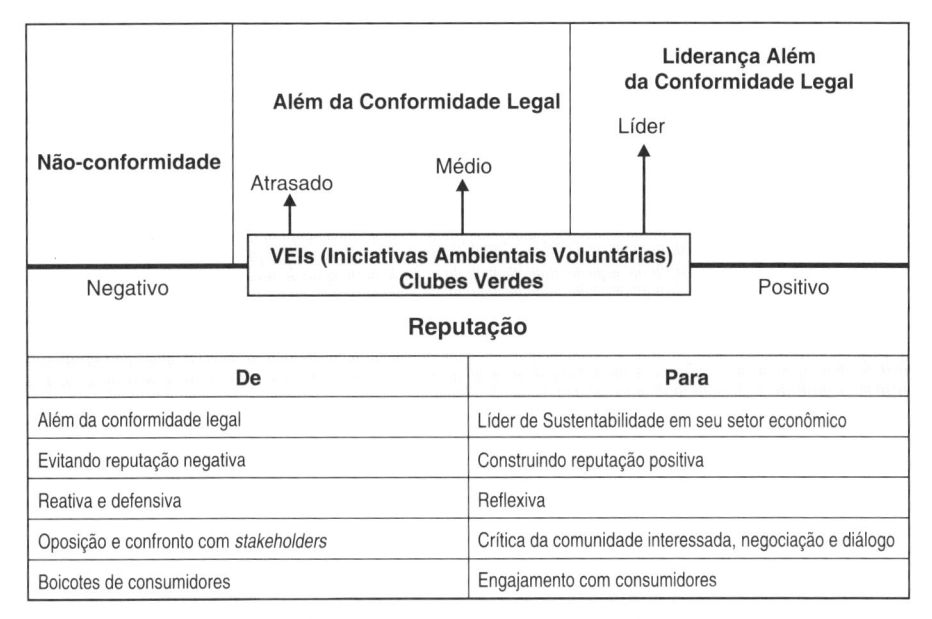

De	Para
Além da conformidade legal	Líder de Sustentabilidade em seu setor econômico
Evitando reputação negativa	Construindo reputação positiva
Reativa e defensiva	Reflexiva
Oposição e confronto com *stakeholders*	Crítica da comunidade interessada, negociação e diálogo
Boicotes de consumidores	Engajamento com consumidores

FIGURA 4.1 **Liderança e Reputação Ambiental Corporativa.**

Em geral, as seções a seguir explicam como as empresas aprenderam a adotar uma posição reflexiva a respeito dos aspectos de sustentabilidade nos negócios, em vez de uma atitude defensiva. Muitas aprenderam ao se tornarem alvos do ecoativismo, mas isso não deveria diminuir a importância de suas realizações recentes. Suas reestruturações e atitudes vigentes têm contribuído para a difusão do ambientalismo corporativo. Mais ainda, pelo estímulo às empresas para que reduzam seu impacto ambiental, alguns Clubes Verdes geraram tanto benefícios públicos como lucros privados sob a forma de uma melhor reputação corporativa. As origens e os meandros das iniciativas mais importantes ajudam a esclarecer por que este é o caso.

CLUBES VERDES: SEGURO REPUTACIONAL?

Na década de 80, uma série de desastres influenciou a opinião pública a exigir que as indústrias tratassem os aspectos ambientais sob uma nova ótica. Uma nova forma de tratar da regulamentação começou a surgir e uma nova fase da relação entre empresas e governos gradualmente tomou forma.[13] Os Clubes Verdes surgiram originalmente como um meio de auxiliar as empresas a administrarem sua reputação, que era frequentemente abalada por acidentes ou poluição local causados por suas operações. Setores distintos da comunidade de negócios e organizações sem fins lucrativos responderam ao clamor público por um melhor desempenho corporativo através da publicação de uma série de iniciativas voluntárias, na forma de códigos de conduta, padrões ambientais, licenças e programas.[14] Essas iniciativas compartilham os objetivos comuns de auxiliar os negócios na implantação e comunicação de programas ambientais ao público em geral. Uma vez que os membros dos clubes aceitavam incorrer em custos privados para gerar benefícios ambientais, tais atividades voluntárias evitaram que os governos legislassem a respeito. Os Clubes Verdes:[15]

> Exigem que os membros incorram em custos privados, como codificado nos padrões de filiação do clube e mecanismos para assegurar a conformidade com estes padrões. Os custos de filiação não devem ser triviais porque a produção de um bem público não é gratuita. Para os Clubes Verdes, os principais custos de filiação não são, geralmente, pagamentos diretos aos patrocinadores do clube, mas se referem aos custos monetários e não monetários necessários à adoção e adequação às exigências do clube.

Desde os anos 80, tem havido uma explosão de Clubes Verdes, ainda que relativamente poucos sejam conhecidos do público em geral. Aqueles que estão brevemente descritos aqui e apresentados na Figura 4.2 estão entre esses poucos, que são tanto relevantes historicamente, quanto determinantes na geração de vantagens para as empresas-membro.[16]

A Associação Canadense de Produtores Químicos (Canadian Chemical Producers Association – CCPA) propôs uma das primeiras iniciativas específicas para o setor que ganhou uma reputação internacional. O Responsible Care (Cuidado Responsável) foi criado em 1983 como um programa voluntário para as empresas na indústria química. Em dezembro de 1984, a indignação pública pelo desastre na fábrica de produção de pesticidas da Union Carbide em Bophal, Índia,[17] induziu a CCPA a fazer da participação no Responsible Care uma condição para filiação à associação. Mas somente em 1988 a Associação Americana dos Produtores Químicos (American Chemical Manufacturers Association – CMA) adotou o programa, o qual mais tarde foi adotado pelo Conselho de Indústrias Químicas da Europa e outras associações químicas ao redor do mundo. O Responsible Care, que é, basicamente, uma iniciativa voluntária para a saúde, segurança e melhoria do desempenho ambiental, pode também ser vista como uma forma de autorregulação da indústria, especificamente designada para a indústria química. Em outras palavras, diferentemente de outras medidas reguladoras tradicionais impostas pelos governos (Item 1 na Figura 4.2), o Responsible Care é uma regulação autoimposta pelos membros da indústria (Item 3 na Figura 4.2). A autorregulação dos negócios é a estrutura ética em torno da qual as empresas-membro operam, representando seu compromisso em resposta aos questionamentos do público quanto à administração segura dos produtos químicos.

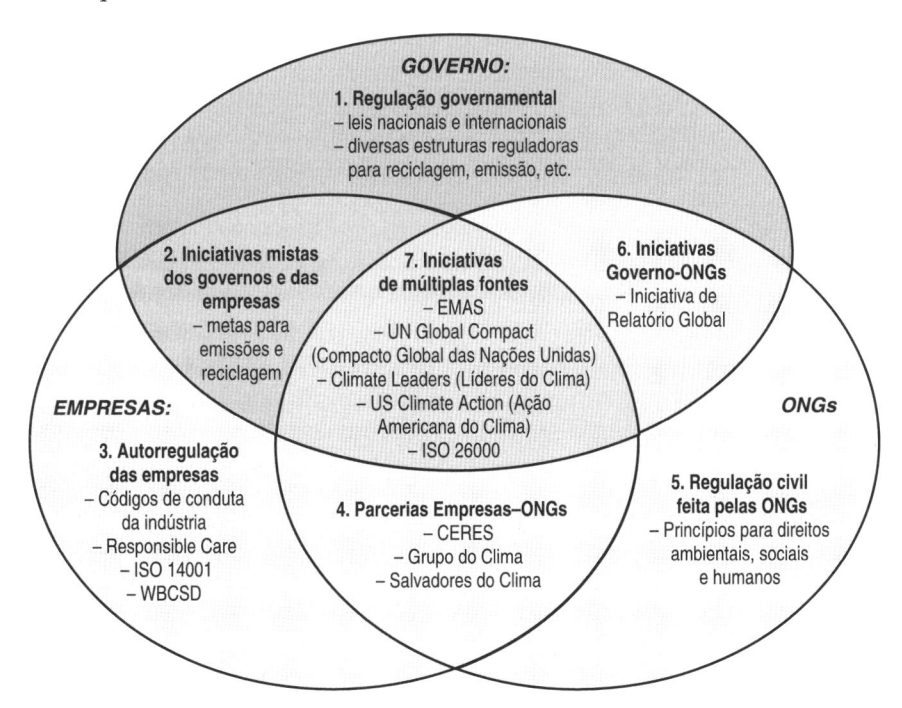

GOVERNO:
1. Regulação governamental
– leis nacionais e internacionais
– diversas estruturas reguladoras para reciclagem, emissão, etc.

2. Iniciativas mistas dos governos e das empresas
– metas para emissões e reciclagem

7. Iniciativas de múltiplas fontes
– EMAS
– UN Global Compact (Compacto Global das Nações Unidas)
– Climate Leaders (Líderes do Clima)
– US Climate Action (Ação Americana do Clima)
– ISO 26000

6. Iniciativas Governo-ONGs
– Iniciativa de Relatório Global

EMPRESAS:
3. Autorregulação das empresas
– Códigos de conduta da indústria
– Responsible Care
– ISO 14001
– WBCSD

4. Parcerias Empresas–ONGs
– CERES
– Grupo do Clima
– Salvadores do Clima

ONGs
5. Regulação civil feita pelas ONGs
– Princípios para direitos ambientais, sociais e humanos

FIGURA 4.2 **Iniciativas Reguladoras de Múltiplas Partes Interessadas.**

A extensão pela qual o Responsible Care é implantado varia significativamente de país para país. No Canadá, Austrália, Estados Unidos, Brasil, África do Sul, Áustria e Nova Zelândia foi instituída a verificação independente de terceira parte, mas esta não é uma prática comum na maioria dos países – especialmente naqueles cujos códigos específicos de prática ambiental ainda não foram desenvolvidos. Aparentemente, os códigos podem se tornar um instrumento útil para a melhoria do relacionamento entre as empresas químicas e seus principais *stakeholders*. Ainda que as melhorias no desempenho ambiental tenham sido desiguais entre seus membros, o Responsible Care preservou a reputação das empresas que operam no setor químico.[18]

Existe um grande número de outras iniciativas setoriais, tais como o Conselho Internacional de Mineração e Metais[19], que teve uma lógica original (implícita) de proteger o setor contra a má reputação. Em geral, podemos esperar que a vasta maioria das Iniciativas Ambientais Voluntárias (IAVs) de setores específicos resultará em uma licença para operar, mais do que em vantagens competitivas para as empresas participantes. Como o Responsible Care mostrou, a reputação de seus membros tem sido na maior parte protegida ou até melhorada. Entretanto, devido ao programa ser estendido a todos os participantes do setor industrial, nenhuma empresa obtem vantagens sobre seus concorrentes.

Se por ser um membro de uma IAV de um setor específico as empresas evitam desvantagens competitivas, elas podem ganhar vantagens ao se unirem a uma IAV que não seja específica do seu setor? O caso da CERES é ilustrativo a este respeito. O acidente com o petroleiro Exxon Valdez no Alasca em 1989 levou grupos ambientais e investidores institucionais americanos a lançarem os Princípios Valdez, subsequentemente renomeado de Princípios CERES (Coalition for Environmentally Responsible Economics).[20] Esta iniciativa caracteriza o que se tornou conhecido como a regulação civil,[21] ou a regulação que surge a partir de organizações da sociedade civil (Item 4 na Figura 4.2). Nos seus estágios iniciais, empresas proativas como a The Body Shop e a Ben & Jerry, que já possuíam uma forte reputação ambiental, adotaram os Princípios, mas em 1993 a Sun Oil se tornou a primeira empresa listada na *Fortune 500* a aderir. Em 2008, diversas grandes organizações, incluindo a General Motors (GM), Ford, McDonald's, Coca-Cola[22] e a American Airlines estavam entre as cerca de 70 empresas que endossavam os Princípios CERES e se comprometiam a ir além do que é exigido por lei. Ao adotar esses princípios, elas afirmaram publicamente sua responsabilidade em relação ao meio ambiente e se comprometeram a divulgar um relatório corporativo ambiental padrão todos os anos.

Os Princípios CERES podem ter uma aplicação prática, pois eles estabelecem uma ética ambiental com critérios pelos quais os investidores e outras partes interessadas podem acessar o desempenho ambiental das empresas participantes. Esses princípios, entretanto, não criam, estendem ou anulam compromissos legais existentes e não têm o objetivo de serem usados contra seus endossantes em qualquer procedimento legal para qualquer propósito. No entanto, ao se inscreverem como membros da CERES, as empresas demonstram uma liderança além da conformidade legal em relação à sustentabilidade.

Ao aderir a um Clube Verde com princípios exigentes, as empresas trabalham para legitimar seus ecoinvestimentos e, assim, provar que elas estão fazendo tudo que lhes é possível. Como será discutido mais adiante neste capítulo, em alguns momentos elas são até capazes de lutar por regulamentações mais rígidas, ou promover práticas que podem elevar a sua performance ambiental.

Um exemplo de uma medida prática que em si resultou em outro Clube Verde é o Global Reporting Initiative (GRI, Iniciativa de Relatório Global),[23] que nasceu como uma parceria entre a CERES e o Programa das Nações Unidas para o Meio Ambiente (United Nations Environment Program – UNEP) (Item 6 na Figura 4.2). O GRI foi criado em 1997 com a missão de desenvolver orientações globalmente aplicáveis a relatórios de desempenhos econômico, ambiental e social de empresas, governos e organizações não-governamentais (ONGs). Em 1999, o GRI liberou a primeira versão das Orientações para Relatórios de Sustentabilidade, que se tornou o primeiro modelo de relatório de sustentabilidade em nível global. As orientações foram criadas com a participação de empresas, ONGs, empresas de auditoria, associações empresariais e outros *stakeholders* internacionais. Em 2002, o GRI foi estabelecido como um corpo internacional independente permanente, com uma estrutura de governança de diversos *stakeholders*. Em 2007, havia 665 organizações reportando de acordo com a GRI. Hoje a organização está baseada em Amsterdã e sua missão central é a manutenção, reforço e disseminação das orientações através de um processo de consultas contínuas e do engajamento com *stakeholders*.

Um tipo diferente de IAV que tem recebido uma aceitação empresarial muito mais ampla é uma coalizão de empresas privadas internacionais que advogam o crescimento econômico e o desenvolvimento sustentável como objetivos compatíveis. O Conselho Empresarial Mundial para o Desenvolvimento Sustentável (World Business Council for Sustainable Development – WBCSD)[24] foi formado em janeiro de 1995 e, em 2008, suas aproximadamente duzentas empresas-membro representavam 35 países e 20 setores industriais. O WBCSD promove a cooperação entre o empresariado, os governos e as organizações ligadas ao ambiente e ao desenvolvimento sustentável. O grupo encoraja elevados padrões, através da promoção de melhores práticas empresariais em gestão socioambiental por meio de uma rede global.

A formação do WBCSD pode ser vista como uma coalizão industrial preparatória à Conferência das Nações Unidas sobre Meio Ambiente e Desenvolvimento de 1992 (United Nations Conference on Environment and Development – UNCED), realizada no Rio de Janeiro (também conhecida como Earth Summit 92). Naquela época, os líderes industriais estavam preocupados com a possibilidade da reunião das Nações Unidas motivar regulamentações governamentais mais restritivas. Apesar da conferência em si não ter resultado em uma exigência formal para melhores práticas ambientais das empresas, muitas das iniciativas atuais foram consolidadas após essa conferência. No geral, os últimos anos da década de 90 foram pródigos em termos de respostas empresariais para o desenvolvimento ambiental.

O Global Compact (Compacto Global) é exemplar a este respeito.[25] Fundado em 1999 pelas agências das Nações Unidas sob a liderança de Kofi Annan, o então secretário-geral da ONU, partes interessadas da sociedade civil e líderes empresariais, o Global Compact é a maior iniciativa de cidadania corporativa voluntária no mundo. Ele foi construído sob dez princípios de direitos humanos, leis trabalhistas, proteção ambiental e combate à corrupção.

Para se tornarem membros, as empresas precisam fazer dos princípios do Global Compact parte de suas estratégias de negócios e de suas operações, e facilitar a cooperação entre seus principais *stakeholders*, através da promoção de parcerias que apoiem as metas da ONU. Apesar dos princípios não serem aplicados pela ONU, alguns são aplicados por leis nacionais e internacionais de direitos humanos e trabalhistas. As empresas precisam incluir os princípios em sua estratégia de negócios e relatar todos os anos os progressos obtidos.

Em 2008, o Global Compact incluía cerca de 3.000 empresas participantes de 116 países. Dessas empresas, um quinto era da lista da Global 500 do *Financial Times*; cerca de metade delas era de pequeno e médio porte e a outra metade era de empresas com mais de 250 funcionários. De acordo com a pesquisa de 2007 de Progresso Anual,[26] as três razões principais para participar do Global Compact eram: aumento de confiança na empresa, oportunidades de *networking* e o endereçamento das preocupações humanitárias.

Em geral, ocorreu uma importante mudança da lógica para as empresas participarem em tais IAVs: "O caso empresarial para a mudança baseada em princípios não é mais apenas para se evitar custos de se fazer a coisa errada; é cada vez mais sobre os benefícios de se fazer a coisa certa. Existe um reconhecimento crescente de que os esforços voluntários e regulatórios são complementares".[27]

De fato, o Responsible Care, uma autorregulação setorial específica, a CERES, a GRI e o Global Compact, iniciativas envolvendo múltiplas partes, e o WBCSD uma iniciativa de líderes empresariais, podem servir como representantes de uma miríade de Clubes Verdes que têm sido usados por empresas para comunicar sua liderança quanto à proteção ambiental. São todas iniciativas voluntárias que possuem a intenção de agirem como medidas de regulamentação "suaves" (*soft regulation*); ou seja, a não-conformidade não implica penalizações. Tal aspecto gerou resultados variados – das perspectivas tanto da proteção ambiental como da vantagem para os negócios. Antes de discutirmos tais resultados, entretanto, a próxima seção apresenta outro tipo de clube que surgiu em meados dos anos 90 e se tornou extremamente relevante para os empreendimentos demonstrarem a qualidade ambiental de seus processos organizacionais.

Clubes de Certificação de Processos: assegurando a qualidade ambiental

> ISO 14001 faz mais, em termos ambientais, para empresas mais poluidoras do que para as mais limpas.[28]

Enquanto evidência de que o endosso dos Clubes Verdes genéricos, como o CERES, GRI ou Global Compact, traz vantagens reputacionais para as empresas, a emergência de normas para os Sistemas de Gestão Ambiental (SGAs) causou um rebuliço nos anos 90, na esperança de que iriam resultar em vantagens competitivas. As duas principais iniciativas que têm estado no centro do debate sobre sustentabilidade corporativa são o Esquema de Gestão e Auditoria Ambiental (Environmental and Management Audit Scheme – EMAS) e a série ISO 14000. Ambas iniciativas são voluntárias e a auditoria ambiental funciona como uma ferramenta interna de administração para o monitoramento do desempenho.

Apesar de existirem semelhanças, elas são diferentes em termos de procedimentos legais, acreditação de conformidade legal e desempenho, e tipo de governança. A principal diferença, entretanto, se relaciona com a participação pública durante o processo da criação das normas EMAS e ISO para SGAs e subsequente escrutínio de sua aplicação (sendo a razão para o EMAS estar localizado sob o item 7 na Figura 4.2). O EMAS resultou de um processo de negociação entre a Comissão Europeia (CE), representantes das indústrias, grupos ambientais e uma vasta gama de *stakeholders* antes de seu lançamento em junho de 1993.[29] A norma foi uma iniciativa intergovernamental proposta pela União Europeia (UE). Uma vez adotada pela organização, ela exige a conformidade com as leis ambientais do país onde a empresa opera, e uma verificação independente por um auditor certificado. Em geral, o EMAS se concentra quase que exclusivamente na UE.

A série ISO 14000 segue uma trajetória diferente. O perfil global da bem-sucedida série ISO 9000 da Administração da Qualidade Total (Total Quality Management – TQM) foi a causa principal da expectativa de que a certificação ambiental resultaria, ao seu tempo, em vantagem competitiva para as empresas. Tendo surgido nos anos 80, o movimento de TQM tem destacado a influência que os processos organizacionais exercem na competitividade das empresas.[30] Durante os anos 80 e 90, a administração orientada para a qualidade melhorou a competitividade de um impressionante número de empresas ao redor do mundo. Através da identificação das origens dos problemas de qualidade – e consequente correção –, as empresas reduziram ou eliminaram a necessidade de escolha (*trade-offs*) entre custo e qualidade. As empresas que perseguiram o "defeito zero" e a melhoria contínua dos processos organizacionais melhoraram a qualidade de seus produtos e serviços e, ao mesmo tempo, reduziram custos. Como os produtos e serviços de melhor qualidade (e de custos reduzidos) possuem uma chance melhor de serem bem-sucedidos no mercado, tais práticas, obviamente, influenciaram sua competitividade.

Muitos tinham a esperança de que a série ambiental ISO 14000 geraria resultados semelhantes aos da série 9000 em relação à qualidade. No entanto, como está comentado no Capítulo 1, existe uma diferença fundamental entre a qualidade e o ambiente, que pode limitar a possibilidade de ganhos serem valorizados pelos clientes. Melhorias em qualidade podem ser transferidas dos processos organizacionais para os produtos e serviços adquiridos pelos consumidores. Isso permite que a qualidade se torne um lucro privado. A proteção ambiental, por outro lado, é um bem público e assim não pode ser (diretamente) transferido para os produtos e serviços. Do ponto de vista do consumidor, a proteção ambiental refere-se à redução do impacto negativo do consumo; não de receber mais valor pela compra. Aqueles que esperavam que a série ISO 14000 teria o mesmo efeito da série ISO 9000 na competitividade das empresas não consideraram essa diferença fundamental.

Isso quer dizer que a certificação de SGA não pode ser usada para diferenciar empresas ou se tornar uma fonte de vantagem competitiva? De forma alguma, mas devido ao fato de que os níveis dos benefícios econômicos dependem de uma grande gama de variáveis – indo das capacidades internas à estrutura da indústria – somente condições específicas possibilitam que empresas ganhem tais vantagens. Mais uma vez, a pergunta não é se ela pode funcionar, mas quando. Enquanto o valor da qualidade é mais imediatamente medido através das características intrínsecas ou do desempenho dos produtos e serviços, o valor da responsabilidade ambiental e social é menos objetivo e depende de um conjunto maior de percepções do consumidor. O que pode ao final contrapor este argumento é o fato de que alguns aspectos ambientais gradualmente têm assumido o *status* de qualidade, aumentando a importância que os intangíveis têm no sucesso dos negócios.[31]

Sob determinadas circunstâncias, organizações de consumidores e de clientes atribuem valor crescente à maneira pela qual as organizações administram seus processos de produção e atividades de apoio.[32] Por exemplo, quando os produtores de automóveis Ford, General Motors e Toyota anunciaram, em 1999, que exigiriam de seus fornecedores que certificassem seu SGA de acordo com a ISO 14001, os primeiros que conseguiram suas certificações certamente obtiveram uma vantagem.[33] Para as montadoras, a certificação SGA podia indicar boa administração interna e operações de alta qualidade. Portanto, prerrogativas ambientais neste caso possuem uma forte associação com a qualidade geral dos processos organizacionais. Para as empresas fornecedoras de produtos ou serviços a outras companhias (também conhecidas como mercados industriais ou *business-to-business* – B2B), isso possui um valor prático.

No caso de mercados de consumo, as coisas são um tanto diferentes. Observe o caso da Pallister, uma produtora de vinhos da Nova Zelândia, que foi a primeira vinícola no mundo a obter o certificado ISO 14001 em 1998. Desde a sua fundação em 1982, a Pallister Estate Wines tem investido pesadamente na qualidade do produto e almeja se tornar reconhecida como uma líder no setor para que possa atrair consumidores de alta qualidade. Os vinhos Pallister agradam a cerca de 5 por cento dos consumidores deste produto da Nova Zelândia e a empresa exporta 60 a 80 por cento de sua produção. Os administradores da Pallister veem a certificação ISO 14001 como parte de seu compromisso com a responsabilidade ambiental e com vinhos de alta qualidade, o que é apreciado pelos consumidores. Mas eles duvidam que os consumidores estejam dispostos a pagar por vinhos ambientalmente responsáveis da mesma maneira como eles estão dispostos a pagar por outros atributos tradicionais, como a qualidade da safra e misturas específicas de uvas.[34]

No Brasil, uma empresa do setor de cosméticos tem investido em responsabilidade corporativa social e ambiental há duas décadas.[35] O Boticário tem, há muito tempo, se comprometido com tecnologias mais limpas, com o desenvolvimento de programas de reciclagem e com a redução do desperdício gerado por suas embalagens. A empresa também tem patrocinado projetos sociais em comunidades locais assim como projetos de conservação através de sua Fundação.[36] Semelhantemente à empresa de vinhos da Nova Zelândia, entretanto, os consumidores do Boticário estabeleceram pouca conexão entre o que a empresa faz e o que ela vende.[37] Apesar de serem empáticos aos valores verdes da empresa, que são refletidos nos processos de fabricação, a conveniência do produto e as tendências da moda são os principais determinantes para a compra. Assim como no caso do consumo de vinhos, para a maior parte dos produtos de consumo a excelência da ecoadministração dos processos organizacionais é mais um fator na determinação da compra; raramente é o principal.

Uma maneira mais pessoal de pensar sobre a importância do SGA com certificação ISO para os clientes é colocar-se no papel de consumidor: por exemplo, com que frequência você escolhe um hotel por causa de suas credenciais ambientais? Na escolha de um hotel para suas férias, você avalia se o hotel tem a certificação ISO 14001? Mais importante, você cancelaria sua reserva em um hotel apenas porque ele não tem um certificado SGA? Embora, com o tempo, mais pessoas possam solicitar tais coisas, atualmente esse número é, com certeza, muito baixo.

Compradores de grandes empresas, por outro lado, exigem cada vez mais credenciais ambientais de seus fornecedores – incluindo hotéis – mas, como o capítulo seguinte explora em mais detalhes, os consumidores individuais têm informação limitada, ou demasiadas variáveis a considerar em uma compra. Como resultado, o ecodesempenho dos processos organizacionais raramente é um determinante na compra.

O que dizer dos novos padrões ISO 26000 sobre responsabilidade social? Podemos ter a expectativa de que eles serão substancialmente diferentes da série ISO 14000? O novo padrão fornece orientação para a Responsabilidade Social Empresarial (Corporate Social Responsibility – CSR), facilita a interação entre os empreendimentos e a sociedade e orienta como as organizações podem operar de maneira socialmente responsável. A ISO estabeleceu Memorandos de Entendimento com a Organização Internacional do Trabalho e com a Global Compact para cobrir os assuntos relativos aos direitos humanos, trabalho, ambiente e anticorrupção. Em comparação com o desenvolvimento da série 14000, houve consultas muito mais amplas aos interessados na série 26000; além da indústria e do governo, foram também ouvidos representantes de ONGs, consumidores, sindicatos, acadêmicos, sendo considerados o equilíbrio geográfico e o gênero dos participantes (Item 7 na Figura 4.2).

Apesar de ainda ser cedo demais para avaliar os benefícios que as empresas possam vir a ter pela certificação ISO 26000, não podemos assumir, automaticamente, que ela gerará vantagens para os primeiros a adotá-la. As normas têm sido eficientes em proteger as empresas quanto à má reputação, mas a possibilidade de gerar vantagens dependerá do contexto onde serão estabelecidas. A próxima seção apresenta outro tipo especial de Clube Verde que emergiu nos anos 2000 e se tornou extremamente relevante para as empresas demonstrarem proatividade socioambiental.

Clubes de Clima: construindo boa reputação?

Enquanto os anos da década de 90 foram marcados pelo surgimento de Clubes Verdes genéricos, como os descritos na seção anterior, diversos clubes especializados em questões climáticas foram fundados nos primeiros anos do novo século. Em outras palavras, o amplo escopo dos assuntos de sustentabilidade eventualmente se tornou mais especializado ou, aos olhos de alguns ambientalistas, reduzido ao tema das emissões de Gases de Efeito Estufa (GEE).

O Conselho Empresarial de Liderança Ambiental (Business Environmental Leadership Council – BELC) foi uma das primeiras iniciativas, criado em 1998 como um programa especializado do Centro Pew para as Mudanças Climáticas (Pew Center for Climate Change). O Centro Pew realiza pesquisas sobre a política de mudança climática, mas a filiação é gratuita. O centro auxilia as empresas a implantarem estratégias sobre mudanças climáticas e busca influenciar a política e a regulamentação nessa área. A BELC é a maior associação sobre controle de clima dos Estados Unidos, com 42 membros, que são, em sua maior parte, da *Fortune 500* e de setores de alta tecnologia, fabricação, produtos químicos e prestação de serviços básicos. Elas trabalham com o centro para o desenvolvimento de soluções práticas e é esperado dos membros que implantem medidas proativas e inovadoras, incluindo: determinação de metas para redução de emissão de GEE; implantação de fontes energéticas inovadoras; melhoria das práticas de gestão dos resíduos; participação na negociação de certificados de redução de emissões e investimentos em oportunidades de sequestro de carbono e em pesquisa.[38]

Os Salvadores do Clima (*Climate Savers*) é outra iniciativa, criada em 2000 pelo Fundo Mundial para a Vida Selvagem (World Wildlife Fund – WWF) em cooperação com um grupo de empresas de grande porte, tais como a Johnson& Johnson, Lafarge, Nike, Novo Nordisk, Polaroid, HP, IBM, Nokia e Tetra Pak. O objetivo é determinar metas ambiciosas para redução voluntária de emissão de gases de efeito estufa. Cada uma das empresas parceiras desenvolveu um plano de negócios em cooperação com o WWF sobre como cortar as emissões e trabalhar assuntos de mudança do clima em seus negócios.

Uma condição fundamental para se unir à parceria dos *Climate Savers* é que as metas de redução acordadas com o WWF devem ser mais ambiciosas do que as anteriormente planejadas pela empresa. Atividades que poderiam ser incluídas no plano são: eficiência nos transportes, produtos que economizam energia, eficiência energética e troca de combustível.[39] Coletivamente, as empresas concordaram em reduzir as emissões de carbono em 13 milhões de toneladas anualmente até 2010. As empresas parceiras relataram que aumentaram a eficiência e economizaram centenas de milhões de dólares.[40] Catalyst, uma empresa de TI baseada nos Estados Unidos, por exemplo, prometeu reduzir suas emissões de GEE em 70 por cento em 2010, em comparação com seus níveis de emissão de 1990.

Especialistas externos monitoram e verificam a conformidade da empresa com esse acordo. Os participantes mais ambiciosos também tentam influenciar as emissões de carbono de seus fornecedores. O WWF oferece às empresas oportunidades de intercomunicação (*networking*) e orientações para melhores práticas no desenvolvimento de planos de mensuração e mitigação de GEE. A Nike, uma empresa parceira da

Climate Savers, considera que as metas do grupo a incentivaram a ir além da concorrência e a inovar. De acordo com Sarah Severn, Diretora do Departamento de Horizontes de Responsabilidade Corporativa da Nike:

> A participação no Climate Savers nos possibilitou obter um início pioneiro em um assunto que possui grandes consequências para os negócios e para a sociedade. Percebemos que os compromissos podem levar a tremendas inovações e apesar do crescimento em nossas operações próprias e administradas, temos sido mais eficientes com o uso de energia. Nossos próximos passos serão a parceria com os fornecedores para reduzir ainda mais nossa pegada em relação ao clima na fabricação e na logística.[41]

A ONG americana Defesa Ambiental (Environmental Defense) lançou outro clube climático em outubro de 2000: a Parceria para a Ação Climática (Partnership for Climate Action – PCA). A PCA é um grupo pequeno formado por algumas empresas que operam nos negócios de energia, petróleo e gás: Alcan, British Petroleum (BP), DuPont, Entergy, Ontario Power Generation, Pechiney, Shell International e Suncor (note que a Suncor foi a principal parceira do projeto de óleo de xisto com a Stuart Oil na Austrália, mencionado no início deste capítulo). A PCA é dedicada à proteção do clima, e seus membros estão comprometidos com o compartilhamento de conhecimento, ferramentas e experiência com outras empresas que perseguem os mesmos objetivos. As empresas-membro do PCA se comprometem a declarar limites para emissão de GEE e a colocar em prática políticas e sistemas de gestão para mensurar seus resultados. Como um exemplo de comprometimento, a BP concordou em cortar as emissões de suas próprias operações em 10 por cento a partir dos níveis de 1990 até 2010, uma meta que já havia sido alcançada em 2002. A inovação, neste caso, ajudou a BP a conquistar sua meta com oito anos de antecedência e sem qualquer custo líquido adicional para a empresa.[42]

A agência norte-americana de proteção ambiental (Environmental Protection Agency – EPA) fundou o Líderes do Clima (Climate Leaders) em 2002, em parceria com a indústria. Empresas que aderirem ao programa têm de se comprometer em reduzir as emissões de GEE, fixando metas agressivas de redução, e reportando anualmente o seu progresso à EPA. Em troca, as empresas que se unirem ao Climate Leaders passam a trabalhar com o grupo para desenvolver estratégias abrangentes quanto às mudanças climáticas. O Climate Leaders possui 153 empresas parceiras; 50 por cento delas estão listadas na *Fortune 500*. No entanto, até 2008, apenas 80 empresas haviam anunciado suas metas de redução de GEE e apenas 11 haviam efetivamente alcançado suas metas. A EPA publica uma lista de empresas que tenham atingido suas metas, aquelas que têm um alvo e aquelas que começaram a desenvolvê-lo, mas ainda não o atingiram.[43] Através da participação em programas, as empresas criam um registro confiável de suas realizações e recebem o reconhecimento da EPA como líderes corporativos ambientalistas.

Finalmente, o Grupo do Clima (Climate Group) foi fundado em 2004 como "uma organização independente sem fins lucrativos dedicada ao progresso da liderança empresarial e governamental sobre mudanças climáticas".[44] Seus membros incluem algumas grandes empresas como a BP, HSBC, Virgin e Bloomberg, diversos governos nacionais e regionais, como os das cidades de Nova York e Londres, e dos estados da Califórnia (EUA), British Columbia, Ontario, Quebec (Canadá) e South Australia e Victoria (Austrália). Os membros são solicitados a pagar uma taxa e a facilitar o financiamento paralelo de fundos de caridade, além de se comprometerem a elaborar e reportar um plano de redução de GEE, que deve ser endossado pela alta administração. As empresas-membro também se comprometem a compartilhar o conhecimento.

Os clubes de clima mencionados acima representam as principais iniciativas, mas a lista é certamente mais extensa. Em termos gerais, quase todas as iniciativas oferecem assessoria especializada, pesquisa e consultoria para auxiliar as empresas-membro a elaborar seus planos sobre mudança do clima e medir suas emissões de GEE. Alguns clubes de clima também oferecem publicidade para seus membros. Com a exceção do Climate Group e da WWF Climate Savers, os demais não aceitam dinheiro ou financiamento. Uma declaração típica de missão é: "Nós promovemos o desenvolvimento e o compartilhamento do conhecimento sobre como os empreendedores e os governos podem liderar o caminho na direção de uma economia de baixo carbono e ao mesmo tempo expandir a lucratividade e a competitividade" (Climate Group). Em retorno, eles pedem aos membros do clube para desenvolverem uma estratégia de mudança de clima, reduzir agressivamente suas emissões, compartilhar conhecimento e melhores práticas e aplicar modelos novos e inovadores de negócios para assuntos de mudança do clima.

A maioria dos clubes de clima está baseada nos Estados Unidos, o que pode refletir a maior necessidade por iniciativas voluntárias na ausência de regulamentações governamentais, e o fato do governo não ter ratificado o Protocolo de Kyoto. Muitas empresas, como a Shell, DuPont, BP e Johnson & Johnson são parceiras de várias iniciativas sobre mudanças de clima. Essas são, em sua maioria, empresas com elevado nível de emissões de GEE e, assim, alvo de ecoativistas. De fato, a Shell e a DuPont foram além e se filiaram a outro clube com um mandato mais ambicioso: o da realização de *lobby* com o objetivo de conseguir regulamentações mais estritas quanto à emissão de CO_2.

Um clube de clima politicamente orientado foi formado em 2007 por empresas e por organizações ambientais líderes[45] para pressionar o governo federal norte-americano a decretar uma legislação nacional forte para a redução de GEE. A Parceria para Ação Climática dos Estados Unidos (United States Climate Action Partnership – USCAP) divulgou uma série de princípios e recomendações para ressaltar a necessidade urgente de uma estrutura política sobre a mudança climática. O grupo lobista ofereceu um conjunto de recomendações para a estrutura geral e elementos-chave para uma legislação de proteção ao clima. O Congresso deveria especificar, por exemplo, uma zona alvo de emissões com o objetivo de reduzir as emissões em 60 a 80 por cento em relação aos níveis atuais, até 2050. A USCAP também solicitou a implementação rápida de uma legislação que exija um programa de limitação e comércio (*cap and trade*). Isso inclui a criação de um inventário e registro de GEE, crédito para os primeiros a agir, pesquisa e desenvolvimento (P&D) de tecnologias e políticas para desencorajar novos investimentos em unidades de alta emissão e acelerar a implantação de tecnologias de zero ou de baixa emissão e de eficiência energética. Finalmente, o grupo também realizou *lobby* para recompensar aquelas empresas que tenham atuado para reduzir suas emissões de GEE e encorajar outras a fazê-lo enquanto o programa estiver sendo estabelecido. Na opinião de Andrew Hoffman,[46] isso não deveria surpreender a ninguém:

> Quando as empresas da USCAP – empreendimentos incluindo GE, Alcoa, DuPont e PG&E – anunciaram sua solicitação para normas federais quanto à emissão de gases de efeito estufa em janeiro de 2007, o *Wall Street Journal* castigou esses "alegres gigantes verdes" por agirem em seu próprio interesse na promoção de um programa regulador "elaborado para recompensar financeiramente empresas que reduzirem a emissão de CO_2, e punir aquelas que não o fizerem." Mas buscar vantagens é o que as empresas fazem. Qualquer empresa que possa prever oportunidade de negócios ao influenciar a regulamentação de emissão de carbono está praticando o que se espera de administradores de negócios – capitalismo.

Hoffman recorda a recomendação feita por Michael Porter para líderes que vão além da conformidade legal para fazerem *lobby* para regulamentações mais restritivas.[47] A lógica é simples. Como o retorno dos ecoinvestimentos depende das "regras do jogo", para grandes emissores, como Alcoa, Shell e DuPont, a incerteza sobre a regulamentação do GEE é muito pior do que um regime regulador razoável (negociado). Investimentos em sequestro de carbono, por exemplo, só fazem sentido comercial em um regime onde exista limite (*cap*) para emissões – como discutido no Capítulo 3.

Na ausência de regulamentação nacional, como tem sido o caso na maior parte dos locais fora da União Europeia, tal *cap* pode surgir como regulamentações autoimpostas através dos clubes de clima. Entretanto, colocar em funcionamento um sistema autorregulatório confiável pode ser caro e tomar tempo, porque ganhar legitimidade institucional para o clube exige a aceitação dos padrões por vários *stakeholders*. Para reduzir o risco de rejeição, a formação de clubes de clima envolve uma ampla gama de *stakeholders* (veja o item 7 na Figura 4.2), alongando os estágios de formação em consequência de longas negociações. É apenas natural, então, que os fundadores do clube farão *lobby* junto aos governos para transformar a autorregulamentação em lei. Ao forçar os limites de regimes reguladores nacionais e internacionais para cima, os fundadores dos clubes tentarão extrair aluguéis de seus investimentos, pois a filiação e a conformidade legal terão custos mais elevados para os que aderirem mais tarde.

Os criadores dos clubes irão também tentar obter benefícios reputacionais por serem identificados como líderes de iniciativas autolimitadoras de emissões. Não obstante, em função da incerteza pública sobre o assunto, o ganho de reputação por iniciativas climáticas pode ser mais difícil do que outros assuntos ambientais.[48] Independentemente da evidência científica de que o planeta está se aquecendo,[49] assim como de uma série de consequências climáticas negativas, existe ainda um grande número de acadêmicos, empresários e do público em geral que simplesmente não aceita este fato como algo que deva ser enfrentado urgentemente.[50] A esse respeito, os clubes de clima implicam efetivamente uma atuação proativa para as grandes multinacionais. A maior parte dos clubes foi formada em tempos de grandes incertezas, o que sugere que muitas grandes empresas aprenderam com seus erros passados.

Diferentemente dos primeiros dias dos Clubes Verdes, que surgiram a partir de crises como as dos acidentes de Bhopal e do Exxon Valdez, ao proporem a autorregulamentação para os GEE antes dos governos, as empresas têm tentado se antecipar às pressões de *stakeholders* de uma maneira melhor do que fizeram no passado. Mesmo que as incertezas a respeito das mudanças climáticas possam continuar, simplesmente por estarem mais abertas aos problemas que elas eventualmente terão que enfrentar, muitas empresas multinacionais têm tentado praticar o que pregam. Em geral, em vez de apenas evitarem a má reputação, as empresas estão tentando construir uma reputação positiva através das normas voluntárias propostas pelos clubes de clima. Se terão sucesso ainda é uma questão em aberto. Não obstante, a experiência recente de outros Clubes Verdes, como o Responsible Care, GRI e as normas ISO 14001 sugere que, no longo prazo, eles podem ser um instrumento para auxiliar as empresas a melhorarem suas reputações. Assim, é oportuno inquirir a respeito da reputação dos Clubes Verdes em si: que fatores influenciam o valor de sua reputação?

O valor reputacional dos Clubes Verdes

Por se tornarem membros dos Clubes Verdes, as empresas presumivelmente irão melhorar seu desempenho ambiental. Os padrões do Responsible Care, por exemplo, precisam ser traduzidos em uma quantidade de áreas operacionais, com metas mensuráveis para melhoria de desempenho. Similarmente, o compromisso com os Princípios da CERES pode desencadear inovações organizacionais e gerar melhor reputação corporativa. As melhorias, entretanto, dependem da constituição dos Clubes Verdes;[51] frequentemente, os clubes mais exigentes são criados por uma organização da sociedade civil, que objetiva reunir uma ampla gama de partes interessadas.

Por outro lado, Clubes Verdes setoriais, iniciados por associações industriais com o objetivo inicial de proteger os membros contra a má reputação, ao menos nos estágios iniciais tendem a se concentrar na conformidade legal e em exercícios de corte de custos, como fez o Responsible Care para a indústria química.

A CERES, por outro lado, foi fundada por uma organização da sociedade civil e, como resultado, suas exigências são mais rígidas. Isso explica a menor quantidade de empresas que endossam seus princípios, quando comparadas com a WBCSD, que é uma iniciativa empresarial, ou como o Global Compact, que é bastante flexível quanto à implantação de seus princípios.

Em geral, a partir da perspectiva do ambientalismo, a proliferação de Clubes Verdes com seus princípios gerais, códigos de conduta e orientações comportamentais é uma boa notícia; eles influenciam os empreendimentos a reduzirem seus impactos na natureza. No entanto, os executivos podem se perguntar: ao entrar para tais clubes, as empresas obtêm alguma vantagem? Elas melhoram sua reputação e geram ecodiferenciação para seus membros? Apesar de respostas definitivas ainda não serem possíveis, dois aspectos já são claros. Primeiro, essas iniciativas atenderam muito bem aos objetivos de proteção. Na maioria dos casos, ao endossarem as IAV, as empresas evitaram as desvantagens de serem expostas a campanhas de má reputação. Por exemplo, após os problemas enfrentados pela Shell na Nigéria e com a plataforma Brent Spar no Mar do Norte, a empresa realizou esforços para legitimar suas iniciativas aderindo a diversos Clubes Verdes, como o Responsible Care, o Global Compact e o Climate Leaders.

A Shell também passou a usar o relatório de sustentabilidade como uma ferramenta-chave de comunicação. Apesar de as controvérsias que cercavam sua operação nunca terem desaparecido, por perseguir uma estratégia consistente baseada na ecodiferenciação de processos, a empresa conseguiu proteger sua reputação de danos adicionais.

Segundo, é importante frisar novamente que a reputação do Clube influencia a possibilidade de uma empresa elevar sua própria reputação. Os Clubes formados por uma ampla variedade de *stakeholders* (Item 7 na Figura 4.2), que exigem padrões rigorosos de seus membros, possuem valor maior em termos de reputação do que aqueles formados somente por empresas, ou aqueles com exigências mais brandas. Além das altas exigências de melhorias para os membros, o valor da reputação surge da legitimidade institucional obtida através do diálogo entre os vários atores durante a formação do clube. Como os Clubes Verdes pretendem formar um esquema de autorregulação confiável, que seja aceito por *stakeholders* relevantes, para evitar o risco da não aceitação, os seus iniciadores frequentemente procuram reunir o maior número possível de *stakeholders*. Como resultado, as negociações para a formação de clubes com múltiplos interessados são longas e eventualmente caras. Uma vez que o clube esteja formado, no entanto, o amplo envolvimento conferirá uma legitimidade decisiva para uma boa reputação.

Além de influenciar o valor da reputação do clube, ser um fundador pode trazer outros benefícios. Por ter participado dos estágios iniciais, a empresa poderá ter custos menores do que os que entrarem mais tarde, pois os sucessores necessitarão assumir as normas de exigência definidas pelos líderes. Essa tem sido, na realidade, a recomendação de Forest Reinhardt[52] para administrar a concorrência. Ao elevar o nível da conformidade ambiental através da regulamentação privada (definida pelos Clubes Verdes), os líderes podem ganhar vantagens competitivas. Além de custos de conformidade menores, a empresa obterá a reputação de um líder ambiental por ser uma das primeiras a aderir às normas autoimpostas. Existe uma desvantagem, no entanto. A liderança irá aumentar substancialmente a exposição pública, fazendo com que a empresa tenha que se preparar para um maior escrutínio público.[53] Assim, a liderança pode dar resultado em termos econômicos e de reputação no médio e longo prazos, mas as empresas terão que ser capazes de construir competências para dialogar com *stakeholders* e aprender maneiras efetivas de se comunicar com o público em geral.

QUANDO A ECODIFERENCIAÇÃO DE PROCESSOS VALE A PENA

A adoção das doutrinas e orientações dos Clubes Verdes, como os Princípios da CERES, Global Compact ou GRI, pode ajudar as empresas a influenciar uma opinião pública positiva sobre práticas organizacionais, e eventualmente melhorar sua reputação. Embora relevante, tal conhecimento é simplesmente amplo demais. Os administradores precisam de mais precisão quanto às consequências reais de usar os Clubes Verdes como veículos para a construção de reputação positiva. Ao final, eles precisam saber quando esses tipos de investimentos são lucrativos ou levam a vantagens competitivas. Infelizmente, não existem soluções definitivas para tais perguntas. Como enfatizado anteriormente, o retorno dos ecoinvestimentos depende do tipo, do momento e do contexto, assim como do método de avaliação dos investimentos, que pode ser baseado em ativos tangíveis e intangíveis. Falando mais amplamente, essas condições se relacionam com o contexto geral no qual a empresa opera e na constituição dos Clubes Verdes, assim como no tipo de consumidores atendidos pela empresa. As circunstâncias encontradas nos mercados de consumo (*Business to Consumers* – B2C), por exemplo, diferem normalmente daquelas dos mercados industriais (*Business to Business* – B2B), e as estratégias de diferenciação desenvolvidas para um contexto não podem ser transplantadas para o outro.

Contexto

Como os casos da Suncor e da Shell sugerem, ecodiferenciação de processos beneficiará as empresas multinacionais que sejam suscetíveis a pressões de interessados locais, que podem mobilizar a opinião pública em sua sede. A resposta dos *stakeholders* às práticas organizacionais é mais provável de acontecer quando uma questão (*issue*) é criada em torno de uma preocupação específica, que sensibilize o público. Como o ocorrido no caso da Shell, tal mobilização pode ocorrer a milhares de quilômetros de distância da sede industrial. Essas conclusões estão alinhadas às conclusões de um estudo anterior,[54] que identificou uma relação positiva significativa entre o valor de mercado de uma empresa multinacional e as práticas ambientais utilizados em suas fábricas ao redor do mundo. Possuir práticas similares em suas plantas em diferentes países, além de ser eficiente quanto ao custo, também é valorizado pelo mercado. Apesar de existirem muitas razões especulativas por trás dessas conclusões, a administração do risco reputacional, muito provavelmente, justifica tais práticas.

Algumas empresas que atuam nos mercados B2C com marcas muito valiosas e que dependem de recursos naturais também podem se beneficiar da Estratégia 2. Algumas delas têm sido cada vez mais questionadas pelos ecoativistas e, para evitar riscos de reputação, elas têm boas razões para o desenvolvimento de um diálogo com *stakeholders*. A Coca-Cola é um bom exemplo. Embora a empresa tenha sido uma líder em ambientalismo corporativo, implementando a reciclagem da água em suas fábricas e apoiando sistemas de logística reversa no pós-consumo de embalagens, ela nunca vinculou a marca diretamente a prerrogativas ambientais.[55] Existem boas razões para isso. Para uma empresa que atende a um bilhão de pessoas por dia com suas diversas marcas de refrigerantes, água engarrafada e sucos, seria certamente muito arriscado explorar estratégias de marcas ecológicas (analisadas em detalhes no Capítulo 5). Com a marca mais valiosa do mundo,[56] a Coca-Cola tem, corretamente, evitado ligar as marcas de seus produtos ao ambientalismo, preferindo manter um perfil relativamente discreto a respeito da Ecoeficiência de Processos (Estratégia 1).

Mais recentemente, entretanto, a reputação da Coca-Cola tem sido cada vez mais objeto de críticas de pessoas e organizações contrárias à globalização, forçando a empresa a mudar seu foco de estratégia de sustentabilidade. Como colocou a revista *Fortune*[57]: "Há fortes razões comerciais para a Coca-Cola se tornar mais sustentável. A empresa sofreu ataques quando poços secaram perto de uma de suas plantas de engarrafamento na Índia, e a água engarrafada, como a Dasani da Coca-Cola, se tornou um assunto quente para os ativistas." Assim, o diálogo com os *stakeholders* para a administração sustentável (negociada) dos aquíferos locais está se tornando cada vez mais importante para a empresa garantir sua licença para operar. A Coca-Cola certamente tem dinheiro suficiente para pagar pela água que precisa, mas em muitas partes do mundo a obtenção da água irá depender crescentemente da negociação com *stakeholders* locais, em vez de apenas do capital. Os ecoativistas irão cada vez mais exigir que a Coca-Cola demonstre liderança na administração dos aquíferos. A Coca-Cola possui boas razões para dizer aos *stakeholders* que ela segue os princípios de responsabilidade social e ambiental da CERES e do Global Compact, e tem a maior parte de suas fábricas certificadas conforme a ISO 14001. Esses são instrumentos vitais para que a empresa evite uma má reputação e facilite a comunicação com o público.

Os produtores de *commodities* como minerais, petróleo e gás estão em um outro grupo. Eles possuem um escopo muito pequeno para diferenciar seus produtos não renováveis, ou para criar marcas de produtos baseadas em prerrogativas ecológicas. Entretanto, eles compartilham um aspecto central com a Coca-Cola. Muitas dessas empresas têm estado sob crescente pressão de organizações ativistas, e têm uma forte motivação para focar na excelência de seus processos organizacionais. Além de serem *commodities* (isto é, comuns a qualquer fabricante no setor, independente de seu esforço em ser singular), os hidrocarbonos não são (produtos) renováveis e tendem a ser percebidos como inimigos do meio ambiente.[58] Portanto, para essas empresas, o foco na ecodiferenciação de processos é a maneira mais lógica e razoável de demonstrar liderança ambiental.

As empresas que fornecem a outras empresas (B2B), que estão sob pressão para melhorar seu desempenho socioambiental, também se beneficiam de estratégias de ecodiferenciação de processos. A certificação ISO 14001, por exemplo, possui um claro valor para a organização cliente porque indica que o gerenciamento das operações é feito de acordo com as boas práticas ambientais.[59] Usando uma terminologia acadêmica, a certificação ISO reduz as assimetrias de informação na cadeia de suprimentos.[60]

Quando as montadoras Ford, General Motors (GM) e Toyota anunciaram, em 1999, que elas iriam exigir de seus fornecedores que certificassem seu SGA de acordo com a ISO 14001, os primeiros a se certificar obtiveram uma vantagem óbvia.[61] É também verdade que a certificação representou uma vantagem por um breve período; em 2002, ela se tornou uma mera licença para operar no setor. Isso não é, no entanto, exclusividade do ambientalismo estratégico. Como em quase todas as esferas da administração, a vantagem competitiva é obtida em uma janela de oportunidade relativamente pequena, que está aberta somente para aqueles que estiverem preparados no momento correto; aqueles que estiverem na vanguarda de uma prática gerencial específica.

À medida que as empresas do setor adotam práticas proativas mais ambiciosas, a fronteira da ecodiferenciação de processos se move, e o que era antes um diferencial (como a certificação do SGA) se torna uma prática normal, não competitiva. Na Escandinávia, por exemplo, onde praticamente todos os produtores de laticínios possuem a certificação ISO 14001, a ecodiferenciação de processos está se movendo na direção a assuntos mais avançados, como normas voluntárias de direitos dos animais. Lá, a ecodiferenciação já exige que as empresas adotem processos organizacionais e desenvolvam competências com base na ética e no respeito do bem-estar dos animais.

A globalização da cadeia de suprimentos é uma tendência que explica, parcialmente, a disseminação das normas ISO.[62] Quando os compradores e os fornecedores estão distantes uns dos outros, o valor da certificação é providencial; mais ainda para empresas localizadas em economias emergentes. Atualmente, as normas de qualidade em alguns setores praticamente independem da localização da empresa, uma vez que os fornecedores que apresentarem o mais alto grau de desempenho socioambiental em suas operações melhoram suas chances de obter e renovar contratos. Em setores como o de vestiário e de calçados, a pressão de *stakeholders* tem estendido a responsabilidade socioambiental para a cadeia de suprimento global.

A reputação de uma organização compradora, que normalmente está localizada em um país rico, pode ser afetada por práticas de fornecedores em economias emergentes, como as do Vietnã ou do México. Por isso, operações responsáveis em toda a cadeia de valor têm-se tornado cada vez mais importantes. Por exemplo, após terem sido acusadas de comprar de estabelecimentos que usam trabalho escravo dentro de suas cadeias de suprimentos, a Nike e a Levi Strauss impuseram rigorosas normas socioambientais aos seus fornecedores em todo o mundo. Tais normas criam uma barreira não tarifária para os fornecedores, que precisam comprovar sua adequação. A proatividade, neste caso, certamente vale a pena para os fornecedores.

Na ótica das empresas voltadas para a exportação, localizadas em países como a China, Índia e México, a certificação pode se tornar a espinha dorsal de suas estratégias de ecodiferenciação de processos e, mais importante, gerar vantagens competitivas.[63] O grande número de certificações nos países em desenvolvimento indica que este seja o caso.[64]

Competências

Para escolher uma estratégia de sustentabilidade aceitável, os administradores deveriam se perguntar se os seus negócios sofreriam um baque no caso de os *stakeholders* considerarem que a empresa esteja promovendo uma imagem verde inadequada ou falsa. Eles deveriam ter também uma clara compreensão sobre o que significa ser verde no setor.[65] A fim de aplicar estratégias baseadas na ecodiferenciação de processos, eles precisam possuir competências de acordo com suas ambições.

O caso da BP é um exemplo sobre como uma estratégia de sustentabilidade escolhida sem os devidos cuidados pode danificar a reputação da corporação. Ao gastar US$ 200 milhões em uma campanha de relações públicas para mudar de British Petroleum para Beyond Petroleum (Além do Petróleo), a BP indicou a sua intenção de se tornar uma líder de ecodiferenciação, provocando uma alta expectativa entre os ecoativistas, consumidores e o público em geral.

No entanto, nos anos que se seguiram à campanha, os investimentos para ir além do petróleo foram mínimos se comparados àqueles mantidos na indústria do petróleo. À medida que os *stakeholders* perceberam que a empresa não seria capaz de se mover para além de seu produtochave (petróleo) tão cedo, surgiu a frustração. Provavelmente, os executivos da BP sabiam que se mover para além do petróleo seria impossível pelo menos em uma geração (25 anos). Ao sugerir que tal mudança iria acontecer mais cedo, a BP deu um tiro no próprio pé. Por outro lado, a BP foi extremamente bem-sucedida com seus esquemas de negociação de emissões internas, os quais resultaram em mais de US$ 650 milhões em economias.

Com esse tipo de desempenho e a consciência de que o petróleo continuará sendo a atividade principal da empresa por enquanto, a BP deveria evitar fazer afirmações sobre ecodiferenciação de processos (Estratégia 2) ou marca ecológica (Estratégia 3) e, em seu lugar, focar na Ecoeficiência (Estratégia 1), que poderia produzir resultados mais seguros.[66]

Como o exemplo sugere, a ecodiferenciação de processos requer que as empresas comuniquem suas práticas, mas é fundamental que primeiro façam seu dever de casa. Para colocar em ação com sucesso essa estratégia, os administradores precisam buscar respostas para as seguintes perguntas:

- Nós conhecemos nossa reputação em relação aos assuntos sociais e ambientais? Como a medimos? Quão confiável é a nossa avaliação?
- Quais são os principais interesses conflitantes dos *stakeholders* em nossa empresa e em nosso negócio? Quais são os grupos de *stakeholders* mais influentes que estão exigindo uma ação por parte da empresa? Quem devemos priorizar e por quê?
- Quão preparados estamos para responder ao ecoativismo? Somos capazes de nos comunicar abertamente com grupos de ecoativistas radicais? Estamos preparados para atender às suas exigências?
- Estamos comunicando com eficiência nossos esforços sobre sustentabilidade? Como está nosso relacionamento com as comunidades locais? Elas valorizam nossos esforços para reduzir nossos impactos? Como sabemos?
- Nossos clientes de negócios estão usando uma classificação positiva ou negativa para nos avaliarem? Corremos o risco de per-

der contratos por causa do desempenho socioambiental de nossos processos? Caso positivo, o que podemos fazer a respeito?
- Deveríamos investir na implantação e na certificação de um SGA? Os nossos concorrentes possuem essa certificação? A certificação ISO 14001 se tornou uma licença para operar em nosso setor? Caso positivo, o que devemos fazer caso tomemos a decisão de nos tornarmos um líder de ecodiferenciação de processos em nossa indústria?
- Com base em que nós deveríamos nos unir a algum Clube Verde específico? A nossa reputação seria afetada positivamente se nos tornássemos membros? Por quê? Pode uma participação em um Clube Verde nos ajudar a nos tornarmos um líder de ecodiferenciação de processos?
- Deveríamos fazer uma declaração a respeito de alguma meta de redução de emissões? Temos as competências internas para alcançá-la? Precisamos de ajuda?
- Podemos realisticamente ser um líder de ecodiferenciação de processos em nosso setor? Podemos superar os competidores em qualquer área de liderança socioambiental, ou corremos o risco de frustrar os *stakeholders*?

CONCLUSÃO

Este capítulo explorou a possibilidade e, para algumas empresas, a necessidade de focar em estratégias orientadas para a ecodiferenciação de processos. As empresas que investem na Estratégia 2 farão tudo que puderem para melhorar a eficiência de suas operações, mas devido ao fato de que o assunto principal se relaciona à reputação, elas precisam ir além da conformidade legal. Elas precisam proteger suas reputações contra o ecoativismo através do investimento no diálogo e engajamento com *stakeholders*.

Além de fazerem seu dever de casa e de reduzirem seu impacto ambiental, muitas se engajaram em Iniciativas Ambientais Voluntárias (IAVs) ou Clubes Verdes, como também são chamadas, como uma maneira de legitimar e promover esses esforços aos *stakeholders*-chave e ao público em geral. A expansão de tais iniciativas, que são basicamente regulamentações não-governamentais, também chamadas de regulamentações civis, privadas, ou suaves sugere o fracasso das instituições existentes em regular as empresas em nível global. Isso coloca uma questão básica para os empreendimentos: quão eficazes são estes mecanismos voluntários para gerar lucros privados, se comparados aos benefícios públicos que trazem? Quando a regulamentação civil é um diferenciador?

Este capítulo ofereceu *insights* sobre essas questões através da revisão crítica dos Clubes Verdes mais proeminentes, avaliando se eles ajudaram as empresas a proteger ou melhorar suas reputações. Em geral, podemos afirmar com segurança que eles protegeram muitas empresas contra a má reputação. O Responsible Care e a CERES são bons exemplos. Mais difícil é identificar as vantagens diferenciais eventualmente geradas por esses clubes. Apesar de algumas empresas terem ganho vantagens em termos de reputação, a afiliação ao clube em si não gera isso. Considerando que a diferenciação depende de assimetrias na reputação, a participação em um clube não é, *per se*, uma garantia de criação de valor. A certificação ISO 14001, por exemplo, não aumenta automaticamente a reputação de uma empresa. Mais uma vez, o contexto no qual a empresa opera é vital para o sucesso de uma estratégia de diferenciação orientada para o processo. O nível da difusão da norma dentro de um setor específico influencia sua possibilidade de trazer vantagens competitivas.

Finalmente, para a obtenção de vantagens diferenciais de estratégias orientadas para o processo, os administradores precisam identificar quem está valorizando os investimentos ambientais da empresa. Eles precisam se perguntar: quais *stakeholders* valorizam os esforços da empresa para, por exemplo, ficar em conformidade com os princípios da Global Compact, certificar seu Sistema de Gestão Ambiental (SGA) ou produzir relatórios de sustentabilidade de acordo com as orientações da Global Reporting Iniciative (GRI)? Caso positivo, com que critérios? Alguns investidores, por exemplo, têm usado o Dow Jones Sustainability Index (DJSI) para essas finalidades.[67] Assim, se os investidores forem os interessados-chave a serem satisfeitos, então sua avaliação através do DJSI é suficiente. Mas *stakeholders* mais exigentes não consideram tais índices como indicadores confiáveis de sustentabilidade, e estar entre as empresas com melhor desempenho no DJSI não as protege de má reputação; pelo contrário, elas deveriam estar preparadas, por exemplo, para responder a contestações sobre seu desempenho socioambiental feitas por ecoativistas.[68]

Se os interessados-chave forem organizações ativistas, então um diálogo franco e o engajamento serão mais eficazes do que classificações genéricas, que são usadas frequentemente como um critério adicional de administração de risco pelos investidores.

5
MARCAS SOCIOAMBIENTAIS

A perspectiva de diferenciar produtos e serviços tem sempre agradado aos empreendedores. Afinal, quem não gostaria de ter clientes leais que pagassem preços-prêmio para evitar as pequenas margens de lucro de mercados sensíveis ao preço? Margens maiores permitem que a empresa absorva melhor as flutuações de mercado e invista em P&D (Pesquisa e Desenvolvimento), entre muitas outras boas coisas trazidas por clientes afluentes. Para se diferenciar de seus concorrentes, as empresas procuram oferecer algo exclusivo que os compradores valorizem além do preço.[1] De uma ou de outra maneira, todas as empresas tentam fazer isso – mesmo quando competindo na base do preço baixo. Elas tentam ser singulares para que seus clientes as prefiram. Entretanto, o sucesso depende menos dos esforços para ser diferente do que de como os consumidores valorizam esses esforços e, mais importante, se eles estão dispostos a pagar por eles.

O que dizer sobre a diferenciação baseada em prerrogativas socioambientais? É ela de alguma maneira diferente de outras estratégias de diferenciação? Em caso positivo, o que é diferente? Como este capítulo explora, existem tanto similaridades como diferenças sutis entre o marketing tradicional e o orientado para a sustentabilidade para produtos e serviços. No lado das similaridades, os dados históricos sugerem que a diferenciação socioambiental tende a ser restrita a nichos de mercado (relativamente) pequenos. Isso não deveria ser uma surpresa. Somente uma minoria de consumidores é rica o suficiente e está disposta a pagar um prêmio no preço de marcas topo de linha e eco-orientadas. Na realidade, atualmente os produtos eco ou socialmente orientados representam um nicho de mercado definido que tem sido explorado por uma grande quantidade de empresas ao redor do mundo.

Nesse aspecto, a diferenciação no mercado baseada em atributos sociais e ambientais pode ser tratada de maneira semelhante às estratégias dos nichos tradicionais de mercado.

Existem, entretanto, diferenças cruciais. A ecodiferenciação impõe exigências adicionais sobre os produtos: eles precisam apresentar menores impactos ambientais do que produtos similares e, ao mesmo tempo, satisfazer todas as demais necessidades como qualidade, conveniência e estética. Em outras palavras, referem-se não somente aos benefícios privados para os consumidores (e lucros para a empresa), mas também aos benefícios públicos incorporados ao produto. O tratamento de tais benefícios públicos é o que distingue as estratégias de ecodiferenciação das de diferenciação tradicional.

Em primeiro lugar, existe a questão da informação confiável. Por exemplo, o sistema de atividades envolvido na produção de uma mesa de jantar precisa ser claramente rastreado para os consumidores. Eles precisam saber sobre os benefícios públicos, como a preservação da biodiversidade durante a derrubada da árvore, a reciclagem da água durante o processo produtivo e a minimização das emissões de carbono durante o transporte. Eles também precisam confiar nos métodos usados para avaliar os dados e nas fontes de informação.

Uma maneira de apresentar essa informação é através de rótulos socioambientais (também denominados selos ou etiquetas). As empresas utilizam rótulos ecológicos como uma maneira de simplificar a informação contida em seus produtos, legitimando seus esforços e, mais importante, usando-os como componentes centrais da estratégia de marca socioambiental. Nesse sentido, é oportuno perguntar: quando os rótulos socioambientais são eficientes para a diferenciação? Quando sua certificação (por uma terceira parte) vale a pena para as empresas? Para que tipos de produtos e/ou contextos podem etiquetas socioambientais gerar vantagem competitiva? Em que casos os consumidores estão dispostos a pagar (mais) por produtos com selos socioambientais? Como se pode medir o sucesso de um esquema de rotulagem socioambiental?

Este capítulo aborda essas questões em um momento em que empresas como a Wal-Mart e a Tesco estão propondo etiquetas com informações sobre emissões de carbono para os produtos que elas vendem. Também discute o potencial dos rótulos de carbono de gerar o que era esperado de outros rótulos ecológicos, como os do Anjo Azul alemão e a Flor da União Europeia. A lógica dos esquemas de rotulagem socioambiental está alinhada com os interesses das empresas que usam os selos para se diferenciarem? O exemplo do Forest Stewardship Council (FSC) abre a discussão.

CLUBES DE CERTIFICAÇÃO DE PRODUTOS: SELOS SOCIOAMBIENTAIS

O movimento moderno para o manejo sustentável de florestas surgiu no início da década de 80 à medida que as preocupações a respeito da situação das florestas do mundo crescia.[2] Houve uma frustração muito grande sobre a inabilidade das empresas e dos ecoativistas de concordarem sobre padrões de manejo florestais, e diversas iniciativas para reduzir o ritmo de destruição das florestas nativas do mundo simplesmente falharam. No final daquela década, as campanhas dos ecoativistas feitas pelo WWF e pelo Greenpeace, dentre outros, resultaram em diversos boicotes feitos pelos varejistas a madeiras tropicais e madeiras de árvores antigas.

Na Europa, os ambientalistas ingleses, alemães e holandeses lideraram o boicote contra a importação de madeira tropical da Malásia e da ilha de Bornéu (que é dividida entre a Malásia e a Indonésia). O debate sobre as correntes práticas insustentáveis de manejo florestal foi novamente destaque durante a Conferência das Nações Unidas no Rio de Janeiro em 1992, com a identificação da necessidade de padrões internacionais de rastreamento de madeira. Logo após, os varejistas na Europa se reuniram para exigir madeiras/produtos certificados. Na Holanda, 95 por cento dos varejistas concordaram em importar madeira somente de florestas administradas de maneira sustentável. Nos Estados Unidos, por outro lado, o ator principal forçando as mudanças nas práticas florestais foi a Rede de Ação para Florestas Tropicais (Rainforest Action Network – RAN), uma Organização Não-Governamental (NGO) ecoativista. Apesar dos ecoativistas terem feito uma forte campanha demandando práticas sustentáveis pelas empresas do setor, naquela época poucos consumidores exigiam madeira certificada.

A fundação em 1993 do Conselho de Manejo Florestal (Forest Stewardship Council – FSC) é resultado desse chamado para um padrão internacional. O FSC iniciou suas operações em 1996, com seu escritório central em Oaxaca, México – um local que sugere um significado simbólico, representando a cooperação entre o norte e o sul. Esforços foram realizados para manter o processo tão transparente quanto possível e incluir todos os interessados no setor.

Essa abertura proporcionou legitimidade ao selo socioambiental FSC, que inclui aspectos sociais, como respeito às populações indígenas e padrões de trabalho, assim como aspectos ambientais de proteção do solo e do ecossistema nas plantações. O FSC, assim, monitora a conformidade com esses padrões pelas empresas que gostariam de se inscrever para ter o selo da organização.[3] Então, o FSC é responsável pela padronização e credibilidade das práticas florestais.

A primeira reação da indústria madeireira ao FSC foi de que nenhum certificado era necessário e de que ele iria causar danos aos negócios. Entretanto, após perceber que o movimento era irreversível, em 1995 a Associação Americana de Floresta e Papel (American Forest and Paper Association – AFPA) criou seu próprio esquema de certificação, a Iniciativa pela Floresta Sustentável (Sustainable Forest Initiative – SFI).[4] Claramente, a SFI foi criada como uma estratégia defensiva para evitar as mais rigorosas regulamentações (privadas) do FSC e, também, a má reputação.[5] Não surpreendentemente, os ambientalistas criticaram a SFI por ter sido criada em causa própria e por não ser suficientemente exigente. A indústria, por sua vez, argumentou que não existia uma clara demanda pela certificação por parte dos clientes finais que justificasse a criação de uma iniciativa multipartidária como o FSC.

Muitos empreendimentos madeireiros nos Estados Unidos também apoiaram a SFI em lugar do FSC. Eles estavam aparentemente corretos ao considerar que, em conjunto, os princípios da SFI e padrões como o ISO 14001 satisfariam as exigências dos varejistas.[6] As regulamentações privadas dos Clubes Verdes foram suficientes para protegê-los contra a má reputação. Como resultado, esquemas de certificação floresceram na primeira década deste século. Em 2008 havia mais de 50 esquemas de certificação de florestas no mundo, competindo direta ou indiretamente com o FSC, como faz a SFI. Não obstante, o FSC se mantém à parte, pois é a única organização criadora de padrões para o manejo responsável de florestas apoiada tanto pelas comunidades corporativas como por ambientalistas.

Após ter superado a falta de recursos e problemas de organização no final da década de 90, o FSC recebeu o reconhecimento da indústria na primeira década de 2000 quando 80 por cento da indústria de madeira em toras reconheceram a necessidade de uma certificação independente.[7] Em 2005, as empresas certificadas pelo FSC reportaram um valor estimado de mercado para a madeira certificada em torno de US$ 5 bilhões. Com base em uma pesquisa de 2007, o valor das vendas de produtos de madeira com selo FSC foi estimado em US$ 20 bilhões. Empresas com um giro estimado de US$ 250 bilhões em produtos de madeira estariam vinculadas à certificação da FSC.[8]

Em torno da metade da primeira década de 2000, cerca de trinta por cento das florestas na Europa estavam certificadas, e a madeira e os produtos de madeira certificados pelo FSC possuíam cerca de cinco por cento de participação no mercado. Nos Estados Unidos, a participação era muito menor. Somente sete por cento das florestas estavam certificadas e a madeira e produtos de madeira certificados pelo FSC representavam apenas um por cento das vendas totais.[9] Em outras palavras, a difusão limitada do selo FSC significa que os benefícios públicos do manejo florestal sustentável ainda são pequenos. No senso estrito da diferenciação de produto, essa realidade não representaria, necessariamente, más notícias para os negócios. Afinal, a diferenciação tem a ver com exclusividade, e a participação limitada dos produtos FSC no mercado poderia ao final beneficiar as estratégias de diferenciação. Entretanto, a proliferação de outros esquemas de certificação tem trabalhado contra a diferenciação dos produtos de madeira. Mais importante, os consumidores finais simplesmente não estão dispostos a pagar um prêmio no preço pela madeira ou por produtos de madeira certificados; eles não estão sequer desejando privilegiar lojas que vendem a madeira FSC. Se os custos da certificação não podem ser repassados para os consumidores, qual é o real valor do selo FSC? A certificação pode, no final das contas, ajudar as empresas a construírem marcas socioambientais?

Normas e estratégias de ecodiferenciação

Qual é a lógica fundamental do caso? O selo FSC determina um relacionamento direto entre as atividades na cadeia produtiva acima e os produtos finais vendidos pelas empresas. O selo facilita as organizações clientes e os consumidores finais a identificarem os produtos com práticas sustentáveis de manejo florestal. É um resultado de diálogo com muitos *stakeholders*, envolvendo organizações da sociedade civil, como a WWF, e empresas madeireiras, varejistas e o público em geral, o que lhe confere elevados níveis de legitimidade e de aceitação do selo/norma por todos os envolvidos. Essencialmente, o FSC é um exemplo adicional de Clube Verde, apresentado no capítulo anterior. Os Clubes Verdes são instrumentos disponíveis para as empresas protegerem as suas reputações contra o ecoativismo, e para legitimar seus esforços na direção da proteção ambiental. ISO 14001, Responsible Care ou Carbon Savers, por exemplo, são exemplos de normas voluntárias orientadas para os processos organizacionais.

Como a Figura 5.1 demonstra, essas normas se dirigem principalmente para as atividades na cadeia produtiva acima e para os processos industriais, e param na organização – a razão pela qual elas não podem ser associadas com os produtos vendidos pela empresa certificada. Por outro lado, selos socioambientais, como o FSC, são normas criadas para serem associadas diretamente aos produtos (e algumas vezes serviços) através da rotulagem.

Apesar dos selos socioambientais se relacionarem principalmente com as atividades cadeia acima, com frequência eles também envolvem as atividades para reciclagem no manejo do produto, cadeia abaixo. De fato, a história inicial dos selos ambientais abordava a biodegradabilidade de detergentes e de sabões, que é caracteristicamente um aspecto de cadeia abaixo (pós-consumo) do produto.

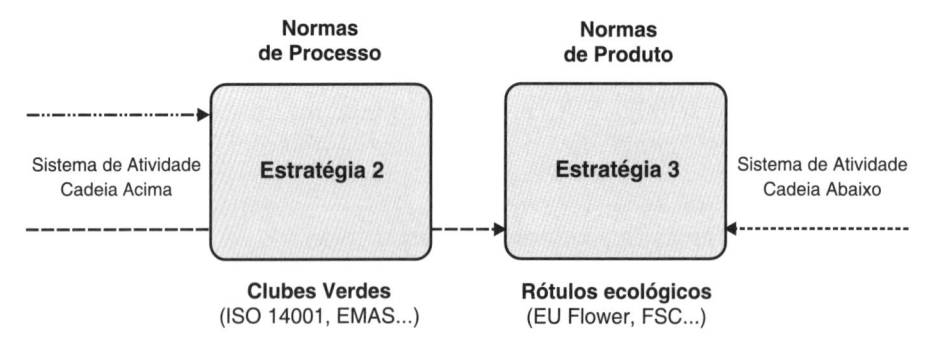

FIGURA 5.1 **Estratégias e Normas de Ecodiferenciação.**

MARCAS SOCIOAMBIENTAIS

Existe, obviamente, um relacionamento muito próximo entre a reputação ambiental de uma empresa e a reputação de um produto específico. Especialmente quando existe algum problema com um produto, que no final poderá gerar má reputação, é quase impossível para a empresa se separar dele. Os consumidores e o público em geral também associam marcas altamente visíveis, como a Pepsi, Adidas ou 3M com seus proprietários. Mas enquanto isto é verdade para o produto líder dessas empresas, como a Pepsi ou a Coke, com o objetivo de limitar os efeitos de um possível fracasso do produto, marcas específicas e submarcas são usadas normalmente para distanciá-las da marca da corporação.

Tanto a Coca-Cola como a Pepsi, por exemplo, possuem uma grande variedade de marcas de refrigerantes, das quais a maioria dos consumidores não tem conhecimento. Mais ainda, apenas alguns produtos de um grande catálogo de produtos administrados pela empresa apresentam prerrogativas ambientais de liderança. Uma quantidade ainda menor terá um selo socioambiental e se tornará uma marca socioambiental. Assim, a diferença entre normas orientadas para o processo (ou que englobam toda a empresa) e normas orientadas para os produtos é útil para revelar os tipos de complexidades envolvidos na administração ambiental estratégica.

Selos socioambientais como veículos para a diferenciação

A maneira mais elementar de diferenciar um produto com base em suas prerrogativas socioambientais é fornecer aos consumidores informações a respeito. A embalagem pode conter afirmações como a de natural, amigável à camada de ozônio, que o produto apoia pequenos produtores, que é biodegradável ou reciclável. Esse tipo de informação certamente é barato de apresentar, mas existe uma desvantagem. Rótulos de certificação e de afirmações em causa própria são certificados somente pelo fabricante, razão pela qual a ISO[10] não os considera selos ambientais, mas rótulos Tipo II. Em outras palavras, as autoafirmações apresentadas nos selos Tipo II simplesmente não possuem legitimidade. E quando se refere à diferenciação socioambiental, a informação confiável, incontroversa, é crucial. Ao menos para os consumidores realmente ambientalistas que praticam o que pregam,[11] esses tipos de declarações em causa própria são considerados suspeitos.

Em contraste com o símbolo ambiental desenhado ou uma declaração feita por um produtor ou prestador de serviço, os consumidores verdes confiam mais em um selo ambiental certificado: "um selo que identifica a preferência ambiental geral de um produto ou serviço dentro de uma categoria de produto baseada em considerações de ciclo de vida".[12] Também importante é o credenciamento imparcial de selos socioambientais a produtos que atendam a critérios ambientais de liderança determinados feito por terceiros.

Em essência, programas de rotulagem ambiental objetivam informar os consumidores sobre os produtos que atendem determinados critérios quanto a impactos ambientais durante vários estágios da vida de um produto, desde a fabricação original até o seu descarte final. Colocado de forma simples, os rótulos/selos facilitam a escolha do consumidor.

A ISO (International Organization for Standardization) considera apenas os Tipo I (ISO 14020) e Tipo III (ISO 14025)[13] como selos ambientais. O rótulo Tipo I é baseado em critérios de acordo de múltiplas partes, que necessita ser certificado por uma organização independente. A indústria e os consumidores, por exemplo, concordam em um conjunto de critérios para avaliar o desempenho ambiental de produtos e serviços durante um processo transparente de consultas. O processo é central para a credibilidade do rótulo. O Tipo III vai mais longe por exigir uma Avaliação de Ciclo de Vida (ACV ou, em inglês, Life Cycle Assessment – LCA) do produto certificado por uma organização independente. Como a ACV gera dados quantitativos associados com os vários impactos durante a produção, o uso e o pós-consumo, os rótulos do Tipo III trabalham de maneira semelhante aos rótulos de nutrição, que também são baseados em valores mensuráveis, como as calorias por grama.

Refletindo algum ambientalismo pioneiro na Europa, o primeiro rótulo ecológico desenvolvido foi o Anjo Azul alemão[14] no final da década de 70. Muitos países o seguiram e desenvolveram seus próprios selos ambientais, mas muitas iniciativas das décadas recentes, como a Flor da União Europeia, a Escolha Ambiental australiana, o Cisne Nórdico e o FSC, foram formadas por multinacionais e por múltiplos *stakeholders*. A lógica fundamental por trás dos produtos com selos socioambientais é a de diferenciá-los na base do desempenho acima da média.

MARCAS SOCIOAMBIENTAIS

Rótulos ecológicos como o Anjo Azul e o Cisne Nórdico em princípio oferecem informação confiável para os consumidores poderem tomar decisões de compra. Em muitos aspectos, espera-se que os selos socioambientais funcionem de maneira similar às marcas. Por exemplo, o logo clássico da água engarrafada italiana San Pellegrino é suficiente para que a maioria dos consumidores acostumados com ela ignore o resto da informação contida no rótulo. Coca-Cola, como a marca mais valiosa no mundo, Sony, Apple ou Puma são também marcas que tendem a falar por si mesmas. Consumidores familiarizados com essas marcas enxergam os atributos intrínsecos do produto e seu apelo emocional, nenhum dos quais requerendo interpretação adicional.

Se os rótulos ecológicos pudessem atingir o mesmo nível de significância compacta, intrínseca, das marcas comerciais normais, suas chances de serem bem-sucedidos seriam elevadas. Mas existem algumas dificuldades nos rótulos ecológicos que os distinguem das marcas comerciais. Marcas de luxo, como a francesa Louis Vuitton, normalmente tentam relacionar produtos a suas qualidades intrínsecas e percebidas, à sua estética e ao apelo emocional. Em outras palavras, as marcas visam principalmente benefícios privados.

Embora os selos socioambientais tentem fazer o mesmo, a maior parte de seu valor intrínseco está ligada a benefícios públicos – de manejo florestal sustentável e preservação da biodiversidade, por exemplo. Assim, os selos socioambientais transportam o produto (e a mente do consumidor) para regiões muito além de suas percepções físicas. É uma viagem que requer orientações (normas) e, mais importante ainda, confiança. De alguma forma, enquanto os consumidores podem parar de pensar ao virem a marca Louis Vuitton – porque existe um conhecimento tácito sobre o seu significado – eles podem começar a pensar sobre o significado da compra quando confrontados com um selo socioambiental.

Em outras palavras, os selos socioambientais estabelecem uma relação entre benefícios privados e públicos, que os consumidores precisam acreditar como real, ou, ao menos, que vale o preço pelo qual eles são cobrados. Informação confiável é fundamental para estabelecer essa relação e trazer confiança para o rótulo. A próxima seção explica por que a maioria dos selos socioambientais não resolveu completamente este problema.

Informação confiável e selos socioambientais: Análise do Ciclo de Vida

Rótulos do Tipo III (de acordo com a ISO 14025) constituem o esquema mais exigente de rótulos ambientais. Eles exigem uma ACV confiável: "um método para quantificar o impacto ambiental de um processo industrial, atividade ou produto".[15] A análise cobre o impacto do ciclo de vida físico desde a extração das matérias-primas ou pré-fabricação, fabricação, uso e descarte de um produto ou a reciclagem de seus materiais componentes. Assim, seria praticamente impossível desenvolver um rótulo ecológico confiável, mensurável, sem o apoio de dados de uma ACV, que se presume forneçam informações confiáveis. Mas as ACVs têm seus próprios problemas.

O conceito de ACV data dos esforços iniciais de análise de energia nos anos 60, mas as complexidades envolvidas na criação de uma ferramenta de ACV resultaram em um processo muito lento de aceitação pelas empresas e governos. Premissas metodológicas distintas são as principais causas de disparidades entre as ACVs. Definições diferentes dos limites de sistema de um produto ou serviço podem causar distorções substanciais nos resultados. A contabilidade do impacto ambiental total de um produto tão simples quanto um lápis pode se tornar uma tarefa muito complexa. Se a contabilização dos impactos ambientais associados a um lápis for exigente – porque é praticamente impossível considerá-lo integralmente – o escopo da ACV pode ser esmagador. Uma contabilização completa poderia incluir a emissão de ar das motosserras usadas para extrair a madeira que se tornará, a seu tempo, a matéria-prima para o lápis. Semelhantemente, se um restaurante limita as fronteiras de uma ACV à sala de jantar e à cozinha, pode-se esperar que o impacto ambiental de suas atividades seja substancialmente menor do que o de um restaurante semelhante que estenda as fronteiras de seus impactos ambientais à produção da comida e ao descarte dos resíduos. Obviamente, o pragmatismo sugere a demarcação de limites para tal análise, para que resultados empíricos possam ser alcançados. Ao estabelecer limites entre sistemas, a ACV se torna prática. A comparabilidade entre os sistemas requer o uso de escopo e metodologias semelhantes. Entretanto, esta definição de escopo não está livre de interesses. O resultado da ACV é o resultado dos *inputs*, e os *inputs*, muito frequentemente, são resultado das preferências daqueles que estão pagando pelo estudo.

A avaliação do ciclo de vida tende a enfatizar os danos relativos que os produtos causam ao ambiente. Por exemplo, um estudo clássico conduzido na década de 70[16] demonstrou que, para o mesmo número de garrafas produzidas, o cloreto de polivinila (PVC) consome muito menos material e energia do que as garrafas de vidro; as garrafas de PVC são responsáveis por menos emissões atmosféricas, gerando menos resíduos sólidos do que as garrafas de vidro que elas substituíram. O despejo de PVC em aterros, a partir desta perspectiva, pode ser justificado por seu dano relativamente menor ao ambiente em comparação com alternativas. Assim, os profissionais de ACV tendem a examinar as melhores soluções disponíveis dentro dos atuais sistemas produtivos.

A disponibilidade de informações também limita a difusão das ACVs. Avaliar o desempenho ambiental de produtos exige dados ao longo de seu ciclo de vida, que pode compreender muitos setores da economia. Os custos associados com a coleta de dados desmotiva as empresas a gerarem todas as informações necessárias. Além disso, a informação pode ser sensível comercialmente, não confiável ou em um formato não utilizável. Este fator se tornou claro no desenvolvimento do projeto do selo ambiental da União Europeia (UE).[17] O desenvolvimento e a aceitação da ACV foi crucial para a evolução do selo ambiental europeu como uma base para comparação dos impactos ambientais quantitativos de diferentes *commodities*. Apesar de haver consenso sobre a compilação de inventários, a discordância quanto à metodologia para comparação dos impactos das diferentes emissões esteve sempre presente. A acomodação de tais diferenças exigiu um elevado grau de compromisso entre os participantes e, para os produtos verdadeiramente verdes, o rótulo resultante pode não ser exigente o suficiente. Algumas disputas e preocupações estão presentes também em um novo tipo de selo ambiental.

O surgimento dos rótulos de carbono

Discussões sobre o rótulo de carbono se tornaram mais frequentes na segunda metade da primeira década de 2000.[18] Em 2007, Sir Terry Leahy, o CEO da Tesco, um grande varejista do setor de supermercados do Reino Unido (UK), anunciou que ele estava buscando rotular tudo, desde produtos alimentícios a plantas e telas planas vendidas nas lojas da Tesco.[19] A conversa assumiu uma forma concreta em maio de 2008, quando a Tesco lançou sua iniciativa de rótulo de carbono com um teste em 30 produtos.[20]

O rótulo foi desenvolvido em colaboração com o Carbon Trust, uma organização criada em 2001 pelo governo do Reino Unido com a missão de pesquisar soluções para uma economia com baixo carbono.[21] O Carbon Trust tem sido um meio para o desenvolvimento e teste dos primeiros rótulos de carbono, que surgiram a partir da colaboração com a Walkers (batatas chips), Innocent (bebidas naturais) e Boots (xampu). Diversas outras empresas se uniram mais tarde ao programa; entre elas se incluem a Coca-Cola, a British Sugar e a Danone Waters. O discurso ambiental parcialmente explica tal proatividade, mas a ameaça de regulamentações futuras a respeito de emissões de carbono é, igualmente, uma lógica irrefutável. No caso da Tesco, a exigência aos fornecedores para rotularem seus produtos não é uma atitude arriscada, pois os fornecedores também tiveram que assumir os riscos.

Os candidatos iniciais para rotulagem de carbono foram os produtos alimentícios. O conceito de alimento-milhas (Food Miles – FM) – distância percorrida pelo alimento desde a produção até o consumo – se originou no Reino Unido como uma resposta ao cada vez maior número de milhas que a comida viaja para chegar ao consumidor final e o impacto que isso provoca na mudança do clima.[22] Os principais fatores por trás do aumento em milhas no transporte são os acordos de livre comércio, novos hábitos dos consumidores, centralização geográfica da produção de alimento e custos de transporte.

A principal força do conceito de FM é o fácil acesso aos dados, para que o efeito no ambiente em consequência das emissões de carbono possa ser calculado através da Distância Média Ponderada da Fonte (Weighted Average Source Distance – WASD).[23] O conceito de FM é um rótulo simples de ser entendido pelos consumidores, que os auxilia a fazer escolhas informadas sobre as emissões de carbono incorporadas aos produtos durante o transporte. Entretanto, menos milhas não significam, necessariamente, menos carbono. Por exemplo, a emissão total de carbono pelo aquecimento dos gases de efeito estufa para a plantação de rosas na Holanda é maior do que plantá-las no Quênia e transportá-las para Amsterdã.

O conceito de FM também tem sido criticado não apenas por ignorar as emissões de carbono durante a produção, mas também pelo seu potencial como um argumento velado para o protecionismo contra países em desenvolvimento.

O conceito de Pegadas de Carbono (Carbon Footprint – CF) soluciona as fraquezas da FM por utilizar ACVs para calcular o montante total das emissões de carbono ao longo do ciclo de vida total dos produtos. Entretanto, como mencionado anteriormente, é difícil calcular a pegada de carbono com acuidade porque os dados principais para os estágios diferentes de um ACV podem simplesmente não estar disponíveis. Realmente, os aspectos metodológicos dos ACVs estão certamente presentes nos rótulos de carbono. Por exemplo, a maior proporção de emissões de carbono pode ocorrer quando se transporta o produto para as residências dos consumidores, ou na conservação ou cozimento. Um ACV deveria incluir esses estágios, que não estão sob controle dos produtores? Esses aspectos explicam o intenso debate sobre as metodologias de ACV, e a dificuldade de desenvolver padrões para a pegada de carbono.

Existem outras preocupações com relação à eficácia dos rótulos de clima. Focar na emissão de carbono pode distrair a atenção dos consumidores de outros impactos ambientais negativos. Por sua própria natureza, os rótulos de carbono estreitam o foco para um único problema, esquecendo – ou ao menos reduzindo – outros impactos sobre a terra e a água, incluindo a perda da biodiversidade e a poluição. Baixos níveis de emissão de carbono podem ser um resultado do uso de energia nuclear, mascarando problemas associados com acidentes e com descarte de resíduos.

Produtos com baixa emissão de carbono podem conter químicos que sejam perigosos para o meio ambiente e para a saúde dos consumidores. Finalmente, preocupações também foram levantadas sobre os tipos de emissão de Gases de Efeito Estufa (GEE) que deveriam ser incluídos nos rótulos de clima. Além do dióxido de carbono (CO_2), a produção de alimentos (agricultura intensiva, em particular), acarreta a emissão de outros potentes GEEs, como o metano (CH_4), hexafluoreto de enxofre (SF_6), hidrofluorocarbonetos (HFCs), perfluorocarbonetos (PFCs) e o óxido nitroso (N_2O), sendo que o último é 310 vezes mais potente do que o CO_2. Um rótulo de clima ideal deveria considerar todos esses GEEs durante o ciclo de vida inteiro dos produtos.

Entretanto, como vimos, obstáculos metodológicos podem limitar tal meta, como uma iniciativa sueca sugere. O Instituto Nacional Sueco de Rotulagem, a instituição sueca para a comida orgânica (KRAV) e Svenskt Sigill, um rótulo criado pela associação sueca de fazendeiros, têm trabalhado no desenvolvimento e no teste de rótulos que indiquem neutralidade em carbono.[24]

Como se pode esperar, a iniciativa não tem sido livre de atritos; não há acordo sobre o que efetivamente significa a neutralidade de carbono. Alguns especialistas até mesmo argumentam que neutralidade de carbono não é possível.[25] Como resultado, a vasta maioria dos produtores continuará aguardando até que surja uma norma para rótulos de clima.

Ao final, o futuro dos rótulos climáticos depende muito de coisas práticas. No presente, eles parecem causar confusão tanto para os varejistas como para os consumidores. Os varejistas enfrentam o problema de encontrar maneiras adequadas de calcular e de medir o progresso e de comunicá-lo de forma confiável aos clientes. Isso é especialmente verdadeiro para rótulos de carbono. Os consumidores, por sua vez, estão incertos sobre o que os rótulos representam e de pagarem preços-prêmio por algo que eles não conseguem avaliar adequadamente. A maioria de nós não sabe se um rótulo mostrando 400g de CO_2 em um pacote de batatas chip é bom ou ruim, mesmo que tenhamos outros produtos com os quais comparar. Essas controvérsias e dúvidas sugerem a necessidade de incorporar os rótulos de clima nos selos socioambientais existentes, para que o consumidor possa fazer uma escolha considerando o impacto ambiental completo do produto em questão. Entretanto, a integração do comércio justo e de cálculos climáticos no mesmo rótulo também requer colaboração entre esquemas diferentes de rotulagem e, ao final, alguma combinação entre eles. Não é uma tarefa fácil.

Sucesso dos selos socioambientais: para quem?

Originalmente, os selos socioambientais foram pensados para beneficiar os consumidores, limitando afirmações confusas, extravagantes ou falsas sobre o desempenho ambiental de um produto, e funcionando como um nivelador para encorajar a concorrência entre indústrias e reduzir o impacto industrial no meio ambiente. As empresas competiriam na base de atributos socioambientais dos produtos, sistematicamente elevando o nível, o que levaria a indústrias e sociedades mais sustentáveis. Na prática, os esquemas de rotulagem socioambiental tiveram apenas um sucesso parcial. Não considerando o sucesso relativo na Escandinávia e na Alemanha, a maioria dos projetos similares europeus enfrenta dificuldades para alcançar sua proposta principal de diferenciação. No todo, de uma imensa gama de produtos atualmente no mercado, somente uma pequena percentagem adota os selos socioambientais.

Aparentemente, não há uma relação direta entre certificação de selos socioambientais e o desempenho do produto no mercado. Quando perguntados, a maioria dos consumidores se descreve como consumidores conscientes que preferem produtos ambientalmente saudáveis e eticamente corretos. Na prática, entretanto, somente uma minoria converte sua afirmação em compras.[26] Uma resposta fragmentada do consumidor para apelos ecológicos é típica, o que explica a relutância de muitas empresas em se inscrever em programas de rotulagem socioambiental. Como as empresa já pagam a seus empregados para testarem seus produtos, os custos associados à certificação são difíceis de serem justificados. Além disso, tais esquemas de rotulagem na Europa também enfrentam burocracia. Em média, é preciso mais de um ano para alguns produtos serem certificados – tempo maior do que o ciclo de vida de muitas mercadorias.

Semelhantemente aos Clubes Verdes mencionados no Capítulo 4, os selos socioambientais parecem funcionar melhor para evitar desvantagens do que para gerar vantagens competitivas. Os fornecedores de papel higiênico na Escandinávia podem confirmar isso. Hoje é praticamente impossível entrar nesse mercado sem um produto contendo um rótulo ecológico. Em diversas outras categorias de produtos, os selos se tornaram apenas uma licença para operar. Por sinal, o rótulo do Forest Stewardship Council (FSC) também é um bom exemplo disso. Como foi sugerido no caso que abriu este capítulo, o FSC parece ter servido melhor aos interesses das empresas de silvicultura cadeia acima, garantindo acesso privilegiado a seus clientes, do que aos varejistas para alcançarem os consumidores finais. A história da criação do selo parcialmente explica esse resultado. Afinal, o FSC foi uma resposta das empresas de silvicultura às campanhas dos ecoativistas. Pressionados pelos ativistas, grandes varejistas, como a Home Depot nos Estados Unidos, passaram a responsabilidade (e os custos) de fornecer a madeira certificada para as empresas madeireiras. Para os fornecedores da varejista sueca IKEA, por exemplo, não possuir a madeira/produtos certificados pelo FSC significava uma clara desvantagem. Para os fornecedores que obtiveram a certificação, o selo garantiu seus contratos, mesmo que com lucros reduzidos. Em outras palavras, apesar do selo FSC ser utilizado nos produtos finais, ele representa uma resposta a demandas de ecoativistas (e não de consumidores finais) que resultou um acordo entre uma organização da sociedade civil (o WWF), as empresas de silvicultura e os varejistas. Os padrões e a rotulagem do FSC representam uma clara regulamentação privada para a madeira bruta e produtos de madeira na Europa e nos Estados Unidos, atendendo principalmente às transações comerciais entre empresas (também chamadas de B2B). Os consumidores finais de produtos de madeira estiveram praticamente ausentes das negociações que deram origem ao rótulo do FSC. Não surpreendentemente, eles não se mostraram dispostos a pagar mais pelos produtos certificados pelo FSC. Os custos da conformidade permaneceram na cadeia de produção e tiveram que ser divididos entre as empresas do setor.

Ao final, quando se fala sobre o sucesso dos esquemas de selos socioambientais, a avaliação tende a ser confusa. A razão é simples: o critério usado pelos promotores dos rótulos é muito diferente do dos seus usuários (empresas). Para os promotores do FSC ou do Cisne Nórdico, por exemplo, o sucesso é medido pelo número de produtos que os adotam; uma maior quantidade de produtos com os selos (alta difusão) torna o sistema mais bem-sucedido. Por outro lado, as empresas que utilizam os rótulos em seus produtos para fins de diferenciação ecológica estão focadas na singularidade. Uma taxa elevada de adoção dos rótulos ecológicos por produtos concorrentes erode a exclusividade e a eventual vantagem competitiva trazida por eles. Para as empresas, quanto menor a difusão dos selos, melhores as possibilidades de a ecodiferenciação ser lucrativa. Assim, existe uma contradição intrínseca entre os interesses dos promotores dos sistemas e de seus usuários. Como Reinhardt[27] convenientemente enfatizou:

MARCAS SOCIOAMBIENTAIS

Ao fazer pressão para as outras empresas do setor adotarem a produção de produtos de características ambientalmente preferíveis, os selos ambientais podem acelerar as imitações e erodir a posição de diferenciação no mercado da empresa. Uma empresa que busca diferenciar produtos com base em prerrogativas ambientais precisa considerar cuidadosamente se a sua posição competitiva será melhorada ou prejudicada pelos selos ambientais.

A lição aqui é clara: à medida que os sistemas de selos socioambientais se tornam mais bem-sucedidos, a vantagem competitiva dos produtos que os usam será gradualmente dissipada. Apesar dos selos continuarem a ajudar nas estratégias de marcas socioambientais, eles podem não ser suficientes para gerar vantagem competitiva. Mesmo quando o fazem, as empresas não devem confiar neles para uma diferenciação de longo prazo. Para isso, é necessário reconsiderar o que os selos socioambientais devem realizar em primeiro lugar – informar aos consumidores que os produtos ou serviços são únicos porque fazem a coisa certa. Como os casos a seguir sugerem, questões socioambientais podem se tornar crescentemente parte do contrato da marca entre o consumidor e a empresa.[28]

DOS SELOS ÀS MARCAS SOCIOAMBIENTAIS

Na Suécia, a consciência socioambiental do consumidor é extraordinariamente elevada.[29] Produtos com selos ecológicos são onipresentes e a diferenciação com base em prerrogativas socioambientais está se tornando cada vez mais difícil e cara. Nesse contexto, um dos maiores varejistas de alimentos e de produtos domésticos desenvolveu uma maneira criativa de diferenciar seu catálogo de produtos. A Coop Sverige, proprietária de 355 supermercados urbanos com uma clara orientação na direção da excelência ecológica e 40 hipermercados genéricos, criou a Änglamark, uma marca que comunica a imagem de responsabilidade socioambiental de mais de 250 produtos alimentícios e domésticos, como filtros de café e sabão em pó, vendidos tanto pela Konsum como pela Forum. As vendas da Änglamark aumentaram de € 3 milhões em 1991 para uma média anual de € 55 milhões entre 2004 e 2008, conferindo-lhe a liderança da marca socioambiental no mercado sueco.

A venda a varejo de alimentos na Suécia está concentrada em três grandes empresas: ICA, Coop e Axfood. Reunidas, essas empresas controlam mais de 95 por cento do mercado. ICA é a empresa dominante com quase 50 por cento do mercado, enquanto a Coop é a segunda maior com cerca de 23 por cento. Apesar de contar com poucos varejistas, o mercado é regido por uma forte rivalidade de preços. A permuta entre preços e atributos ambientais dos produtos é um constante desafio para a retenção do consumidor. Lidl, um varejista alemão que entrou no mercado escandinavo no final de 2003, representa este desafio. Uma estratégia agressiva resultou na Lidl abrindo lojas em algumas dúzias de cidades suecas, com diversas outras planejadas para abrir nos próximos anos. O varejista alemão é muito competitivo nos segmentos de preços baixos, beneficiando-se de economias de escala para fornecer suas lojas com produtos vindos de um depósito central na Alemanha.

Ao desenvolver a Änglamark, a Coop definiu os valores e as funções que os produtos ecologicamente corretos deveriam ter a fim de lograrem sucesso no mercado. Apesar da marca Änglamark evocar valores positivos associados com a alma, identidade e com a natureza sueca, agradando assim aos verdes, a Coop tinha também um senso comercial muito forte da marca. Os produtos ecológicos deveriam ter um sabor e desempenho tão bons quanto os produtos convencionais mas não deveriam ser necessariamente mais caros, e os clientes deveriam encontrá-los com facilidade nas lojas.

O conjunto de produtos incluía tanto os alimentícios como os não alimentícios, e foi desenvolvido de acordo com um critério claro. Os produtos deveriam satisfazer as exigências dos sistemas de selos ambientais como o Cisne Nórdico, a Flor da União Europeia ou o KRAV (o rótulo ecológico sueco para comida orgânica). Em outras palavras, a maioria dos produtos da Änglamark deveria ser endossada por selos ambientais; apresentar a menor possível pegada de CO_2 e embalagem mínima, de preferência feita com material reciclável; ser produzida de acordo com valores éticos, contribuir para mais elevados níveis de bem-estar e se igualar ao produto líder em termos de qualidade.

Para vender volumes elevados de produtos ecológicos, a Coop usou a Änglamark para competir diretamente com os líderes do mercado em cada categoria de produto.

Nos seus primeiros cinco anos (1991-1996), a Änglamark foi a primeira alternativa orgânica em todas as categorias de produtos alimentares e, frequentemente, dos não alimentares, cobrindo mais de 80 por cento da linha de produtos nos supermercados. Essa posição deu à Coop a vantagem de ter sido a primeira a entrar nas categorias de produtos estratégicos – aqueles que acabam se tornando assunto para a mídia e consumidores.

Os detergentes eram uma dessas categorias no início dos anos 90, exigindo que os fabricantes desenvolvessem e vendessem produtos biodegradáveis e com rótulos ecológicos. Como a Änglamark oferecia produtos que tinham um desempenho tão bom quanto os convencionais, ela gradualmente ganhou a preferência do consumidor. Como resultado, o significado associado ao nome, as características intrínsecas dos produtos e a estratégia de segmentação e preços garantiram um sucesso inicial para a marca ecológica.

Uma das chaves para o sucesso da Änglamark – mas também um desafio principal – era encontrar, desenvolver e administrar fornecedores confiáveis. Por exemplo, no início dos anos 90 existiam poucos fornecedores de alimentos orgânicos. A maioria deles era composta de pioneiros pequenos e especializados, alguns altamente dependentes da Coop. Muitos deles ajudaram a Coop a desenvolver competências e o sortimento de produtos ecológicos.

Essa estreita colaboração tornou fácil para o varejista influenciar os processos de produção e a segurança dos produtos, que exigia planos de administração de risco de acordo com os Pontos de Controle Críticos Perigosos (Hazardous Critical Control Points – HCCP) em um estágio inicial. Como toda a cadeia precisa ser certificada – desde o produtor das matérias-primas – a certificação ecológica dos fornecedores é complexa e demanda tempo. Assim, a colaboração estreita entre a Coop e seus fornecedores reduziu os custos de conformidade quando a HCCP se tornou uma regulamentação, representando uma vantagem competitiva inicial para alguns.

Por volta de 2008 a Änglamark se mantinha como a principal marca socioambiental da Coop. A abrangência total da Änglamark se estabilizou em torno de 200 produtos, pois em algumas categorias a Coop se retirou porque alguns produtores desenvolveram suas próprias marcas.

A Coop continua a reforçar a sua imagem de sustentabilidade com sacolas plásticas biodegradáveis para os compradores e facilitando para os clientes verificar quanto gastaram em produtos sustentáveis. A Änglamark certamente ajuda a Coop a manter suas credenciais verdes na Escandinávia mas a entrada recente da Lidl provocou algumas guerras de preços. A rivalidade em certas categorias de produtos como leite, café, água mineral, farinha, açúcar, sal, comida congelada, detergentes, peixe e carne está em ascensão. Será que os consumidores escandinavos permanecerão fiéis ao consumo sustentável, ou será que as guerras de preço determinarão o futuro da marca socioambiental?

Construindo uma marca socioambiental[30]

No outro lado do mundo, um tipo diferente de negócio tem funcionado com estratégia de marca socioambiental. Lend Lease Australia é uma grande empresa que foca no desenvolvimento, construção e administração de ativos imobiliários para empreendimentos públicos e privados. No início dos anos 2000, a Lend Lease estava atravessando momentos difíceis. A imagem pública da empresa estava sofrendo ataques pela imprensa; após uma tentativa mal concebida de entrar no mercado imobiliário norte-americano, o preço de sua ação estava em torno de dez dólares australianos (A$10), de uma alta de cerca de A$ 23. Era o momento de repensar a estratégia da empresa e reconstruir a confiança do acionista.

Durante esse período, a Lend Lease iniciou um processo de revisão que levou à construção do Bond, como o novo escritório central da empresa é conhecido na Austrália, concluído no final de 2002. A alta administração decidiu usar o novo edifício para apoiar uma estratégia que iria revitalizar a Lend Lease e restabelecer o seu *status* como o grupo líder no mercado imobiliário.

O edifício deveria ser um ícone e diferente. Era para demonstrar o melhor da Lend Lease e refletir seus valores centrais de respeito, integridade, inovação, colaboração e excelência, e ser vista como modelo em projetos e construção de edifícios comerciais. Este último quesito trouxe a sustentabilidade ao projeto. Projetar um edifício sustentável era visto como uma oportunidade para a Lend Lease ser mais uma vez identificada como líder no setor e, ao apresentar o seu produto – Bond – como sua nova sede, se diferenciar dos competidores.

A sede foi projetada pela Lend Lease para ser um edifício saudável assim como para atender às exigências mais rigorosas e demonstrar princípios ecologicamente sustentáveis, resultando em um prédio com diversos atributos socioambientais. Os arquitetos não somente projetaram um edifício eficiente em energia, mas também proporcionaram um ambiente socialmente simpático para seus ocupantes e para a comunidade. Materiais, processos e características de projeto baseados em arquitetura ecológica foram extensivamente adotados: vidros isolados com duas camadas juntamente com persianas externas para reduzir os custos de refrigeração; projeto elétrico de baixo consumo de eletricidade baseado em áreas abertas e iluminação natural; pintura interior à base de minerais não-tóxicos e livre de solventes; pisos de bambu cobertos com camadas de solventes à base de água com emissão zero; colas não-tóxicas e processos de manufatura livre de resíduos; forros de teto perfurados para acomodar as serpentinas resfriadoras de um sistema de ar-condicionado passivo; telhas no teto feitas de aço 25 por cento reciclado.

Tudo considerado, comparado com qualquer outro prédio de seu porte, o edifício possui um dos mais baixos custos de administração e manutenção. Foi o primeiro edifício de escritórios na Austrália a receber 5 estrelas na avaliação efeito estufa do Sistema Australiano de Avaliação de Construções Verdes (Australian Greenhouse Buildings Rating Scheme).[31] Bond é comercial no estilo e na estética e, ainda assim, é um edifício verde Green Building). Isso ajudou a superar a percepção de que edifícios verdes simplesmente não são adequados para uso comercial, ou que eles precisam ter um aspecto estranho.

Ao final, Bond foi um extraordinário sucesso de marketing. Até 2006, trinta e quatro prêmios haviam sido conferidos ao edifício. Em termos de cobertura de mídia, o investimento superou amplamente as expectativas. A atenção da mídia resultou em marketing grátis, aumentando o valor da marca Lend Lease e influenciando o preço de sua ação. Outros resultados intangíveis surpreendentes foram funcionários mais felizes e aumento nos níveis de produtividade.

Em uma pesquisa interna, 85 por cento das pessoas disseram que elas trabalhavam mais confortavelmente e mais do que a metade afirmou que estavam mais produtivas no novo edifício. Tais indicadores, ao que parece, também influenciaram a retenção dos funcionários.

Curiosamente, apesar do sucesso do Bond, a Lend Lease enfrentou um desafio na comercialização posterior de edifícios verdes. A estrutura difusa de propriedade que caracteriza o setor imobiliário comercial australiano coloca alguns limites às ambições da Lend Lease. A estrutura de propriedade pode tornar muito difícil a venda de arquitetura ecológica. Isso é devido ao fato de que a maioria dos imóveis não é de propriedade de quem os ocupa, mas, em sua maioria, de grandes fundos de investimentos. A maioria adota o sistema de arrendamento líquido (também usado no Bond), no qual o cliente paga os custos de administração do edifício (eletricidade, água e outros custos de manutenção). Neste sistema, as reduções de custos na administração do edifício beneficiam os inquilinos, não o proprietário.

Sob o sistema alternativo, arrendamento bruto, onde os custos de administração são incluídos no valor do aluguel (pagos pelo proprietário, mas transferidos para o inquilino via uma conta pelo valor bruto), o proprietário também tem interesse na redução dos custos operacionais durante o contrato. Este sistema, no entanto, não é tão comum como a Lend Lease gostaria. Apesar do Bond certamente ter ajudado a Lend Lease a estabelecer um produto com marca socioambiental, a expansão do mercado para edifícios verdes depende de eventuais mudanças que venham a ocorrer nas estruturas regulatórias e no comportamento do consumidor, assim como no sistema de contratos usados no setor imobiliário.

QUANDO MARCAS SOCIOAMBIENTAIS VALEM A PENA

Os dois casos sugerem que a marca socioambiental representa trabalho duro. De acordo com Joel Makeover: "Tendo escolha, a maioria dos consumidores estará feliz por escolher um produto mais verde – desde que não custe mais, venha de um mercado confiável, não exija qualquer esforço especial para comprar ou usar e seja ao menos tão bom quanto o produto alternativo. Isso é um grande obstáculo para qualquer produto".[32] A marca socioambiental implica distinção, um atributo que, por sua própria natureza, só é alcançado por uma minoria.

Como em outras Estratégias Ambientais Competitivas (EAC) discutidas nos capítulos precedentes, as condições que satisfazem a marca ecológica dependem de variáveis que vão desde a estrutura da indústria, ao sistema regulatório e às competências da empresa. Essas condições genéricas fornecem o contexto amplo no qual uma empresa pode decidir explorar esta estratégia. Entretanto, quando comparada com a outra EAC, no caso da Estratégia 3, o contexto pode ser definido mais claramente.

Forest Reinhardt[33] havia identificado anteriormente três pré-requisitos para a diferenciação socioambiental de um produto. As estratégias de marcas socioambientais têm o potencial de gerar vantagem competitiva quando: informação incontroversa sobre o desempenho ambiental do produto está disponível para o consumidor; imitar a diferenciação é difícil para os concorrentes; os consumidores estão dispostos a pagar pelos custos da diferenciação. As seções a seguir revisitam essas exigências à luz da discussão sobre sistemas de rotulagem ecológica e os casos apresentados neste capítulo. Um aspecto adicional que facilita as marcas socioambientais complementa as três exigências sugeridas por Reinhardt: a convergência entre os benefícios públicos e privados.

Contexto

Informação confiável é o pré-requisito básico para a diferenciação socioambiental de um produto ou serviço. No caso da marca ecológica sueca, a proprietária Coop usa extensivamente o selo KRAV[34] para endossar os produtos alimentícios cultivados organicamente vendidos nos supermercados. A Coop cobra preços entre 10 e 100 por cento mais caro do que por produtos similares não certificados pela KRAV. O fato de que a KRAV é credenciada pela Federação Internacional de Movimentos de Agricultura Orgânica e controlada pelo Conselho Sueco de Agricultura confere um elevado grau de credibilidade para os produtos com essa etiqueta. Essa foi a lógica para os produtos alimentícios Änglamark usarem a etiqueta KRAV; ela confere credibilidade às afirmações ambientais através de uma certificação independente.[35]

Além da KRAV, a Coop também usa outros rótulos ecológicos, como o da Flor da União Europeia, do Cisne Escandinavo e do Comércio Justo (Fair Trade), resultando que alguns produtos Änglamark apresentem três ou mais selos socioambientais.

Os rótulos certificados por terceiros certamente conferem legitimidade às afirmações sobre os produtos da Änglamark. Eles simplificam os dados e reduzem as complexidades envolvidas na comunicação dos atributos ecológicos dos produtos alimentícios ou não-alimentícios. Mas mesmo que os selos ambientais sejam elementos cruciais para dar legitimidade aos produtos Änglamark, eles não são suficientes para o sucesso da estratégia de marcas socioambientais da Coop. Assim como no caso de outras marcas comerciais, esforços substanciais de marketing são necessários para promover as marcas socioambientais de modo a que a imagem de seu logo se torne sinônimo de responsabilidade socioambiental. Por exemplo, mais do que os rótulos ecológicos, o elemento mais visível em todos os produtos Änglamark é o seu logo "Ä", sugerindo que os consumidores confiam nos produtos com a eco-marca como os líderes em desempenho socioambiental. Ao final, a informação confiável é fornecida pelas etiquetas ambientais certificadas, mas a construção de uma marca socioambiental exige mais do que isso: ao longo do tempo, é necessário construir confiança na marca de tal forma que a importância das etiquetas diminua. No final, o que as empresas querem de seus clientes é confiança, não importando quanta informação elas ofereçam.

O caso Lend Lease demonstra este ponto mais claramente. Bond foi o primeiro edifício comercial na Austrália a receber uma etiqueta verde de 5 estrelas do Sistema Australiano de Avaliação de Construções Verdes (Australian Greenhouse Buildings Ratings Scheme). Entretanto, naquele caso, a etiqueta ecológica teve pequena importância no sucesso da estratégia de marca socioambiental da Lend Lease. O produto (edifício) chamou a atenção para si em diversas frentes. Além do extenso processo de consultas executado durante as fases de projeto e de construção, diversas tecnologias inovadoras usadas no edifício, como a do sistema de ar-condicionado passivo por vigas resfriadas, foram trazidas à atenção da mídia e do público em geral. Após ter recebido mais de 30 prêmios, o edifício se tornou um ícone. Bond representou a última palavra da arquitetura ecológica e um exemplo de como os edifícios de escritório deveriam parecer no século XXI. Mesmo que o conceito de edifícios verdes não seja particularmente novo, a Lend Lease conseguiu associar responsabilidade socioambiental com a sua marca ao construir confiança. Começando com os funcionários e os vizinhos, que foram consultados sobre o projeto, as afirmações sobre eficiência técnica e desempenho eram genuínas e eram as mais avançadas na ocasião. Naquele caso, a informação confiável literalmente se tornou confiança.

Barreiras para imitação são o segundo pré-requisito para a marca socioambiental. Restringir a concorrência de copiar (os atributos dos) produtos é também central para o sucesso das estratégias das marcas socioambientais. Para que a diferenciação socioambiental do produto seja bem-sucedida, a inovação não deve ser facilmente replicada. Em mercados nos quais os produtos não apresentam um bom desempenho ambiental, um selo socioambiental pode ser suficiente para manter os competidores afastados por algum tempo, ao menos. Afinal, para os novatos, a conformidade com os pré-requisitos de um rótulo ecológico demanda substanciais recursos e tempo, portanto o produto líder deve ser capaz de se diferenciar simplesmente possuindo um rótulo ecológico. Entretanto, como mencionamos anteriormente, essa diferenciação irá se erodir à medida que mais produtos adquiram o mesmo rótulo. A Escandinávia, como uma das áreas no mundo mais avançadas em consumo verde, é exemplar a esse respeito. Em setores como produtos de limpeza doméstica e papel higiênico, os rótulos ecológicos estão tão difundidos que, em vez de serem diferenciadores, apenas garantem uma licença para operar.

Mais uma vez, a lição clara neste caso é de que as barreiras contra imitação necessitam de uma patente que proteja o produto, de uma maneira ou de outra.[36] Para produtos industriais, a posse de certificados de direitos exclusivos reduzirá as chances de imitação. Isso, obviamente, não é novo nem exclusivo para produtos eco-orientados. Então a lógica aqui é a mesma dos produtos tradicionais. Por outro lado, quando falamos de produtos para o consumidor, consumíveis em especial, a estratégia de diferenciação a longo prazo pode exigir o desenvolvimento de uma marca comercial. Como a estratégia de marketing adotada pela Coop na Suécia sugere, as barreiras para imitação foram criadas pela marca, em vez do aspecto socioambiental dos produtos *per se*.

Apesar dos supermercados concorrentes também poderem vender produtos com rótulos ambientais, imitar a marca é praticamente impossível – pelo menos sem substanciais recursos e tempo.

A disposição em pagar preços-prêmio é o terceiro pré-requisito para a ecodiferenciação de produtos e serviços. Os consumidores precisam perceber um claro benefício para sua compra. No caso de mercados industriais, os benefícios são traduzidos, normalmente, em economias de custos, melhor desempenho do produto (como entrada para outro processo industrial) e redução do custo de administração de risco.[37] Por exemplo, equipamento e maquinaria que consumam menos energia e reprocessem subprodutos podem reduzir os custos operacionais para o cliente.

Como a General Electric (GE) fez tão eficientemente com o programa Ecoimagination, a empresa fornecedora pode explorar tanto os atributos ecológicos (benefícios públicos) como os relacionados à eficiência (lucros privados) dos produtos, o que pode resultar em vantagens durante o uso. Como resultado, preços-prêmio podem ser obtidos em alguns casos (pense em uma máquina de prensa que consuma menos energia). Entretanto, a economia total que o produto será capaz de fazer para o comprador/usuário frequentemente limita a magnitude dos preços-prêmio. No caso de mercados industriais, há maiores níveis de racionalidade orientando tanto a avaliação do produto como a disposição para pagar preços maiores. Por outro lado, nos mercados de consumo, os atributos associados aos produtos podem resultar em relativamente menores benefícios privados para o consumidor (pense em um produto de limpeza biodegradável), exigindo que as empresas façam esforços de marketing substanciais para ligar a imagem de responsabilidade socioambiental através de uma marca. Entretanto, tanto para o mercado industrial como para o mercado de consumo, é essencial que o consumidor esteja disposto a pagar pela ecodiferenciação.

Idealmente, as três exigências para a diferenciação socioambiental do produto deveriam ser complementadas por outro elemento: a convergência entre os benefícios públicos e privados. Apesar das estratégias de marca socioambiental poderem ser bem-sucedidas sem essa convergência, ela certamente aumenta as chances de sucesso. A razão é simples: a convergência de benefícios elimina algumas das considerações envolvidas na compra de produtos com orientação socioambiental.

Observe o caso de alimentos orgânicos. Embora a maioria das pessoas possa dizer que comprou alimentos orgânicos porque é bom para o meio ambiente (benefício público), elas também sabem que estão comprando alimentos mais saudáveis (benefício privado). Nesse caso, a clássica disparidade entre o que as pessoas dizem sobre sua disposição em pagar por produtos ecológicos e seu efetivo comportamento nas compras é minimizada porque não existe a opção entre pagar mais para proteger o meio ambiente (através do alimento orgânico) e pagar menos por alimentos convencionais. O que as pessoas estão realmente comprando é o benefício privado de tomates, bananas ou uvas mais saudáveis. Coincidentemente, neste caso, o benefício público da horticultura sustentável também resulta em verduras, legumes e frutas mais saudáveis.

Este é um cenário de ganha-ganha indisputável, que explica – pelo menos parcialmente – o crescimento exponencial do segmento de alimentos orgânicos na última década. Obviamente, isso também facilita a vida dos produtores.

Esta é uma boa-nova para os envolvidos no negócio de alimentos orgânicos, mas a maior parte das iniciativas serve os interesses dos ambientalistas e dos empreendedores de maneira muito diferente. Como discutido anteriormente, a difusão dos selos socioambientais é didática a esse respeito. A lógica para os governos e para os grupos de ecoativistas é estabelecer um sistema de rotulagem que estenda os benefícios públicos ao maior número possível de produtos e empresas. Eles adotam, fundamentalmente, a perspectiva do ambientalista. Por outro lado, as empresas que desejam usar os rótulos socioambientais estão tentando diferenciar seus produtos, visando obter os preços-prêmio que a ecodiferenciação poderá trazer. Infelizmente, tanto para os ambientalistas como para os negócios, a convergência entre os benefícios privados e públicos é extremamente difícil de ser criada artificialmente. Como o exemplo dos alimentos orgânicos sugere, isso é mais uma coincidência do que resultado de engenhosidade administrativa.

Competências

Amplamente, as estratégias de desenvolvimento de marcas socioambientais exige que as empresas tenham as competências tradicionais quanto ao gerenciamento de marcas, como também uma boa compreensão dos principais assuntos relacionados com o comportamento do marketing verde. Embora o conhecimento do marketing tradicional seja certamente um bom ponto de partida, o sucesso ou o fracasso das estratégias de marcas socioambientais está, muitas vezes, nos detalhes.

Neste caso, os detalhes podem estar escondidos nas respostas às seguintes perguntas:

- Temos conhecimento suficiente sobre os impactos ambientais de nossos produtos ou serviços? Alguém na empresa tem conhecimento suficiente sobre Avaliação de Ciclo de Vida (ACV) ou rótulos ecológicos?
- Considerando as características de nossos produtos, podemos diferenciar alguns deles com base em prerrogativas socioambientais? Qual seria a lógica por trás dessa diferenciação?
- O nosso conhecimento sobre marcas tradicionais é suficiente para o desenvolvimento de uma marca socioambiental? Se não for, como podemos desenvolvê-la?
- O que seria necessário para desenvolver uma marca socioambiental? Os nossos produtos já apresentam as características necessárias? Quanto em investimento seria necessário para trazê-los para o nível de produtos verdes e socialmente corretos?
- Se tivermos sucesso no desenvolvimento da diferenciação, os nossos concorrentes poderão nos imitar com relativamente poucos recursos e competências? Por quê?
- Pode o endosso de um selo socioambiental representar uma diferenciação para nossos produtos? E sobre os produtos concorrentes; eles têm tais selos? Quão difícil seria para os concorrentes a obtenção de um selo socioambiental?
- Nós conhecemos a pegada de carbono de nossos produtos? Se rótulos sobre clima fossem exigidos de nós, qual seria a situação de nossos produtos em comparação com os produtos concorrentes? Alguém na empresa possui conhecimento suficiente sobre as metodologias para selos de carbono?
- A ecodiferenciação de qualquer de nossos produtos depende de informação sofisticada ou controversa? Podemos contornar esses problemas através de trabalho na cadeia de valor para cima ou para

baixo? Precisamos fazer investimentos substanciais para conquistar essas metas?

- Poderá a empresa obter preços-prêmio pela ecodiferenciação? Por que os consumidores estariam dispostos a pagar por isso? Como sabemos? O conhecimento que temos sobre nossos consumidores é suficiente para sabermos a respeito de seu perfil socioambiental?

CONCLUSÃO

Os consumidores têm sido frequentemente identificados como o mais importante motor para a mudança na direção de sociedades sustentáveis. No ato de comprar, eles votam a favor ou contra as empresas que consideram boas ou más cidadãs. Quando expressam sua intenção de recompensar as empresas verdes nas pesquisas, os consumidores têm sido consistentes. Eles sempre enfatizam que vão privilegiar produtos mais verdes e até pagar mais por eles. Muitos até têm dito que, quando oferecida a escolha, eles prefeririam mais tempo livre a mais dinheiro por trabalhar mais.

A evidência empírica enfraquece essas afirmações.[38] Estudos de prosperidade e riqueza material mostram que níveis mais elevados de consumo têm um impacto direto nos recursos e, indiretamente, no meio ambiente. Considerando que um aumento sistemático nos níveis de consumo não é ecologicamente sustentável, havia a esperança de que, à medida que nos tornássemos mais ricos, prefeririamos comprar tempo em vez de bens físicos. Na realidade, os aumentos nos níveis de produtividade têm, historicamente, sido transformados em aumentos de renda, ao invés de tempo livre. À medida que as pessoas se tornam mais ricas, elas tendem a comprar mais mercadorias e serviços de valor material mais elevado, ao invés de socioambientalmente mais corretos.

Em outras palavras, a afluência e a intensidade do uso dos recursos andam juntos. Um exemplo claro é o dos aumentos nos preços dos alimentos no início de 2008, como resultado do aumento da afluência das classes médias nas economias emergentes – China e Índia, em particular.[39]

A afluência permite que as pessoas comam mais carne, e a produção de carne (alimentada com cereais) requer um aumento desproporcionalmente maior na produção de cereais. O resultado é aumento no preço dos alimentos.

Existem três conjuntos de explicações para a crescente intensidade de recursos no comportamento de consumo.[40] O primeiro compreende os aspectos socioeconômicos da economia de mercado. O nível elevado de consumo de produtos industriais se relaciona com a queda persistente em seus preços, em comparação com produtos e serviços que não podem ser oferecidos industrialmente. Preços de dispositivos eletrônicos, como DVDs e telefones celulares, têm diminuído substancialmente ao longo do tempo, e as pessoas de renda mais baixa puderam, por isso, adquiri-los. A segunda explicação foca no consumo através da perspectiva sociopsicológica, nos quais as pessoas estão envolvidas em relacionamentos sociais específicos.

O consumismo pode ser despertado por variáveis que vão desde a inveja à necessidade das pessoas em criar um sentido para suas vidas e justificar uma autoimagem pessoal:[41] "Na medida em que as mercadorias são usadas como indicadores e classificadores sociais, elas tornam visíveis e estabilizam as categorias de cultura – elas, por assim dizer, constituem a parte visível da cultura como a ponta do iceberg que é o todo dos processos sociais." O terceiro conjunto de explicações compreende elementos históricos e sociotecnológicos de diferentes aspectos da vida diária. Apesar do consumo ser frequentemente discutido como uma questão de escolha, a conjuntura social e técnica da realidade limita a maioria das escolhas. Ao final, os hábitos de consumo estão enraizados tanto na psicologia dos consumidores como na organização externa da sociedade.

O consumo eco-orientado é apenas uma parte das complexidades econômicas, sociais e políticas que constituem os sujeitos de consumo. Enquanto os cidadãos podem procurar relacionar a prática à ideologia, sempre existirão tensões entre organização política e decisões de consumo. Nós compramos e consumimos mais tipicamente como indivíduos complexos e enraizados socialmente do que como membros formados ideologicamente em um partido ou em um movimento social.

Como consumidores, não temos dificuldade em reconhecer que não é fácil ser verde. As condições normais de vida para a maioria de nós envolve incerteza, equívocos e uma cacofonia de interpelações concorrentes. Em parte, essa é a atração do pluralismo de mercado. Muitos sinais diferentes disputam nossa atenção. O mercado é, sem dúvida, uma economia de significados que busca listar subjetividades: tão em moda, tão dinâmico, tão cuidadoso, tão feminino, tão masculino e, eventualmente, tão sustentável. Para a maioria de nós, existem informações demais para levarmos em conta, problemas demais para nos preocuparmos e muitas autocontradições quanto ao entendimento do que é o certo e do que é o errado em nosso comportamento de compra.

A falta de limites ou recompensas econômicas objetivas quanto à compra de produtos verdes e éticos também parece reforçar sua mais direta conveniência para o consumidor. Os benefícios intrínsecos da maior parte dos bens e serviços buscam atender aos interesses pessoais, em vez da responsabilidade socioambiental. Como resultado, a solidariedade ambiental, como uma condição socialmente preferível (benefícios públicos), está ainda ausente da lista de compras da maior parte dos consumidores. O que as pessoas dizem sobre seu desejo de comprar produtos sustentáveis normalmente difere substancialmente do que elas fazem no seu comportamento real de compras. "Os indivíduos têm crenças incompatíveis, e não as classificam em uma única hierarquia da mesma maneira que o homem racional da teoria econômica. As preferências dos cidadãos são julgamentos sobre o que deveríamos fazer, enquanto as preferências do consumidor são expressões do que eu quero."[42]

Entretanto, não podemos negar o potencial que um grupo específico de consumidores representa para o sucesso das estratégias de marcas socioambientais. Como este capítulo explorou em detalhes, existe um escopo inegável para a incorporação de preocupações de sustentabilidade no projeto de produtos. Tal poder, no entanto, tem que ser colocado dentro de uma perspectiva realista de negócios. Comportamentos a favor do meio ambiente têm sido frequentemente mais uma esperança ideológica do que a realidade expressa nos hábitos de compra do consumo de massa.[43] O consumismo verde continua sendo um mercado de nicho principalmente por causa das complexidades associadas com a ampla gama de fatores que influenciam a tomada de decisões.

A diferenciação socioambiental bem-sucedida de produtos e serviços depende do alinhamento de pelo menos alguns desses fatores. Os mecanismos de organização política que são essenciais para o seu sucesso estão disponíveis mais facilmente para empresas do que para o consumismo desorganizado. Os consumidores contam com a habilidade das empresas de apresentar alternativas convincentes para a atual gama de produtos. Isso é uma boa-nova para empresas que compreendem as complexidades envolvidas nos selos socioambientais, assim como os elementos necessários para o sucesso de estratégias baseadas em marcas socioambientais. Como alguns exemplos discutidos neste capítulo sugerem, aspectos intangíveis como simbolismo e confiança são centrais na criação de um relacionamento duradouro entre produtos com marcas socioambientais e os consumidores.

6

LIDERANÇA DE CUSTO AMBIENTAL

As empresas lutam para distinguir seus produtos e serviços. Elas fazem o seu melhor para apresentá-los com características que os consumidores venham eventualmente a valorizar mais do que as dos concorrentes. Tais esforços com frequência levam a custos mais elevados, e buscar preços-prêmio através de estratégias de diferenciação é uma solução viável para as empresas cobrirem tais custos. Quando se trata de produtos eco-orientados, não é muito diferente.

Como explorado em detalhes no Capítulo 5, se ser verde custa mais, a empresa tem pouca escolha a não ser tentar obter o retorno dos ecoinvestimentos através das estratégias de marcas ecológicas. Isso está bem para empresas que são capazes de entrar nos nichos para os produtos eco-orientados, mas, por sua própria natureza, os nichos representam apenas uma pequena fatia do mercado. Não importa quanto esforço as empresas façam, os mercados têm um escopo limitado para diferenciação.

Mercados industriais (ou de empresas para empresas), em particular, possuem um senso muito rigoroso de custos, e obter preços-prêmio está normalmente vinculado a eventuais economias durante o uso do produto. Em outras palavras, não importa quão social ou ambientalmente correto seja um produto, quando competindo em mercados sensíveis ao preço, primeiro ele tem que ser barato.

Isso significa que produtos e serviços que competem na base do custo baixo nunca poderão compensar os ecoinvestimentos? Podem as empresas superar os dilemas entre ecoinvestimentos e preços baixos? Na verdade, esse tem sido o desafio crítico no debate sobre se *vale a pena ser verde*.

Algumas empresas têm sido competentes o suficiente para desenvolver produtos e serviços que reduzem tanto os custos como o impacto ambiental, mas essa é certamente uma tarefa dura para a maioria delas. A menos que as empresas sejam capazes de desenvolver projetos inovadores, materiais alternativos ou até comercializar seus produtos de uma maneira diferente, os ecoinvestimentos podem resultar em custos mais elevados, o que iria restringir o uso de estratégias de Liderança de Custo Ambiental (ou Custo-A, para abreviar). Para um número restrito de empresas descritas neste capítulo, a dura chamada do Custo-A tem sido possível somente após muito esforço. Mesmo assim, elas inspiram outras a perseguir estratégias semelhantes. Como os clientes tendem a privilegiar os custos baixos, as empresas que são capazes de oferecer atributos ambientais a preços baixos em sua carteira de produtos estão em uma posição muito melhor para concorrer em ambientes regulatórios mais restritivos. O caso de abertura deste capítulo é instrutivo para demonstrar este aspecto.

A CRIAÇÃO DE PRODUTOS ECOLÓGICOS: PENSANDO SOBRE O CICLO DE VIDA

Ecolean é uma empresa relativamente jovem, fabricante de material de embalagem, que cresceu extremamente rápido após iniciar suas operações em 1997 em Helsingborg, na ponta sul da Suécia.[1] A empresa tem representantes em 20 países (principalmente em desenvolvimento), tendo crescido em média 50 por cento ao ano após ter sido fundada. Dez anos depois de sua fundação, em 2007, a empresa vendia cerca de 250 milhões de unidades de pacotes por ano, gerando US$ 30 milhões em receitas.[2]

Os principais produtos da Ecolean são sistemas de enchimento e filmes de empacotamento para embalagem de alimentos líquidos, desenhados por ela própria, que são predominantemente vendidos para economias emergentes. Mesmo assim, a Ecolean também tem clientes europeus: ela fornece filmes para embrulhar manteiga ao Carrefour na França e ao M&S no Reino Unido, e para salsichas da Tesco, também no Reino Unido; pequenos pacotes contínuos selados e filmes para os molhos usados nas lojas do McDonald's no Reino Unido, Escandinávia e Rússia, e filmes para pacotes de batatas chips na Suécia.

Em média, as embalagens da Ecolean não somente custam 25 por cento a menos do que os concorrentes, mas também apresentam menor impacto ambiental. Isso é possível porque a empresa adotou uma proposta para embalagens radicalmente nova. Entre 40 e 60 por cento dos plásticos de petróleo – polietileno de alta densidade (*High Density Polyethylene* – HDPE) e polipropileno (PP) – usados na embalagem foram substituídos por carbonato de cálcio ($CaCO_3$ – mais comumente conhecido como giz). Além de ser um dos mais abundantes minerais da crosta terrestre,[3] o carbonato de cálcio é não-tóxico – razão pela qual a agência americana de administração de drogas (*Federal Drug Administration* – FDA) o classificou como seguro para seres humanos (*Generally Recognized as Safe* – GRAS).

As vantagens ambientais de se substituir poliolefinas (HDPE e PP) pelo giz ($CaCO_3$) são muitas. Uma Avaliação de Ciclo de Vida (ACV) concluiu que o impacto ambiental dos produtos da Ecolean é substancialmente menor do que o dos materiais concorrentes (plásticos, papelão e alumínio) em todas as categorias (uso de água, energia, emissões etc.) durante todas as fases do ciclo de vida do produto.[4] Além disso, o uso do carbonato de cálcio resulta na embalagem da Ecolean ser biodegradável sob certas condições (precisa ser exposta à luz). Mas, uma vez que atualmente a maioria dos detritos sólidos nos países em desenvolvimento – o principal mercado para os produtos Ecolean – é aterrada ou incinerada, a empresa não faz qualquer declaração a esse respeito. Nem faz afirmações sobre os benefícios adicionais dos produtos Ecolean quando incinerados, mesmo que o carbonato de cálcio reduza a acidez da fumaça.

Como os produtos Ecolean são menos impactantes do que os concorrentes, poder-se-ia questionar por que a empresa não é mais agressiva na divulgação dos atributos ambientais de seus produtos. A resposta é simples: porque os clientes não pagariam por esses atributos. Apesar dos clientes reconhecerem as características ambientais dos produtos Ecolean, eles devem primeiramente preencher as necessidades funcionais a um preço competitivo. As características ambientais são um *plus*. Entretanto, à medida que o preço do petróleo se eleva e a responsabilidade pela administração dos resíduos sólidos de pós-consumo é exigida das empresas, tal visão pode mudar.

Representantes do governo chinês, por exemplo, onde a Ecolean instalou uma fábrica em 2001, mostraram interesse no produto por sua menor dependência de petroquímicos e pela abundância de carbonato de cálcio no solo daquele país. Os atributos ambientais da embalagem estão gradualmente dando à Ecolean a vantagem do primeiro entrante. É claro que concorrentes podem eventualmente copiar a inovação da substituição de materiais. Mas como a Ecolean também fabrica e vende máquinas para suas próprias embalagens (que foram patenteadas), ela adquiriu competências substanciais no uso da nova matéria-prima.

Eco-desenho como método e ferramenta administrativa

Como o caso sugere, em um grande número de indústrias a concorrência tende a ser baseada no preço, deixando pouco espaço para fornecedores cobrarem por diferenciações – ambientais ou tradicionais. Na indústria de embalagem, medidas reguladoras têm sido crescentes nos países desenvolvidos e nas próximas décadas se espera que se tornem mais rígidas até mesmo nas economias emergentes. Isso significa que o material de embalagem terá que ser competitivo em ambos – no preço e no desempenho ambiental.

A combinação de margens reduzidas com a saturação de mercados maduros em muitos países industrializados aumenta a concorrência e coloca os fabricantes sob extrema pressão para a redução de custos. Adicionalmente, clientes cada vez mais exigentes e um arrocho cada vez maior das regulamentações ambientais tornam a concorrência ainda mais acirrada. Para empresas que operam em tais contextos, o foco na estratégia do custo ambiental pode ser a única opção para gerar vantagens competitivas.

O caso da Ecolean também nos leva ao assim chamado conceito de eco-desenho (*eco-design*),[5] que, em termos simples, significa a criação de produtos com a intenção de reduzir seu impacto (ou carga) ambiental intrínseco. Por exemplo, o uso do giz ($CaCO_3$) no lugar dos plásticos poderia ser considerado um exercício de eco-desenho da Ecolean, pois a especificação do material alternativo na fase de projeto, além da economia de custos, tinha também a meta de reduzir o impacto ambiental dos produtos. O eco-desenho é frequentemente ajudado pela Avaliação de Ciclo de Vida (ACV) discutida no Capítulo 5, que é tanto uma metodologia como uma ferramenta para identificação de impactos ambientais associados com o ciclo de vida de um produto. Os projetistas usam muitas vezes as ACVs para comparação dos impactos ambientais de produtos da mesma categoria, mas elas também podem ser usadas para legitimação das afirmativas quanto à característica ambiental dos produtos, como faz a Ecolean. No final, as ACVs são ferramentas importantes para as empresas aplicarem nos princípios e práticas do eco-desenho.[6]

A indústria de embalagem também é um bom exemplo de um dos princípios do eco-design: desmaterialização. O impacto ambiental do pós-consumo tem sido o alvo de medidas reguladoras, motivando os designers a trabalharem na direção da redução e da substituição de materiais para facilitar a reutilização e a reciclagem. Como resultado, muitos produtos que usavam o *Styrofoam* (um tipo de poliestireno expandido) para embalagem simplesmente o eliminaram redesenhando os recipientes. Telefones móveis e outros dispositivos eletrônicos estão entre os aparelhos que agora são transportados em embalagens mais baratas e de menor impacto ambiental. Um projeto bem-feito, que reduza ou elimine materiais não recicláveis (neste caso, o *Styrofoam*) e facilite a reciclagem (do papelão), muitas vezes tem o benefício adicional de custar menos. Assim, a desmaterialização tem as vantagens óbvias de reduzir tanto a carga ambiental como os custos dos produtos. Então, para as empresas que operam no setor de embalagens, as competências em eco-desenho são imperativas para explorar estratégias de Custo-A.

O eco-desenho também pode reduzir o peso ou o volume dos materiais em um produto. A varejista sueca IKEA é bem conhecida por seu conceito de embalagens planas, que otimiza o volume, reduzindo custos e o impacto ambiental durante o transporte. A redução de impactos ambientais resultante do uso e da manutenção do produto também é um resultado direto do eco-desenho. O sucesso do programa *ecoimagination* da General Electric (GE), por exemplo, tem muito a ver com a economia de energia durante a fase de utilização dos produtos fornecidos pela empresa. Outra meta do eco-desenho é criar produtos que possam ser reutilizados, remanufaturados ou reciclados. Um produto feito de material de baixo impacto (com peças não-tóxicas, reutilizáveis ou recicláveis), com peso reduzido e uma embalagem fina, pode, como resultado, ser mais barato. Em produtos relativamente simples, como os de embalagens de limpeza e materiais usados no acabamento de construções, o benefício de se aplicar o eco-desenho é praticamente óbvio.

O caso do edifício Bond na Austrália, apresentado no capítulo anterior, é instrutivo ao mostrar as vantagens dos materiais de baixo impacto. A pintura utilizada no edifício tem base em minerais e livre de solventes, os pisos de bambu foram revestidos com solventes à base de água, de emissão zero, e colas não-tóxicas, o que resultou em um edifício saudável, por assim dizer. A demanda por edifícios saudáveis e eficientes quanto à energia (*green buildings*) tem crescido nos últimos anos e, para os fornecedores de materiais não-tóxicos, o mercado está em franca expansão.

Para as empresas capazes de desenvolver atributos ecológicos a custos baixos, as vantagens competitivas eventualmente emergirão. Seria este o caso para produtos mais complexos, como computadores, refrigeradores ou automóveis? Podem os telefones celulares, os *music players* e as telas de plasma competir na base de estratégias de Custo-A? Em que situações o desenho que considere a desmontagem futura de tais produtos vale a pena? Quando recuperar materiais e reciclar peças geram valor para a empresa? O caso dos Veículos em Fim de Linha (End-of-Life Vehicles – ELVs) na Europa aponta para algumas respostas.

Desenho para a desmontagem: uma questão não-competitiva?[7]

No início dos anos 90, a Alemanha chamou a atenção do mundo pela sua abordagem dura em relação à implantação da Responsabilidade Estendida do Produtor (Extended Producer Responsibility – EPR),[8] então um tipo novo de regulamentação para a solução dos problemas gerados por resíduos sólidos de pós-consumo. Em agosto de 1990, o Ministério Federal do Meio Ambiente da Alemanha (BMU)[9] esboçou um regulamento sugerindo que os fabricantes de automóveis deveriam pegar de volta seus ELVs sem qualquer custo para o consumidor.

Tentando lidar com a nova restrição, os fabricantes de automóveis passaram a agir em duas direções complementares. Primeiro, eles tentaram convencer os legisladores que os fornecedores de materiais, partes e componentes, empresas de desmontagem e reciclagem de carros deveriam compartilhar a responsabilidade pelos ELVs, e que o custo de reciclagem deveria ser pago pelo mercado. Em outubro de 1990, a associação alemã da indústria de automóveis (VDA)[10] respondeu ao Ministério do Meio Ambiente com um conceito para o processamento futuro dos ELVs. Segundo, os fabricantes de automóveis começaram um processo de aprendizagem com relação ao problema do ELV através da instalação de plantas-piloto para desmontagem.

Ainda que o *lobby* político pudesse retardar a implantação do regulamento, os fabricantes de automóveis não queriam correr o risco de serem pegos de surpresa e ter que arcar com custos adicionais, sem terem quaisquer alternativas práticas para apresentar ao governo alemão. Além disso, naquele estágio, as montadoras de automóveis ainda estavam inseguras a respeito da possibilidade de os ELVs poderem se tornar uma nova fonte de vantagem competitiva.

As plantas-piloto foram criadas por fabricantes individuais ou em cooperação com empresas de desmontagem e processamento, com a finalidade principal de identificar os tempos de desmontagem e os limites econômicos da recuperação de peças de automóveis. Os resultados foram desapontadores. Os desenhos dos carros e as técnicas de montagem tornavam a desmontagem e a recuperação difíceis e caras. Os carros são feitos com muitos tipos de compostos de plástico que são difíceis de destacar do corpo do veículo, e sua identificação demanda um tempo oneroso.

Para superar esses obstáculos e custos associados, tornou-se evidente que seria necessário envolver os fornecedores na fase de projeto. As técnicas de desmontagem precisariam ser consideradas atividades integrais do ciclo de vida dos automóveis. Ou seja, os fabricantes precisavam identificar os problemas associados não apenas com a produção e o uso dos automóveis, mas também com a fase de descarte. Finalmente, os processos de trituração também foram estudados. O aumento na quantidade de peças de plástico que não fossem desmontadas iria acabar em aterros e, assim, aumentar o custo dos ELVs.

As dúvidas sobre a reciclabilidade da maior parte das peças de plástico continuaram, mas as montadoras começaram a direcionar sua atenção na direção daqueles componentes que eram mais fáceis de desmontar e com maior custo-benefício para reciclar. A criação de redes de reciclagem através de acordos bilaterais com empresas especializadas na desmontagem e no processamento de carros foi a seguinte medida tomada pelas montadoras no período 1991-95. Apesar dessas redes representarem um passo à frente na redução dos resíduos dos ELVs, elas estavam restritas a poucas peças de automóveis. À proporção que as peças e os componentes se tornavam menores e necessitavam de mais ferramental, a desmontagem se tornava crescentemente mais demorada e cara, o que levou as montadoras a limitarem a reciclagem a poucas grandes peças de plástico.

No lado político, já em fevereiro de 1991 a VDA criou um grupo de trabalho dedicado à reciclagem dos ELVs, chamado de PRAVDA,[11] objetivando a cooperação política e técnica entre os seus participantes. Estudos-piloto de desmontagem foram coordenados e os resultados discutidos entre os membros. A reciclabilidade dos materiais foi estudada em estreita cooperação com as indústrias de plástico, borracha e vidro, e novas ferramentas de desmontagem, sistemas de informação, e técnicas avançadas de separação de material foram desenvolvidas.

PRAVDA-VDA elaboraram um conceito comum para a reciclagem dos ELVs, que foi mais um compromisso político do que um documento técnico, pois todos os fabricantes de automóveis endossaram a proposta, apesar de suas preferências por soluções diferentes no nível técnico. Cinco anos mais tarde, em fevereiro de 1996, o BMU aceitou a proposta da indústria para um acordo.

Algumas metas para reciclagem foram determinadas, mas obviamente eram menos exigentes do que o primeiro esboço de regulamentação proposto pelo BMU em 1990. A indústria automobilística alemã havia sido bem-sucedida nos seus esforços políticos.

Pelo final de 1996, não apenas a alemã, mas também as indústrias automobilísticas francesa e italiana (os três países mais importantes na Europa na fabricação de automóveis), tiveram sucesso em influenciar os governos nacionais a aceitarem acordos voluntários como uma estratégia para cuidar dos então 12 milhões de ELVs por ano na Europa Ocidental.[12] Considerando o compromisso da indústria, o governo prometeu não impor regulamentação.

No final, ao assinarem acordos voluntários, a indústria e os governos nacionais aceitaram que a solução do problema dos ELVs deveria ter base na responsabilidade compartilhada das empresas envolvidas na cadeia de valor automobilística. Mas a festa iria acabar logo. A situação relativamente confortável que as montadoras obtiveram em seus países foi contrabalançada pelos planos da Comissão Europeia (EC) de regular a reciclagem dos carros.

Em julho de 1997, pouco depois do acordo alemão ter sido assinado, a Comissão apresentou uma proposta para regulamentação.[13] De acordo com os representantes do Parlamento Europeu, os acordos voluntários nacionais, além de diferirem uns dos outros, estavam baseados em condições que enfraqueciam a possibilidade de medir seu desempenho. Após longas negociações, em setembro de 2000 o Parlamento Europeu adotou oficialmente a legislação,[14] embora tenha adiado a data na qual a responsabilidade dos produtores (EPR) se aplicaria aos fabricantes de automóveis de 2003 para 2006. Entre outras exigências, a diretiva determinava a recuperação de 85 por cento do material em 2006, dos quais 80 por cento deveriam ser reciclados. Em 2002, os membros da Comunidade Europeia tinham que colocar em vigência as leis, os regulamentos e as provisões administrativas que fossem necessárias para que a diretiva fosse cumprida.

Produtos complexos: quando vale a pena reutilizar, recuperar ou reciclar?

O caso dos ELVs na Europa é exemplar ao demonstrar algumas questões-chave envolvidas nos benefícios potenciais do desenho para a desmontagem (*design for disassembling*) e cuidados com os produtos na fase de pós-consumo (*product stewardship*). A ambiguidade envolvida nas soluções para os ELVs limitou tanto a capacidade dos governos para legislar quanto a motivação das montadoras para desenvolver sistemas de atividades independentes para reciclarem. Como resultado, o problema dos ELVs se tornou irremediavelmente político. Para os legisladores, os impactos ambientais durante as fases de uso e de final de vida dos veículos se tornaram um dilema a ser regulado. Por exemplo, forçar as montadoras a usarem mais aço (para aumentar a taxa de reciclagem) resultaria em veículos mais pesados e reduziria a eficiência de combustível durante o uso. Segundo, há várias maneiras de se projetar e administrar o sistema para a coleta, tratamento, reutilização e reciclagem dos veículos. A escolha de uma solução particular seria controversa e, eventualmente, ineficiente.

Para as montadoras, tornou-se claro que a reciclagem de automóveis não constituía uma preocupação do consumidor. Os custos de desmontagem e a baixa proporção de peças reutilizáveis também faziam com que os fabricantes se afastassem da criação de plantas de reciclagem. No final, eles concluíram que, ao contrário de serem fontes de vantagens competitivas, os ELVs se tornariam um peso morto. Como o caso demonstra, a incerteza sobre as soluções potenciais para os resíduos pós-consumo torna difícil identificar responsabilidades e, em geral, legislar sobre produtos complexos como automóveis, eletrodomésticos e uma ampla variedade de produtos elétricos e eletrônicos. No caso dos ELVs, as incertezas foram usadas pelos fabricantes de automóveis para transformar a solução em uma questão não competitiva e, assim, compartilharem os custos da coleta e da recuperação (para uma distinção entre estratégias competitivas e não competitivas, veja o Capítulo 1).

Em geral, as regulamentações que impõem aos fabricantes receberem os produtos de volta no final de suas vidas úteis (EPR ou *take back legislation*) são sujeitas a controvérsias porque, com muita frequência, é difícil identificar os benefícios privados que resultam delas em uma base *ex ante*. Como destacado nos Capítulos 1 e 5, os consumidores tendem a ver os esforços de reciclagem como de responsabilidade intrínseca aos negócios e, em geral, não estão dispostos a pagar por isso. Por isso, a gerência dos produtos envolvendo a coleta, seleção, desmontagem, reutilização e reciclagem tem uma tendência de se tornar não rival. A legislação forçando os fabricantes europeus ou importadores a responsabilizar-se pela coleta e processamento de equipamentos elétricos e eletrônicos (Waste Electrical and Electronic Equipment Directive), conhecida como WEEE Directive (2002/96/EC), é outro exemplo.

Semelhantemente ao ocorrido com a reciclagem dos automóveis, as estratégias corporativas relacionadas com a WEEE Directive parecem convergir na direção de esquemas coletivos, criados pelos atores da indústria para reciclar e processar os produtos ao final de sua vida.[15] Apesar da legislação ter objetivado instaurar algum grau de Responsabilidade Individual do Produtor (Individual Producer Responsibility – IPR), a colaboração e o *lobby* da indústria tentam a saída da responsabilidade individual para a responsabilidade compartilhada. Como resultado, até o momento, as práticas de gerência de fim-de-vida dos produtos têm se tornado uma licença para operar na indústria.

A responsabilidade compartilhada das atividades de fim-de-vida dos produtos elimina os incentivos para os produtores individuais desenvolverem sistemas independentes, que poderiam, ao final, diferenciá-los dos demais. O tratamento coletivo no pós-consumo também elimina a diferença entre os produtos diferenciados caros e os produtos que originalmente competiam na base do custo baixo. Isso significa que, ao menos na fase de final de vida, quaisquer atributos ambientais gerados através do eco-desenho (neste caso, desenho para desmontagem) são dissipados no sistema coletivo de reciclagem.

Como os casos dos ELVs e dos produtos elétricos e eletrônicos indicam, a maioria das empresas enxerga as atividades pós-consumo como um encargo a ser evitado, e não uma vantagem competitiva a ser buscada. O resultado é um sistema que se reforça, no qual o eco-desenho é utilizado, com frequência, como uma forma de evitar cargas regulatórias ou ecoativismo. Gerar vantagem competitiva a partir da gerência de produtos exige que as empresas criem um sistema de atividades que seja claramente singular e independente dos concorrentes do setor. Pela adoção de um desenho para a desmontagem e sistemas especializados para a coleta (usando pontos de venda, por exemplo), reutilização e reciclagem dos itens recuperados podem se tornar custo-efetivo e até contribuir para diminuir os custos de produtos novos. Em outras palavras, as empresas precisam transformar a gerência de produtos em fim-de-vida em uma questão competitiva.

MUDANDO A NATUREZA DO PRODUTO

Algumas empresas buscam vantagens não pelo redesenho de seus produtos, mas através da mudança de sua natureza. Em alguns aspectos, isso é o que Michael Porter chamaria de produtos substitutos. A lógica principal por trás da indústria de biotecnologia, por exemplo, é a substituição do petróleo, uma matéria-prima fóssil, por outras renováveis. Neste contexto, bio significa renovável, que é frequentemente também menos tóxica e, mais recentemente, mais barata. O caso da produção de etanol no Brasil é um bom exemplo.

Biocombustíveis: *commodities* mais verdes[16]

Nos anos recentes, a geração de energia e de biocombustíveis tem se tornado a cobiçada do capital de risco verde (*cleantech*).[17] Espera-se que as vendas de biocombustíveis atinjam US$ 72 bilhões em 2011 e muitos investidores estão ansiosos por entrar neste mercado promissor.[18] Não surpreendentemente, a atenção foi dirigida ao Brasil, o país que possui o mais bem-sucedido programa de etanol no mundo e o mais elevado potencial para expansão. O governo brasileiro criou o programa de etanol em 1973, chamado de Proálcool. O principal objetivo do Proálcool era o de desenvolver a indústria local de etanol de modo a substituir uma grande proporção de gasolina por biocombustíveis[19] e proporcionar uma fonte de renda alternativa para os produtores de açúcar, devido ao declínio dos preços da *commodity* no mercado internacional. Em 1979 o programa foi expandido por um novo conjunto de instrumentos econômicos e medidas regulatórias para aumentar a penetração no mercado dos veículos movidos exclusivamente a etanol. Aquela foi uma nova abordagem, à época, e ainda permanece como o caso mais bem-sucedido de programa de combustível alternativo em larga escala no mundo. Em 1986, 96 por cento dos carros novos vendidos no país eram movidos a etanol.[20] Após 1987, entretanto, o preço do petróleo caiu, motivando o governo a gradualmente reduzir seu apoio ao Proálcool.

Apesar de um novo programa para estimular o uso do etanol nunca ter sido reiniciado, a demanda rapidamente ressurgiu no Brasil após a introdução dos motores flexfuel pelas montadoras de automóveis em 1999. Os sistemas flexfuel permitem que uma mistura de diferentes tipos de combustíveis (por exemplo, gasolina e etanol) seja usada sem a necessidade de equipar o carro com tanques de combustíveis separados, sistemas de ignição e outros componentes. Curiosamente, a tecnologia flexfuel foi desenvolvida com a meta inicial de aumentar a eficiência dos motores de combustão interna, para que os automóveis pudessem atender aos regulamentos limitando a emissão de elementos tóxicos na Europa, Japão e Estados Unidos. Assim, a tecnologia flexfuel foi um subproduto que poderia ser oferecido a um custo marginal nos mercados de automóveis adequados, o do Brasil em particular. O resultado foi um fantástico retorno do etanol; em 2008, 90,6 por cento dos carros no Brasil eram flexfuel.

O montante exato de economia para o governo brasileiro com o Proálcool é motivo de controvérsia. Não há dúvida, no entanto, de que o resultado líquido é positivo.[21] Ao trocar o petróleo importado pelo etanol produzido localmente, o programa claramente ajudou o governo brasileiro com seu balanço de pagamentos internacionais. Internamente, os fazendeiros produtores de cana de açúcar e os produtores de etanol colheram a maior parte dos benefícios, mas os fabricantes de automóveis, os distribuidores de combustíveis e os consumidores também se beneficiaram.

Além dos ganhos econômicos diretos, o Proálcool também gerou benefícios sociais mais amplos e externalidades ambientais positivas. À medida que o programa ajudava os fazendeiros a recuperarem custos já incorridos e promovia investimentos em novas destilarias, ele indiretamente gerou a criação de mais de um milhão de empregos no setor rural. Mesmo que a qualidade desses empregos possa ser questionada, alguns estudos sugerem que o Proálcool foi capaz de criar 152 vezes mais empregos do que a produção de petróleo.[22] Em adição a esses efeitos sociais positivos, o Proálcool ajudou a minimizar as emissões de dióxido de carbono (CO_2) nos motores, a mais premente questão ambiental no transporte.

Em 2007, a produção anual de etanol do Brasil foi de 17 bilhões de litros, dos quais 14 bilhões foram para consumo doméstico. Apesar de considerável, o nível de produção é pequeno quando consideradas as perspectivas futuras. Espera-se que por volta de 2020, a demanda global anual pelo etanol atinja entre 50 e 200 bilhões de litros.[23] Grandes produtores de cana de açúcar como a Jamaica, a Nigéria e a Índia, assim como países que tenham alguma experiência com o etanol, como a Austrália e a Suécia, podem, eventualmente, conquistar uma parcela deste mercado. Entretanto, o dom natural e o perfil socioeconômico do Brasil tornam improvável a repetição do programa de etanol – pelo menos na mesma escala.[24]

Com os menores custos de produção no mundo, a participação do Brasil nessa demanda pode ser substancial. Por outro lado, para atender a demanda e permanecer competitivo, são necessários cerca de US$100 bilhões para otimizar a infraestrutura da distribuição e a eficiência dos engenhos de cana de açúcar. Essa transformação é essencial para o desenvolvimento do negócio de exportação para o etanol brasileiro, especialmente para o Japão, mas também para os Estados Unidos e Europa. O aspecto crítico, no entanto, é a segurança quanto ao fornecimento. A maior preocupação dentro desses mercados de exportação é que os produtores brasileiros de cana de açúcar possam, mais uma vez, sair da produção de etanol se o preço do açúcar subir, como aconteceu entre 1987 e início de 2000.

A paisagem do setor está definitivamente mudando. A perspectiva do etanol substituir o petróleo para o transporte provocou uma "corrida do ouro" para o Brasil. Uma multidão de recém-chegados está se unindo aos fazendeiros tradicionais de cana de açúcar e suas destilarias, que ainda são empreendimentos familiares relativamente pequenos. Uma consolidação inicial do setor resultou em alguns produtores dominantes, sendo a Cosan o maior deles, com uma fatia de 9 por cento do mercado. A Petrobras, a maior empresa de petróleo no Brasil e uma das maiores do mundo, entrou no mercado de etanol com certo atraso, acompanhada por algumas empresas estrangeiras. A BP, por exemplo, adquiriu 50 por cento da Tropical Energia, um produtor local de etanol. Outros participantes incluem empresas internacionais de investimentos em *private equity*, como a Brazilian Renewable Energy Company (Brenco)[25], uma empresa iniciante fundada pelo bilionário americano Ron Burkle e pelo capitalista de risco Vinod Khosla; grandes atores no agronegócio (por exemplo, Archer Daniels Midland e Cargill); produtores globais de açúcar e negociantes (por exemplo, Sudzucker AG e Bajaj Hindustan); e bancos privados e públicos (por exemplo, HSBC, Banco Interamericano de Desenvolvimento e Banco Mundial).

Esse processo transformador de profissionalização, aumento de escala e internacionalização é altamente dependente de capital externo, que tende a ser volátil, como as repercussões da crise financeira de 2008 bem indicam. Entretanto, as tendências a longo prazo na direção da descarbonização e do pico do petróleo[26] sugerem que o potencial de lucro com a produção de biocombustíveis continua sendo considerável. A oportunidade se relaciona com a natureza dos biocombustíveis; isto é, *commodities* com impacto menor do que os combustíveis baseados no petróleo. Os biocombustíveis possuem o atributo intrínseco de serem fontes renováveis de energia e, por causa disso, são suscetíveis a menores riscos regulatórios do que os combustíveis fósseis.

Este atributo, entretanto, não deve ser valorizado como os produtos e serviços com marca socioambiental o são. O mercado não recompensa os atributos ambientais dos biocombustíveis através do pagamento de preços-prêmio, como os nichos para produtos ecodiferenciados o fazem. Como no caso de qualquer outra *commodity*, como o petróleo, o milho ou o açúcar, o elemento central é o preço. Para ser sustentável economicamente, a produção de etanol precisa ser viável sem os subsídios governamentais que marcaram a fase pioneira do programa Proalcool brasileiro. De fato, os custos da produção de etanol[27] precisaram cair de US$ 100 por barril em 1980 para cerca de US$ 25 no início dos anos 2000 para se tornar uma *commodity* atrativa para a exportação. Apesar dos atributos ecológicos concederem aos biocombustíveis a *pole position* na corrida pelos combustíveis mais limpos, sua combinação com custos mais baixos é o que torna sua vitória uma possibilidade real.

Biotecnologia industrial: de volta à natureza, com custos mais baixos

A produção de etanol não é o único exemplo de biotecnologia industrial (ou biotech, para abreviar) do Brasil. A Dow, um gigante na indústria química, está dentro de um grupo de empresas estrangeiras investindo em fábricas para a produção de bioetileno. Tradicionalmente, o etileno à base de petróleo é o composto orgânico mais produzido, com um montante de US$ 114 bilhões em vendas mundiais, o que torna o bioetileno um produto para mercados de massa, em vez de para nichos de produtos biotechs. A versão biotech é muito competitiva simplesmente porque é melhor, mais barata e mais correta ecologicamente do que o etileno à base de petróleo. Mesmo com os preços do petróleo tão baixos como US$ 50-60 por barril, os produtos industriais biotechs, como o bioetileno, são ainda muito competitivos. Enquanto os produtos biotechs forem tecnicamente superiores e não apenas mais verdes, eles podem entrar nos mercados de petroquímicos tradicionais. Empresas como a Shell, a BP, a Dow e a DuPont podem misturar produtos biotechs com outros à base de petróleo, o que permite a essas empresas se moverem crescentemente para a nova geração da bioquímica.

Como os exemplos sugerem, os atributos ambientais intrínsecos aos produtos biotechs são parte de um grande desenvolvimento que ocorre atualmente na indústria. A combinação de ambientalismo corporativo, a aproximação do pico do petróleo, avanços na bioengenharia e o uso de matérias-primas da agricultura para a produção de biopolímeros está levando ao crescimento firme da biotech. Apesar da biotech não ter atraído tanta atenção quanto os Organismos Geneticamente Modificados (OGMs), ou os biocombustíveis, ela tem crescido silenciosamente nos últimos anos. Mais de 20.000 patentes são concedidas anualmente na área da biotecnologia. Em 2008, os bioprodutos corresponderam a € 300 milhões de vendas para a BASF, a gigante química alemã, o mesmo total que a dinamarquesa Novozymes obteve pelas vendas de enzimas para a melhoria de detergentes para limpeza. Apesar de consideráveis, os exemplos são apenas a ponta do iceberg. Estimou-se que o mercado global para a biotecnologia industrial chegaria a cerca de US$ 100 bilhões já em 2011.

A química da biotecnologia industrial não é nova. A transformação da matéria-prima agrícola em produtos industriais e de consumo foi iniciada já na década de 30 por George Carver, que foi o pioneiro em converter amendoins, batatas-doces e outras colheitas em cola, sopas, tintas, corantes e outros produtos industriais.[28] Naquele período, a celulose já era usada para fazer pincéis e rolos de filmes. Henry Ford até desenvolveu painéis de automóveis totalmente à base de soja já naquela época. Mas a Segunda Guerra Mundial interrompeu o desenvolvimento da biotecnologia industrial, marginalizando o papel dos plásticos, tintas e fibras têxteis, entre outros produtos industriais feitos à base de produtos agrícolas. Após a guerra, os baixos preços de petróleo e novos progressos nas tecnologias da petroquímica asseguraram o domínio do plástico e dos produtos químicos baseados no petróleo.

Em seus primeiros dias, os bioplásticos tinham um desempenho ruim, contribuindo para a má imagem atribuída a eles. Este aspecto explica, parcialmente, a relutância que os clientes ainda têm em adaptar equipamentos para uso de biopolímeros, mesmo quando eles são melhores ou mais baratos do que os baseados em petróleo. Algumas empresas estão mudando isso. A NatureWorks, uma empresa pioneira em biopolímeros, é um bom exemplo; ela começou como um projeto de pesquisa dentro da Cargill, uma gigante americana do agronegócio, depois se fundiu com a Teijin do Japão. Os biopolímeros da NatureWorks são usados em materiais de embalagem para produtos como fraldas e garrafas de sucos, mas poderiam também ser usados em produtos de consumo como computadores e telefones móveis.[29] Os biopolímeros, que geram 80-90 por cento menos emissão de carbono do que as embalagens tradicionais de plástico a partir do petróleo,[30] são comercializados sob o nome de Ingeo. Tais ecoatributos justificam o grande potencial de mercado para os bioplásticos. Alguns esperam que somente nos Estados Unidos, a demanda para o plástico biodegradável atingirá US$ 845 milhões em 2012.[31]

A Genencor[32] é outro exemplo de uma empresa de biotecnologia industrial em rápido crescimento. A empresa é uma divisão da dinamarquesa Danisco, uma das maiores produtoras de enzimas industriais no mundo. As enzimas são usadas em detergentes para lavagem de pratos e para limpeza em geral, e em produtos de higiene pessoal. A Danisco recentemente expandiu seus negócios através de uma 50-50 *joint venture* com a DuPont para formar a DuPont Danisco Cellulosic Ethanol (DDCE) para produzir biocombustíveis a partir de matérias-primas de biomassa não-comestíveis, como a *switchgrass* (*panicum virgatum*), a forragem de milho e a espiga de milho.[33] Por outro lado, a DuPont espera que sua nova biofibra, vendida sob o nome de Sorona, se tornará um produto multibilionário em dólares. A empresa projeta que as vendas dos produtos de biotecnologia aumentem em 18 por cento ao ano e alcance US$1 bilhão em 2012.

Apesar de alguns pioneiros nos mercados para produtos de biotecnologia serem capazes de cobrar preços-prêmio, os mercados industriais tendem a ser muito sensíveis quanto ao custo. Em geral, o interesse nos biopolímeros aumenta em paralelo com aumento dos preços do petróleo. Como resultado, mesmo que a demanda para produtos ecologicamente corretos venha a desempenhar um papel importante nas decisões de compra, a competição tende a convergir para as estratégias de custo. Para as empresas que atuam nesses mercados, o desenvolvimento de estratégias de Liderança de Custo-A pode representar uma garantia contra medidas reguladoras e os custos associados aos produtos baseados em matéria-prima fóssil. Mais importante ainda, as empresas capazes de fabricar produtos com atributos ecológicos intrínsecos se colocam em uma posição muito competitiva, como os exemplos já citados demonstram. Algumas vão ainda mais longe. Ao assumir os problemas que seus produtos deverão resolver para seus clientes, as empresas poderão desenvolver produtos mais amigáveis ao meio ambiente a custos menores.

REDEFININDO O USO E O CONCEITO DOS PRODUTOS

A agricultura pastoral é a principal atividade rural na Nova Zelândia. A zona climática temperada marítima permite o crescimento da pastagem de oito a doze meses por ano.[34] Os animais envolvidos na agricultura pastoral são as ovelhas (39 milhões), gado de corte (4,5 milhões) e gado de leite (5,2 milhões), apesar de empreendimentos mais recentes terem incluído o veado (1,6 milhão).[35] Eles são raramente alojados durante o inverno, mas a alimentação suplementar de feno e de forragem é comum durante os meses mais frios ou em elevadas altitudes. Os animais são levados a pastar em *paddocks*, muitas vezes com cercas elétricas, o que permite uma pastagem rotativa e utilização controlada do pasto.

Quando comparada com o cultivo mais intensivo de pastagem, a agricultura pastoral possui um impacto ambiental menor. Mas as modernas práticas pastorais têm intensificado o uso da terra e aumentado as taxas de estocagem, com o consequente aumento na contaminação dos aquíferos por nitrato – tecnicamente chamado de lixiviação de nitrato. Fertilizantes inorgânicos de nitrogênio são frequentemente responsabilizados pelo problema, mas na maioria das vezes isso é infundado. A aplicação da ureia, o fertilizante de nitrogênio mais comumente usado na Nova Zelândia, contribui pouco para as quantidades totais de lixiviação de nitrogênio nas águas subterrâneas. Ao contrário, são os resíduos da urina do gado as causas do problema. O sistema solo-plantas não consegue reter as altas taxas de nitrogênio dos resíduos de urina, o que resulta na lixiviação do nitrato para a água do solo.

Ravensdown, a maior cooperativa de fertilizantes da Nova Zelândia, com 26.000 membros, tem enfrentado os problemas associados com a agricultura pastoral intensiva, a leiteira em particular. A empresa tem sido uma das líderes ambientais naquele país trabalhando, por exemplo, para desenvolver e atualizar o Código de Prática para o Uso de Fertilizantes, introduzido em 1988, além de planos de gerenciamento de nutrientes para os fazendeiros. Em particular, a empresa tem sido muito ativa na pesquisa e no desenvolvimento de uma solução para o problema da lixiviação do nitrato. Através de uma parceria com a Lincoln University em Canterbury (na Ilha do Sul), diversos inibidores de nitrificação e formulações de diferentes taxas e tempos foram testados em um período de pesquisa de três anos. Como consequência, a parceria resultou em um produto comercialmente viável, chamado Eco-n, que, pelo aumento do ciclo de nutrientes do solo na pastagem do gado de leite, aumenta também a produtividade da pastagem.[36] Ao ser pulverizado em pastagens para gado leiteiro no outono e no início da primavera, o Eco-n se torna um inibidor de nitrificação, reduzindo a lixiviação de nitrogênio e as emissões gasosas resultantes do processo. Como o nitrogênio permanece no solo, em vez de lixiviar ele aumenta a produtividade da pastagem.

Por manter uma porção dos nutrientes necessários dentro do sistema do solo, o Eco-n faz um trabalho similar ao dos fertilizantes de nitrogênio, mas mesmo que ele contribua para uma maior produtividade no plantio, ele não pode ser considerado um fertilizante *per se*. Isso porque, em vez de fornecer nutrientes adicionais, como fazem os fertilizantes, o Eco-n reduz a perda de nutrientes já presentes no solo, depositados pelos animais no pasto. Os custos são reduzidos porque os fazendeiros precisam utilizar menos fertilizante de nitrogênio. Então, enquanto os fertilizantes tradicionais trabalham para adicionar o suprimento de nitrogênio, o Eco-n pode ser considerado um produto mantenedor, para tornar o ciclo do nutriente mais eficiente. Enfim, ao aumentar a produtividade das pastagens, o Eco-n reduz não somente os custos dos fazendeiros mas também o impacto ambiental da agricultura pastoral.

A Ravensdown patenteou o Eco-n. Mesmo que o produto tenha obtido uma vantagem competitiva inicial, a manutenção das patentes na Nova Zelândia é crucial para prolongar esta situação e evitar uma concorrência direta no mercado local. Curiosamente, a empresa solicitou uma patente de método, em vez dos ingredientes ativos presentes no produto. A formulação do Eco-n já era conhecida no setor, mas o método de aplicação – borrifar os pastos com Eco-n para tratar dos resíduos de urina – nunca havia sido feito antes. Inicialmente a patente foi apresentada ao Ofício de Propriedade Intelectual da Nova Zelândia (Intellectual Property Office of New Zealand – IPONZ) em agosto de 2002, aprovado pelo examinador e anunciado para oposição em janeiro de 2004. Mas a manutenção da patente se mostrou difícil. A Ballance Agri-Nutrients, a principal competidora da Ravensdown, desafiou a validade da patente, atrasando sua concessão até 2010.[37]

Afora os desafios quanto à manutenção da patente, os benefícios econômicos e ambientais combinados do Eco-n resultaram em um sucesso no mercado para o produto. O Eco-n começou com apenas NZ$ 1 milhão (de dólares neozelandeses) ou 10.000 hectares (ha) em vendas em 2004, mas no final de 2008 a meta de NZ$ 10 milhões ou 70.000 ha em vendas foi superada. Adicionalmente, em 2013 os fazendeiros poderão se qualificar para solicitar créditos de carbono em suas fazendas, como resultado da redução de emissões pelo Eco-n de óxido nitroso (N_2O), um gás de efeito estufa 310 vezes mais potente do que o CO_2.[38] Para o Eco-n, parece que o céu é o limite.

Dividendos múltiplos do Custo-A: produto, lugar e planeta

O caso do Eco-n é exemplar para demonstrar as vantagens ocultas em uma estratégia de Liderança Custo-A; isto é, um produto que apresenta tanto o menor custo como o menor impacto ambiental, quando comparado a produtos rivais. As vantagens intrínsecas se relacionam com três aspectos. O primeiro é o produto em si. O Eco-n foi desenvolvido de uma maneira fundamentalmente diferente. Em vez de focalizar nos nutrientes a serem adicionados ao solo, como fazem os fertilizantes tradicionais, o conceito do produto foi baseado na otimização do sistema solo-plantação sob agricultura pastoral intensiva. Os componentes do Eco-n foram definidos não pela comparação com fertilizantes, mas pela investigação dos problemas fundamentais que os fertilizantes deveriam solucionar. Ao fazer isso, a Ravensdown descobriu que ao desenvolver um novo produto e borrifá-lo nas pastagens, gerava melhores resultados do que a aplicação dos fertilizantes tradicionais de nitrogênio, além de substituí-los parcialmente. Em termos simples, ao restaurar os ciclos de nitrogênio, o Eco-n ajuda os fazendeiros a economizarem dinheiro, além de protegerem o meio ambiente.

LIDERANÇA DE CUSTO AMBIENTAL

De fato, o baixo custo tem sido central para o sucesso do Eco-n. Os fazendeiros podem reconhecer os benefícios ambientais da aplicação do produto, mas a agricultura pastoral para o gado leiteiro é extremamente sensível ao custo. Apesar do Eco-n ter criado um novo mercado para inibidores de nitrificação para aplicação nos pastos, ele enfrenta a concorrência de produtos que reduzem o impacto ambiental global da agricultura pastoral, ou produtos que aumentam o suprimento de nutrientes, como fazem os fertilizantes. A Ballance Agri-nutrients, por exemplo, a segunda maior participante da indústria de fertilizantes da Nova Zelândia, desenvolveu o N-care, um produto que segue a abordagem tradicional de usar inibidores de nitrificação, isto é, trata-se de um produto adicional aos fertilizantes.[39]

O N-care centra-se mais especificamente no efeito que o fertilizante de nitrogênio tem na perda de nitratos no sistema, em vez de nos resíduos de urina, como faz o Eco-n. O Eco-n também enfrenta concorrência indireta de outras fontes de nutrientes ou de alimentação animal e de sistemas alternativos de criação que reduzem as perdas de nutrientes. Ao final, os fazendeiros irão sempre medir o custo-benefício do Eco-n em relação a produtos alternativos ou métodos alternativos de criação. Eles simplesmente não estão dispostos a pagar preços-prêmio pelos atributos ecológicos do produto.

No entanto, os atributos ecológicos desempenham um papel. A otimização do ciclo do nitrogênio resulta em melhor qualidade da água nas áreas adjacentes à fazenda, reduzindo, desta forma, os impactos locais (lugar). Hoje, não existem recompensas diretas para os fazendeiros por reduzirem a quantidade de nitrato (NO_3) nas águas subterrâneas. Mas isso pode mudar em breve. Padrões de saúde para água potável definem níveis máximos de nitrato. Na Nova Zelândia, para zelar pela saúde humana, o Ministério da Saúde introduziu orientações quanto à água potável, limitando a concentração de nitrato.[40] Os governos locais e o central estão enviando sinais quanto à regulamentação e alguns planos regionais podem exigir que os fazendeiros forneçam orçamentos e contabilidade de nutrientes, usando uma modelagem aprovada para a lixiviação do nitrato. A contabilização de nutrientes reportará as entradas e saídas anuais dentro do sistema da fazenda e poderá ser completada por uma equipe treinada, como os especialistas de campo da Ravensdown.

A lixiviação é uma consequência inevitável do uso intensivo da terra e as medidas atuais fornecem apenas uma mitigação, em vez de uma solução total para o problema. Se a contabilidade mostrar taxas inaceitáveis de perda de nitrato, então será necessário um plano para enfrentar o problema. É aqui que o uso do Eco-n se torna um ativo adicional. Provavelmente o Eco-n será aceito como um dos métodos para resolver o problema. O Ministério do Meio Ambiente da Nova Zelândia está preparando normas nacionais às quais os conselhos regionais terão de aderir. Isso poderá acelerar o ritmo de mudança para um sistema regulador que abrirá o caminho para o Eco-n como uma ferramenta para a mitigação.

O terceiro atributo do Eco-n se relaciona aos impactos globais da agricultura (planeta). O óxido nitroso (N_2O) é um poderoso Gás de Efeito Estufa (GEE) e um dos culpados pelo setor agrícola da Nova Zelândia representar 50 por cento das emissões de carbono daquele país. O óxido nitroso é responsável por um terço das emissões agrícolas, com dois terços derivados do metano dos animais ruminantes. A Nova Zelândia ratificou o Protocolo de Kyoto em 2002 e como parte de seu Pacote de Política de Alteração Climática propôs a introdução de um imposto sobre o carbono, que foi abandonado após as eleições nacionais de 2005. O abandono do imposto sobre o carbono significa que outras opções para a mitigação dos gases de efeito estufa precisam ser introduzidas pelo governo, incluindo mecanismos e tecnologias orientados para o mercado, como as que estão embutidas no Eco-n. Ainda que incerto, o prognóstico para o Eco-n é muito positivo, pois ele oferece uma importante tecnologia de mitigação agrícola. Se o produto fosse utilizado por todos os fazendeiros de gado leiteiro do país (1,4 milhão de ha), ele reduziria o custo anual do óxido nitroso da agricultura em aproximadamente NZ$ 40 milhões, com base nos níveis de emissões e no preço do carbono no final de 2008.[41] O governo neozelandês precisa urgentemente encontrar maneiras de pagar pelo déficit de carbono, e os ganhos ambientais resultantes da tecnologia do Eco-n podem surgir como uma opção viável.

Concluindo, a Liderança de Custo-A presume que as empresas concorram com base no custo, com os atributos ambientais do produto representando ou uma licença para operar em mercados sensíveis ao custo, ou, como o caso do Eco-n sugere, argumentos adicionais de venda. Os fazendeiros da Nova Zelândia podem comprar o Eco-n (produto) simplesmente porque ele reduz o custo de produção total da criação de gado leiteiro. Entretanto, pela aplicação do Eco-n, os ciclos de nitrogênio serão otimizados, resultando em menores níveis de contaminação das águas subterrâneas pelo nitrato, permitindo que os fazendeiros estejam mais bem preparados para cumprirem regulamentos mais rigorosos sobre qualidade da água (local). Finalmente, a redução da emissão de óxido nitroso (N_2O) pode qualificar os fazendeiros para créditos de carbono no futuro próximo, representando um valor adicional pela aplicação do Eco-n em suas pastagens (planeta). Apesar da Ravensdown jamais vir a receber preços-prêmio no preço pelo Eco-n, os ecoatributos do produto representam argumentos adicionais de venda, permitindo que o produto seja um líder em Custo-A. Isso é uma boa notícia para os proprietários do Eco-n, mas o que dizer dos produtos que possuem pouco espaço para mudar sua formulação? Podem eles competir com base em Custo-A? O que é necessário para que eles reduzam seu impacto ambiental total? O conceito da Serviços de Administração de Produtos Químicos (Chemical Management Services – CMS) é exemplar para demonstrar como isso é possível.

Alinhando os interesses de compradores e fornecedores através de serviços

Cadeias complexas de suprimento para produtos químicos frequentemente resultam em fornecedores não sabendo como seus produtos são usados e o dano ambiental provocado por eles. Muito frequentemente, clientes industriais também têm pouco conhecimento dos ingredientes, e como usar e descartar os produtos químicos. Essa falta de conhecimento gera incerteza sobre o seu destino final e os custos associados, assim como riscos para a saúde e o meio ambiente. A provisão do CMS surgiu na década de 90 como uma maneira de atacar tais problemas. Em um CMS, o fornecedor tem a responsabilidade de gerenciar os produtos químicos e reduzir seus custos para o usuário.[42] Em outras palavras, o CMS altera a lógica da relação tradicional comprador-fornecedor, onde o fornecedor tenta vender tanto quanto possível de um produto enquanto o comprador tenta comprar o mínimo possível. Com o CMS, ambas as partes têm o mesmo incentivo para reduzir custos e eliminar os desperdícios.

A Parceria de Estratégias Químicas (Chemical Strategies Partnership – CSP),[43] uma organização sem fins lucrativos baseada em San Francisco, Califórnia, tem promovido a divulgação do CMS. Dentre diversos casos apresentados pela Partnership, um exemplo duradouro é o contrato "pague à medida que for pintado" entre a PPG, um fornecedor de serviços químicos e a Chrysler, a montadora de automóveis americana. Desde 1989, a PPG fornece serviços de preparação da superfície, tratamento e revestimento com produtos químicos, permanecendo proprietária dos produtos químicos até que sejam usados.

Considerando que a PPG não recebe até que o carro seja finalizado, ela tem um interesse direto em reduzir o volume de tinta usado em cada carro. De acordo com a CSP, a Chrysler economizou US$ 1 milhão após o primeiro ano, além de reduzir as emissões de Compostos Orgânicos Voláteis (Volatile Organic Compounds – VOC).[44] Novamente, como a PPG é paga por carro pintado e não por galão de tinta, a empresa está interessada na eficiência geral do sistema. Em outras palavras, a redução do consumo de produtos químicos é benéfica tanto para o fornecedor (PPG) como para o cliente (Chrysler). No final, espera-se que isso reduza tanto os custos do produto/serviço como também o seu impacto ambiental total; sem dúvida uma estratégia de Custo-A.

Empresas do norte da Europa[45] têm percebido diversas vantagens em aderir ao CMS. Dentre outras, podemos citar um mais elevado grau de segurança na gerência de produtos químicos. Ao reduzir a utilização de produtos químicos, as fábricas podem baixar seus custos, suas emissões e sua exposição a passivos ambientais. Dado que o fornecedor não tenta vender tanto quanto possível mas apenas cobra pelas quantidades utilizadas, outro benefício do CMS é a virtual eliminação de desperdício na fábrica. O CMS também resulta em um relacionamento mais intenso entre o cliente e o fabricante, o que muitas vezes leva a desenvolvimento de processos, otimização e ecoeficiências. Entretanto, as empresas europeias também têm algumas preocupações com relação ao CMS, como a incerteza sobre a quem caberia a responsabilidade em caso de acidente. A confidencialidade comercial é outra questão, pois relacionamentos estreitos entre o fabricante e os clientes podem facilitar o acesso a tecnologias de fabricação e a informações comercialmente sensíveis.

Sistemas de Produto-Serviços: redefinindo a base da receita

Como sugere o caso do CMS, ao deixarem de vender produtos e passarem a vender as funções oferecidas por eles, algumas empresas operando em mercados industriais (B2B) podem reduzir tanto seus custos econômicos como os impactos ambientais. Diferentemente do caso de produtos biotech, a engenhosidade aqui se baseia na possibilidade de reduzir os impactos ambientais sem mudanças fundamentais na natureza do produto. Afinal, quando as melhorias em um produto atingem um limite, reduções adicionais de custos e de impactos ambientais podem ser obtidas somente através da mudança do relacionamento entre o comprador e o fornecedor. Por exemplo, se todos os produtos químicos usados na limpeza de uma fábrica fossem eventualmente trocados por outros biotech (isto é, feitos de fontes renováveis), poderíamos esperar uma redução do impacto ambiental geral e, eventualmente, de custos.

Reduções adicionais de custos e de impacto ambiental, no entanto, somente podem ser obtidas através da redução da quantidade de material usada na fábrica. Para isso, são necessárias mudanças na natureza da relação comprador-fornecedor, como o CMS muito bem ilustra. Pela redefinição do que é vendido (carros pintados, em vez da pintura em si), os fornecedores e os compradores têm o mesmo interesse em reduzir tanto quanto possível a quantidade de produtos usada em um determinado processo. O resultado é uma redução tanto de custos como de impacto ambiental.

Esses tipos de negócios comerciais caem na categoria de Sistema de Produto-Serviço (Product Service System – PSS).[46] Ao vender as funções que os produtos se propõem a realizar, as receitas podem ser criadas tanto no aspecto de menores impactos ambientais como de custos. Não surpreendentemente, tais cenários ganha-ganha têm agradado aos ambientalistas, ONGs e organizações internacionais como a Programa de Meio Ambiente das Nações Unidas (United Nations Environment Programme – UNEP),[47] assim como aos acadêmicos que viram no PSS a possibilidade de desacoplar o crescimento econômico global da materialidade da economia.[48] O entusiasmo é válido: feito em larga escala, o PSS pode levar a menores impactos ambientais e, ao final, ao desenvolvimento sustentável. Esta lógica fez com que a UNEP e outros patrocinadores promovessem pesquisas e desenvolvimentos empíricos do PSS[49] desde os primeiros anos após 2000. Entre os casos estudados em anos recentes, estão centros de lavagem comunitários, modelos de negócios de remanufaturas, como a fotocopiadora Xerox, o programa de *leasing* de carpetes da Interface, uma empresa americana, e sistemas de uso compartilhado de automóveis (car-sharing, explicado em detalhes no Capítulo 7).

A expectativa de que o PSS deveria ser ampliado, assim como os argumentos normativos apoiando sua execução, reflete uma visão utilitária (ou funcionalista) do consumo, o que está ancorada em teorias econômicas neoinstitucionais.[50] A perspectiva funcionalista assume que, quando decidindo por diferentes alternativas, a percepção racional é a principal orientadora do comportamento do consumidor.

À medida que as vantagens econômicas vão surgindo, os consumidores preferem optar pelo serviço em vez da propriedade do produto. Tal lógica levaria à ampla adoção do PSS, mas a realidade demonstra algo diferente. A evidência empírica do PSS é desapontadoramente escassa. Somos deixados, então, com algumas perguntas óbvias: se os benefícios econômicos do PSS são tão grandes para todas as partes envolvidas, por que existem tão poucos exemplos empíricos?[51] Por que somente algumas empresas moveram sua base de receita de produtos para serviços? No final, quando o PSS vale a pena?

De forma geral, a maior barreira para a adoção do PSS é cultural. Apesar do PSS funcionar bem em algumas áreas específicas do mercado industrial, como o caso do CMS demonstrou, sensibilidades culturais e legais e prudência administrativa limitam sua difusão. Algumas vezes, o caso pode simplesmente relacionar-se à altivez. As pessoas envolvidas na fabricação são frequentemente superconfiantes quanto à sua competência na administração de recursos. Permitir que pessoas de fora trabalhem em suas premissas pode ser mais do que um choque cultural; para alguns, pode sinalizar incompetência.

Existem, obviamente, razões mais objetivas limitando a participação de terceiros na administração de fábricas, varejo ou outras atividades *business-to-business* (B2B). Com muita frequência, não é fácil identificar os ganhos econômicos trazidos pelos serviços externos, como o PSS.

Os sistemas contábeis são muitas vezes complexos, e isolar os custos por atividade pode ser desafiador.[52] Mesmo quando é possível, sistemas legais e regras tributárias podem limitar os serviços de *leasing* (uma forma de se usar o PSS), como a Interface encontrou com seus clientes americanos.[53] O aspecto contábil induz ao conservadorismo administrativo, limitando a mudança na direção dos serviços. À semelhança do que ocorre com o tratamento dos resíduos, mencionado no Capítulo 3, a focalização da empresa nas competências centrais reduz suas escolhas estratégicas. Por exemplo, se as montadoras de automóveis enxergam a fabricação das carrocerias e de motores como sua competência central, é pouco provável que elas considerem os serviços de *car-sharing* como parte de seus negócios. Além disso, a mudança de produtos para serviços exige uma ampla mudança nas competências, coisa que a maioria dos produtores não tem ou simplesmente prefere não se preocupar em ter.

Finalmente, não são apenas empresas que estão entrincheiradas em seus pontos de vista sobre o que constitui o seu negócio. Os mercados são reinos de significados nos quais os consumidores gravaram imagens a respeito dos produtos. Para muitos de nós, os produtos são símbolos à venda[54] que vão muito além das funções, como enfatizado no Capítulo 5. Apesar de a funcionalidade obviamente desempenhar um papel importante no desempenho do produto, reduzir o consumo à sua faceta utilitária é ignorar a dimensão emocional da inteligência humana. Afinal, não é por acaso que a propaganda e o marketing surgiram como setores importantes em seu próprio direito e como ciências fortemente ancoradas na psicologia.

Para o PSS prevalecer como muitos desejam, existe uma necessidade de reforçar o significado simbólico do uso no lugar da propriedade.[55] Para isso, é muitas vezes necessário voltar o foco para esforços de marcas, que poderá resultar em custos mais elevados, possivelmente exigindo que os prestadores de serviço adotem as estratégias de Marcas Socioambientais (Capítulo 5) e Inovação de Valor Sustentável (Capítulo 7), no lugar da estratégia de Custo Ambiental. Ao adotar uma marca de serviço dedicada, os prestadores de serviços poderão ser capazes de reter, ao menos parcialmente, o significado simbólico ligado à propriedade. No final, reconhecer os componentes simbólicos do consumo é fundamental para explicar a relativa escassez de exemplos empíricos de PSS, e o seu potencial de suceder no futuro próximo. Apesar de certamente existir escopo para a expansão do PSS, similarmente às áreas favoráveis às estratégias de Liderança de Custo-A, existe a necessidade de identificar quando tais sistemas têm a melhor chance de terem sucesso. A seção seguinte fornece *insights* nessa direção.

QUANDO A LIDERANÇA DE CUSTO AMBIENTAL VALE A PENA

Em termos amplos, as empresas que precisam competir na base de baixo custo, assim como em reduzido impacto ambiental, precisam focar em estratégias de liderança de custo ambiental (Custo-A). Para fazer isso, entretanto, elas precisam observar elementos-chave relacionados ao contexto no qual operam, o que inclui a natureza e os atributos dos produtos e seus mercados-alvo. Elas também precisam criar as competências organizacionais necessárias para se tornarem líderes em Custo-A.

Contexto

Em princípio existe escopo para liderança em Custo-A em quase todos os setores. Afinal, na maioria dos mercados existe sempre o escopo para explorar custos baixos. Mas as empresas que operam nos mercados industriais (B2B) possuem maior escopo para lucrar com estratégias de Custo-A do que aquelas no mercado de consumo (B2C). Essas empresas tendem a enfrentar regulamentações ambientais cada vez mais rigorosas e possuem pouco espaço para diferenciação, o que as força a competir principalmente na base do preço baixo. Por exemplo, a Boeing e a Airbus, os produtores líderes de jatos jumbo, podem estar dispostas a pagar preços maiores por uma turbina a jato que faça menos barulho e consuma menos combustível. Afinal, em décadas recentes as regulamentações têm exigido cada vez mais que os aviões façam menos barulho e sejam mais limpos (menos emissões), enquanto o aumento nos preços dos combustíveis tem colocado pressão nas empresas de aviação para cortarem custos.

Assim, uma turbina (GE ou Rolls Royce, por exemplo) menos poluente, mais eficiente e mais silenciosa será certamente bem-vinda pela

Boeing ou pela Airbus. Mas a disposição de pagar preços mais elevados para o fornecedor da turbina é normalmente atrelada ao corte de custos durante o ciclo de vida do produto. No final, como explorado detalhadamente no Capítulo 5, nos mercados industriais os preços tendem a ser associados a economias ao longo da linha. O resultado é um mercado mais racional, quando comparado com os mercados de consumo.

Como o caso da Ecolean sugeriu no início deste capítulo, as empresas que fornecem produtos relativamente simples, como embalagens e matérias-primas para outras empresas, podem obter vantagens competitivas quando conseguem reduzir a carga ambiental dos produtos, desde que, primeiro, sejam líderes em custo. Obviamente, alguns participantes nos mercados industriais podem conseguir preços-prêmio através de uma diferenciação ambiental, mas para a maioria dos fornecedores o preço é o principal determinante das vendas. Este também é o caso da vasta maioria dos produtos de biotecnologia industrial, que incluem biocombustíveis e uma ampla variedade de biopolímeros. Mesmo que esses produtos possuam atributos ecológicos, os clientes e os consumidores não podem ou não estão dispostos a pagar maiores preços por eles. Exceções existem, em particular para algumas aplicações de biopolímeros, mas na maior parte dos casos os produtos de biotecnologia são *commodities* que têm seus preços direta ou indiretamente determinados em outro lugar (no Chicago Board of Trade, por exemplo).

A natureza desses produtos – serem neutros em carbono, biodegradáveis etc. – fornece a eles uma licença para operar em novos mercados, como o de etanol para combustíveis ou biopolímeros para embalagens, mas a concorrência nesses mercados é, fundamentalmente, baseada em custos baixos. Assim, para o caso específico das estratégias de liderança de custo ambiental, o retorno dos ecoinvestimentos depende do projeto e da elaboração de produtos de tal maneira que possam competir em mercados sob elevadas exigências regulatórias (embalagem, por exemplo), assim como entrar em novos mercados de biotecnologia, tais como biocombustíveis e biopolímeros.

Os empresas tendem a transformar as atividades de gestão de resíduos de produtos em final de vida em uma questão não concorrencial, como os casos da legislação para os resíduos de veículos (ELVs) e de equipamentos elétricos e eletrônicos (WEEE) na Europa sugeriram. A responsabilidade compartilhada pelas atividades associadas à reciclagem elimina os incentivos para os produtores desenvolverem sistemas independentes que poderiam, eventualmente, diferenciá-los dos demais. Em produtos complexos, por causa das dificuldades existentes no recolhimento e processamento dos detritos pós-consumo, o eco-desenho tem, até agora, ajudado as empresas a cumprirem as metas impostas pelas regulamentações; muito raramente as ajudou a obterem vantagens competitivas. Por exemplo, pela aplicação dos princípios e das ferramentas do eco-desenho, as montadoras de automóveis e os fabricantes de telefones celulares e de eletrodomésticos estão mais bem preparados para alcançar as metas de reciclagem impostas pelas diretivas de tomar de volta.

Portanto, ao adotarem as exigências básicas do eco-desenho, os fabricantes evitam os riscos de não alcançarem as metas de reciclagem impostas por lei. Entretanto, se eles adotarem a responsabilidade compartilhada pelos resíduos pós-consumo, nenhuma vantagem competitiva advirá das práticas de gerência de final-de-vida dos produtos. As práticas de eco-desenho podem gerar vantagens competitivas somente quando a empresa estiver disposta ou for capaz de evitar a responsabilidade compartilhada e estabelecer atividades de pós-consumo que sejam únicas para ela. Por exemplo, pela adoção de um modelo de negócios diferente, um fornecedor de computadores pode criar centros especializados para coleta e reciclagem que cuidem exclusivamente de seus produtos, facilitando desta forma a desmontagem, a reutilização e a reciclagem das peças. Uma vez que a empresa crie um conjunto diferente de atividades para o tratamento de seus produtos, ela poderá ser melhor por ser diferente.[56]

As empresas também podem reduzir os custos dos produtos tradicionais pela adoção de modelos de negócios inovadores, como os dos Sistemas de Produto-Serviço (PSS). Pela mudança da venda de produtos para a venda da função proporcionada por eles, os fornecedores e os compradores podem alinhar seus interesses e reduzir a quantidade de produtos usada em determinados processos, como o caso CMS ilustrou. Apesar de excelente na teoria, na prática o PSS tem encontrado obstáculos. Além do contexto cultural que atrela o consumo à propriedade privada, o PSS é pouco difundido porque, na maioria das aplicações, os clientes ou consumidores não são compensados pela perda de controle resultante da mudança da propriedade do produto para os serviços. Tal perda pode ser mais ou menos objetiva ou simbólica. Nos mercados industriais, a maioria das empresas não quer conceder o controle de certas atividades internas devido a uma série de aspectos administrativos. Em mercados de consumo, a perda pode ser mais simbólica do que funcional. A maioria de nós não está disposta a trocar a certeza da propriedade dos produtos pela natureza evanescente dos serviços, que pode variar em qualidade e conveniência, muitas vezes com redução de *status*.

Para contornar os obstáculos da adoção do PSS, as empresas podem precisar adotar estratégias de marcas (discutidas no Capítulo 5), com a possibilidade de resultar em custos mais elevados e, assim, limitar a aplicação do PSS como uma estratégia de custo baixo. Para ser bem-sucedido nos mercados de consumo, o PSS necessita recuperar as qualidades simbólicas que frequentemente desaparecem com a perda da propriedade dos produtos, assim como fortalecer as qualidades que podem ter sido diluídas na transição para serviços. No final, condições específicas facilitaram a utilização do PSS, como sugerem o CMS nos Estados Unidos e na Europa, os serviços de lavanderia comunitária na Suécia ou *car-sharing* na Suíça. Tais exemplos, no entanto, são as aplicações mais óbvias do PSS. A difusão desse tipo de modelo de negócio requer mais do que uma visão utilitária do comércio. Além da dimensão simbólica do PSS, mudanças sistêmicas tanto no contexto da produção como do consumo são necessárias, como o Capítulo 7 explora em detalhes.

Competências

Diminuir custos ambientais e econômicos simultaneamente é um desafio. Primeiro, é necessário que os gestores adotem um pensamento de ciclo de vida sobre seus produtos, o que, na maior parte dos casos, resultará em níveis mais elevados de complexidade administrativa. Para acomodar as exigências de menores impactos ambientais, os produtos podem precisar ser projetados de uma maneira fundamentalmente diferente, incluindo, por exemplo, a substituição de matérias-primas e a eliminação de componentes tóxicos, assim como a simplificação da desmontagem para a reutilização e reciclagem. Frequentemente, essas exigências resultam em custos mais elevados, demandando que as empresas inovem seus produtos assim como a maneira pela qual eles são utilizados ou consumidos e, consequentemente, mitigar custos. Para se tornarem líderes tanto na redução de custos como nos impactos ambientais, as empresas precisam desenvolver um amplo conjunto de competências. As seguintes perguntas podem indicar as mais críticas:

- Que produtos (ou linhas de produtos) em nossa carteira necessitam apresentar desempenho ambiental sempre crescente e, ao mesmo tempo, competir em custos?

- O que é necessário para reduzir substancialmente o impacto ambiental desses produtos? Podemos fazê-lo mantendo a liderança de custo?

- Temos competências em Avaliações de Ciclo de Vida (ACV)? Nossos projetistas têm uma clara compreensão dos impactos ambientais de nossos produtos ao longo de todo o ciclo de vida? Eles têm um bom entendimento dos princípios de eco-desenho? Eles estão treinados para empregar esses princípios no redesenho de nossos produtos com o objetivo de reduzir tanto os impactos ambientais quanto os custos?

- Se algum de nossos clientes nos solicitar produtos substancialmente mais fáceis de desmontar, estamos preparados para realizá-lo? Podemos aumentar as taxas de reutilização e/ou de reciclagem de nossos produtos pela adoção do desenho para a desmontagem?

    – Quão difícil é desmontar nossos produtos? Temos alguma ideia do tempo total de desmontagem?

    – Quantas peças podem ser reutilizadas ou recicladas?

    – Podemos alterar qualquer coisa na configuração, nos materiais e no tipo de fixação de nossos produtos para facilitar a desmontagem a custos menores?

- Podemos reduzir o peso, a toxicidade e o impacto ambiental total de nossos produtos pelo uso de material alternativo?

- Através da mudança do desenho de nossos produtos, podemos reduzir substancialmente a quantidade de componentes para reduzir tanto os custos quanto o impacto ambiental?
- Podemos tornar nossos produtos reutilizáveis? O que seria necessário para isso? Essa mudança iria aumentar ou diminuir nossas receitas? Nossos clientes estarão dispostos a aceitar produtos restaurados?
- Podemos redesenhar nossos produtos juntamente com o desenho de suas embalagens para reduzirmos o volume e aumentarmos as taxas de reutilização e de reciclagem a custos menores?
- Se os regulamentadores nos exigirem que coletemos e reutilizemos nossos produtos, deveríamos fazer parceria com nossos concorrentes para transformar a reciclagem em uma questão não-rival, ou deveríamos criar nossa própria rede de reciclagem, com o objetivo de reduzir custos e gerar vantagens competitivas?
- Podemos reduzir substancialmente o impacto ambiental de nossos produtos mudando a maneira pela qual os vendemos? Podemos transformar nossos produtos em PSS? O que seria necessário de nós e de nossos clientes? O nosso pessoal está preparado para se tornar prestador de serviços? Nós compreendemos o que está envolvido nos serviços de fornecimento? Temos uma relação de confiança com nossos clientes para que possamos propor trabalhar dentro de suas fábricas?
- Compreendemos a dimensão simbólica atribuída aos nossos produtos pelos consumidores? Podemos transferir parte do simbolismo da propriedade para o uso? Como podemos fortalecer as qualidades simbólicas intra e interpessoal de nossos produtos ao mudarmos para serviços?
- Pelo uso de nossos produtos, nossos clientes poderão gerar créditos de carbono? Em caso positivo, como podemos ajudá-los a obterem esses créditos?
- Como podemos impedir nossos competidores de imitarem nossos produtos e modelos de negócio? Podemos protegê-los através de patentes?

CONCLUSÃO

As empresas capazes de explorar as estratégias de liderança de custo ambiental (Custo-A) se colocam em uma posição competitiva superior nos mercados existentes. Elas satisfazem a exigência básica – e frequentemente mais importante – do comércio: baixos custos. Independentemente do fato dos clientes ou consumidores valorizarem os atributos ambientais dos produtos, essas empresas são capazes de competir em mercados com margens muito estreitas. Obviamente, esta é uma posição muito boa para se estar, pois os líderes no Custo-A também estão preparados para exigências de legisladores e/ou consumidores por produtos de baixo impacto ambiental. Se isso é simples na teoria, entretanto, é muito difícil na prática. Esta é a principal razão deste capítulo ter apresentado uma ampla relação de exemplos práticos para ilustrar como as empresas podem diminuir as cargas ambientais provocadas por seus produtos mantendo custos baixos.

Existem várias maneiras de reduzir o impacto ambiental intrínseco aos produtos. Entre elas estão a desmaterialização, a substituição de materiais, além de uma série de orientações, metodologias, ferramentas e técnicas apresentadas pelo eco-desenho. Em certos casos, os atributos ecológicos dos produtos podem ser usados como argumento de vendas, adicionalmente aos baixos custos. Como os exemplos usados ao longo do capítulo sugerem, os atributos ambientais têm ajudado as empresas a cumprirem as exigências reguladoras, ao mesmo tempo que as ajudam a competir em segmentos de margens estreitas.

O eco-desenho ajudou os fabricantes de embalagens, por exemplo, a reduzir a carga ambiental de seus produtos enquanto, ao mesmo tempo, reduziam seus custos. Algumas empresas foram ainda mais longe e mudaram a natureza das matérias-primas ou alteraram completamente seus produtos, de modo a se manterem em mercados tradicionais (biopolímeros misturados com petroquímicos, por exemplo), ou conseguirem acessar mercados eco-orientados e de rápido ritmo de crescimento, como o dos biocombustíveis.

Assim, a vantagem competitiva no contexto das estratégias de Custo-A resulta da empresa ser capaz de liderar nos mercados existentes sensíveis ao custo ou de acessar novos mercados que requeiram produtos que apresentem atributos ambientais. Em outras palavras, os atributos ecológicos do produto podem ser uma licença para operar em alguns mercados sensíveis ao custo.

Alguns dos casos discutidos neste capítulo também indicam o potencial de empresas criarem novos segmentos de mercados dentro de setores tradicionais. O caso do Eco-n, discutido neste capítulo, é didático. A aplicação de Eco-n nas pastagens otimiza os ciclos de nitrogênio do sistema solo-planta, reduzindo a necessidade de fertilizantes de nitrogênio e, consequentemente, o impacto da agricultura pastoral.

À primeira vista, o Eco-n parece ter criado um novo espaço de mercado – o de inibidores de nitrogênio. Um olhar mais detalhado, no entanto, sugere a criação de um novo segmento de produto (de inibidores de nitrogênio) dentro do mercado mais amplo de produtos e serviços para a agricultura pastoral. Apesar do Eco-n não ter qualquer concorrente direto, ele enfrenta concorrência indireta de produtos alternativos e de técnicas de cultura que, combinados, fazem um trabalho semelhante. Neste caso, os atributos ecológicos do produto ajudam os fazendeiros a reduzirem os custos totais associados à agricultura pastoral, o que é um bom argumento para o produto competir em um mercado tão sensível ao custo.

Assim, o Eco-n é um caso típico de estratégia de custo ambiental (Custo-A). O caso mostra que ao se analisar o problema fundamental que um produto deve solucionar (ciclos otimizados de nitrogênio, no caso do Eco-n), as empresas se capacitam para explorar novos territórios mercadológicos.

Alguns exemplos de Sistemas de Serviço ao Produto (Product Service Systems – PSS) como o do Serviço de Administração de Produtos Químicos (Chemical Management Services – CMS), além de representarem caso típicos de estratégias de liderança de Custo-A, também possibilitam as empresas se afastarem da forte concorrência dentro do setor. Ao mudar os termos do contrato entre compradores e fornecedores, o PSS pode resultar em ganhos tanto ambientais quanto financeiros. Entretanto, para mudar o consumo de produtos para serviços, é necessário apresentar novos modelos de negócios e atividades associadas, assim como mudanças mais amplas, muitas vezes de caráter sistêmico. Isso pode resultar em uma nova proposição de valor. Como o CMS indica, o PSS pode resultar em inovação de valor no qual o valor adicional é criado a custos menores.

Embora o conceito do PSS seja muito promissor, o capítulo explorou as razões pela relativa escassez de aplicações empíricas. Entre elas, além das decisões das administrações das empresas e dos elementos simbólicos associados com a propriedade do produto, estão também as necessárias mudanças sistêmicas para a apresentação bem-sucedida dos serviços. Com muita frequência, as mudanças sistêmicas se estendem à infraestrutura e a colaborações entre um novo conjunto de participantes.

Em termos amplos, o PSS define as fronteiras entre as quatro Estratégias Ambientais Competitivas (EAC) e a Inovação de Valor Sustentável (IVS) apresentada no Capítulo 7. Em particular, as estratégias de Custo-A e IVS compartilham alguns elementos, mas existem diferenças básicas entre elas, sendo o preço o maior divisor. Enquanto as estratégias de Custo-A são limitadas pela concorrência quanto ao preço (afinal, o produto deve ser o líder em preço), a SVI cria novos espaços de mercado nos quais as comparações de preços são difíceis de estabelecer, ou menos relevantes.

Assim, o preço na IVS não é uma limitação como no caso das estratégias de Custo-A. Adicionalmente, a proposição de valor da IVS tende a ir além das atribuições ambientais diretas, intrínsecas às estratégias de Custo-A. Como o Capítulo 7 explora em detalhes, proposições radicalmente novas, capazes de não somente criar lucros privados mas também de satisfazer as necessidades sociais e ambientais, podem resultar em inovação de valor sustentável – tanto ecologicamente como economicamente.

PARTE III
ALÉM DA CONCORRÊNCIA

7
INOVAÇÃO DE VALOR SUSTENTÁVEL

Os capítulos anteriores apresentaram as quatro Estratégias Ambientais Competitivas (EAC) disponíveis para as empresas competirem em mercados consolidados (Parte II). Este capítulo apresenta a quinta estratégia de sustentabilidade, que se baseia no conceito de inovação de valor. De acordo com a lógica da Estratégia do Oceano Azul (EOA), através da criação de valor adicional para os clientes a custos menores, as empresas podem evitar a concorrência porque tal inovação de valor pode gerar novos espaços de mercado ou, usando a metáfora da EOA, "um oceano azul onde a empresa pode nadar sozinha".

A estratégia do oceano azul também apresenta uma característica importante: desde que a inovação de valor seja criada para clientes atuais ou anteriormente negligenciados, os impactos ambientais resultantes da nova oferta não restringem sua execução.[1] Por outro lado, como os capítulos da Parte I demonstraram, as estratégias de sustentabilidade requerem que a inovação de valor gere tanto lucros privados para as empresas quanto benefícios públicos para a sociedade. Ou seja, a *Inovação de Valor Sustentável* (IVS) requer que as empresas diminuam tanto custos quanto impactos ambientais, ao mesmo tempo que proporcionem maior valor tanto para consumidores quanto para a sociedade como um todo.

Como os exemplos neste capítulo demonstram, a IVS pode ser criada através do redesenho de sistemas de atividade envolvidos tanto na produção como no consumo de bens e de serviços. Na maior parte dos casos, as estratégias de IVS são possíveis somente através da redefinição de como os produtos/serviços são produzidos e consumidos.

Por esta razão é que a IVS pode ser considerada uma estratégia de sistema, pois ela exige mudanças não somente na natureza e na tecnologia dos produtos, mas também na lógica pela qual os sistemas de produção e consumo são organizados. As estratégias de IVS redefinem os limites do sistema de valor de um setor econômico existente, avaliando se o modelo de negócio cria valor tanto para acionistas e consumidores como para a sociedade em geral.

O CHAMADO PARA ESTRATÉGIAS DE IVS: A PROBLEMÁTICA INDÚSTRIA AUTOMOBILÍSTICA

Os impactos econômicos, ambientais e sociais da indústria automobilística são extraordinários. A indústria sozinha é responsável por 50 por cento do consumo de petróleo do mundo, 50 por cento da produção de borracha, 25 por cento do vidro, 23 por cento do zinco e 15 por cento do aço. No total, ela representa cerca de 10 por cento do PIB dos países ricos. A indústria automobilística americana, com uma produção média de 15 milhões de carros por ano, queima 8 milhões de barris de petróleo por dia. A indústria é responsável por 25 por cento dos gases de efeito estufa norte-americanos e cria 3,2 bilhões de kg de resíduos não reciclados todos os anos.[2] Globalmente, a frota é de cerca de 700 milhões de veículos, com a expectativa de 1,3 bilhão em 2020. Mais de 53 milhões de automóveis[3] e 21,5 milhões de caminhões foram produzidos em 2007, com um valor estimado da cadeia de valor automotiva de mais de € 1 trilhão.

Ao longo do Século XX, a indústria desempenhou um papel decisivo no crescimento econômico de muitas nações. A produção de automóveis tem acelerado o processo de industrialização em países como os Estados Unidos, a Alemanha, o Japão, a Itália, a França, a Coreia e até o Brasil, que sequer possui uma indústria automobilística nacional. A indústria tem dominado a tecnologia relacionada à fabricação do automóvel moderno. Motores de Combustão Interna (MCI) têm alcançado um grau surpreendente de sofisticação e de eficiência[4] e a tecnologia associada à produção de carrocerias de automóveis feitas de aço tem sido a principal força no desenvolvimento de robôs nas fábricas.

Não apenas tem sido obtido um impressionante conjunto de desenvolvimento tecnológico durante a história do automóvel, mas o setor serviu de referência para estratégias e técnicas de administração pioneiras, como a Administração da Qualidade Total (Total Quality Management – TQM) e o Pensamento Enxuto (*Lean Thinking* – LT; mencionados no Capítulo 3).[5] Termos como fordismo e toyotismo tornaram-se técnicas de administração amplamente adotadas em outros setores industriais.[6]

Não surpreendentemente, a fabricação de automóveis também serviu como um local de testes para a Estratégia do Oceano Azul (EOA). Em seu *best-seller*, W. Chan Kim e Renée Mauborgne apresentaram um "padrão histórico da criação do oceano azul para a indústria automobilística" – desde os primeiros dias da indústria até o final da década de 90.[7] A esse respeito, este capítulo analisa e expande a lógica da inovação de valor apresentada na *Estratégia do Oceano Azul*. Para identificar estratégias de sustentabilidade para a indústria, assim como para qualquer novo ator na área de automobilidade individual terrestre,[8] as seções a seguir apresentam as estratégias recentes adotadas pelas montadoras de automóveis para responderem às demandas por responsabilidade socioambiental.

Existe, contudo, uma razão mais fundamental para usar a indústria automobilística como coluna dorsal deste capítulo. Considerando o tamanho e o impacto do setor automobilístico em termos econômicos, sociais e ambientais, "se esta indústria puder mudar, todas poderão".[9] Portanto, este capítulo usa a indústria automobilística como um exemplo genérico, complementado por estudos de caso que ilustram as diversas características que tornam a estratégia IVS particularmente adequada a situações nas quais as melhorias de eficiência sistêmica não são apenas economicamente viáveis mas também desejáveis sob as perspectivas social e ambiental. Como "um exemplo vale mais do que mil palavras", a indústria automotiva serve para mostrar como as empresas sob elevados níveis de pressão podem gerar inovações a longo prazo, ao tratar simultaneamente das demandas ambientais e sociais.

As seções a seguir analisam a indústria e apresentam estratégias IVS que podem ser exploradas não apenas por montadoras de automóveis mas também por outros atores do campo organizacional do automóvel – fornecedores-chave, consumidores, agências reguladoras e outras organizações que produzem serviços ou produtos similares.[10]

De fato, empresas fora da esfera da indústria automobilística, que ainda são relativamente pequenas, iniciaram a maioria dos casos descritos neste capítulo. Quando comparados com o esmagador domínio das grandes montadoras de automóveis e do uso do carro particular, tais negócios (principalmente de car-sharing) podem ser considerados marginais.

Não obstante, essa ordem comparativa de grandeza não deveria nos cegar em relação ao potencial das estratégias de IVS. Embora céticos possam pensar que a expansão de negócios alternativos de mobilidade individual motorizada seja improvável, a evidência de que a maioria das montadoras de automóveis é insustentável, não apenas ecologicamente mas também economicamente, justifica a busca por novos modelos de negócios, que têm sido explorados fora da indústria.

Para alguns fabricantes de automóveis, a busca de uma estratégia de IVS a longo prazo é menos uma questão de audácia administrativa do que a última oportunidade antes de uma aquisição hostil ou da falência. Para outros, a utilização de uma estratégia IVS é uma alternativa razoável simplesmente porque uma correção de rota não depende de grandes descobertas científicas. O domínio dos mercados existentes ou a criação de novos mercados dependem mais de coragem empresarial do que de desenvolvimento tecnológico. Na realidade, este é o aspecto mais atrativo de uma estratégia IVS para a motorização individual: uma vez que a ineficiência embutida no sistema de produção e uso de automóveis é vasta, ganhos econômicos, ambientais e sociais podem ser obtidos em larga escala, mesmo com as tecnologias existentes.

Outras indústrias possuem suas idiossincrasias e, obviamente, requerem uma análise específica para a identificação de inovações de valor sustentável. Não obstante, a lógica usada no estudo do negócio da automobilidade individual pode, definitivamente, servir como referência para outros setores. Isso porque, para qualquer indústria ou negócio, as estratégias de IVS exigem uma avaliação da eficiência do sistema de produção e consumo de um produto específico ou de um grupo de produtos e serviços. Tais estudos precisam avaliar as consequências da concepção do produto, com o objetivo de identificar ineficiências no sistema e pontos de alavancagem para uma estratégia radicalmente inovadora. Ou seja, é preciso avaliar como o projeto do produto impõe tecnologias de produção e padrões de utilização específicos. Como as seções a seguir indicam, para se criar uma IVS, é necessário abordar as ineficiências sistêmicas.

A indústria automobilística e a economia: *oceanos vermelhos*

Ao longo das últimas décadas, as bases do sucesso histórico da indústria de automóveis começaram a erodir. Manter-se lucrativo ou sair do negócio sem prejuízos substanciais tem se tornado cada vez mais difícil, com a maioria dos grandes fabricantes de automóveis (ou de volume)[11] frequentemente reportando prejuízos financeiros significativos.[12]

Como resultado, os imperativos da redução de custos foram estendidos muito além das fronteiras do foco das empresas automobilísticas. Com os sinais da fadiga econômica e da pressão para reduzir seu impacto ambiental aumentando, a indústria entrou em um profundo processo de reestruturação. Melhoramentos foram feitos, efetivamente, mas, como um todo, a indústria está em crise, enfrentando um dos mais duradouros desafios de sua história. A partir de uma perspectiva econômica, está claro que as recentes estratégias das grandes montadoras de automóveis,[13] como a Ford e a GM, não estão produzindo os resultados esperados.[14]

A fabricação de automóveis tem, crescentemente, se tornado um negócio arriscado. O imperativo das economias de escala tem causado frequentes variações entre lucros e prejuízos para os grandes fabricantes de carros. Para cada modelo, um ponto de equilíbrio (*break-even point*)[15] entre 100.000 e 150.000 unidades por ano é considerado como condição mínima para a lucratividade no setor. Uma fábrica típica, com capacidade entre 250 e 300 mil unidades por ano, deve alcançar uma utilização de 65 por cento para ser viável.[16]

Exíguas margens de lucro também refletem a falha em capturar as fontes de lucro geradas ao longo do ciclo de vida dos automóveis. A partir de todas as atividades que envolvem a fabricação, o varejo, o *leasing*, a manutenção, o seguro, o financiamento e as peças de automóveis, entre outras, os fabricantes de automóveis recebem um esquálido um por cento do total.[17] Em termos de margens operacionais, juntos, as montadoras de automóveis e os fornecedores dos componentes têm um retorno médio sobre a receita de 3,5 por cento.

A combinação de margens tão baixas com pontos de equilíbrio tão elevados para a maioria dos modelos de carros torna o negócio vulnerável a pequenas flutuações de mercado; a saturação dos mercados em países altamente industrializados transforma essa vulnerabilidade em um ciclo alternando lucros e prejuízos. Durante a década de 90, por exemplo, somente a BMW, a Toyota e a Honda não experimentaram algum ano de prejuízo. No período 2005-2006, a GM e a Ford, juntamente com seus fornecedores principais Delphi e Visteon, reportaram prejuízos financeiros, enquanto na Europa a MG Rover finalmente entrou em colapso e pediu falência.

A expectativa de que os mercados emergentes constituiriam uma região para acomodar a capacidade excedente do setor encontrou uma dura realidade. Problemas comuns à maioria dos países em desenvolvimento, como a falta de infraestrutura, flutuações cambiais e consequente instabilidade nos preços e problemas estruturais resultantes das desigualdades na distribuição de renda, impediram que as projeções de mercado se tornassem realidade. Por exemplo, durante a segunda metade da década de 90 a projeção das vendas de veículos no Brasil para o ano de 1998 era de 2,5 milhões de unidades.

Esse prognóstico foi uma das razões para a entrada massiva de investimentos das montadoras durante aquele período, que transformou o Brasil no país com o mais elevado número de produtores de veículos no mercado local. Porém, as vendas previstas pelo mercado só se tornaram realidade dez anos depois; em 2008 a América Latina já apresentava uma supercapacidade semelhante à dos mercados maduros.

A crise financeira de 2008 apenas acentuou problemas antigos enfrentados pelo setor. A indústria automotiva na Europa Ocidental, no Japão e na América do Norte, há muito vinha apresentando curvas quase horizontais como resultado tanto da capacidade excedente como da saturação do mercado.[18] Níveis mais elevados de concorrência entre as montadoras de automóveis encorajaram os consumidores a exigirem uma mais ampla variedade de modelos a preços menores. Essa fragmentação do mercado coloca uma pressão intensa nos sistemas de produção padronizados e, em conjunto com a diminuição dos ciclos de vida dos modelos, reduz as economias de escala por modelo, aumentando a importância das medidas de redução de custos.

Na competição por uma fatia de mercado crescentemente fragmentada,[19] as montadoras de veículos são pressionadas a investir no desenvolvimento de produtos, enquanto a baixa lucratividade exige que elas cortem os custos. O resultado é assustador. A combinação dos imperativos de altas economias de escala, elevada demanda dos consumidores por uma ampla variedade de modelos e baixas margens de lucro transformou a concorrência na indústria automobilística em um *oceano sangrento*. Adicionalmente, como a seção a seguir explora, a indústria tem estado sob uma pressão incessante para melhorar seu desempenho ambiental.

Finalmente, no aspecto social, não há indicações de que o setor esteja contribuindo diretamente para a elevação dos padrões de vida das classes sociais menos privilegiadas – na realidade, uma demanda pela Responsabilidade Social Empresarial (RSE) está surgindo. De qualquer ângulo que se olhe, a pressão para a mudança na indústria automobilística é esmagadora.[20]

A indústria automobilística e o meio ambiente: *céu nublado*

O escopo dos danos ambientais causados por veículos automotores é vasto. O automóvel constitui um exemplo de produto com extensa pegada ambiental em todas as fases de seu ciclo de vida,[21] assim como com os sistemas conexos, como as infraestruturas de estradas e suprimentos.

De acordo com o Instituto Alemão de Meio Ambiente, antes de um carro médio ser usado, ele já terá produzido 26,6 toneladas de detritos e 922 metros cúbicos de ar poluído.[22] Apesar de este ser um número significativo, ele representa menos de 10 por cento do impacto ambiental total de um automóvel durante seu ciclo de vida. Cerca de 80 por cento do impacto resultam de emissões atmosféricas durante a utilização do carro; os restantes 10 por cento são devidos à poluição associada ao descarte final.[23] Apesar do carro moderno ser excepcionalmente eficiente em termos de sua adaptação a uma opção tecnológica específica (carrocerias monobloco de aço e motores de combustão interna),[24] ele é extremamente ineficiente em converter recursos em mobilidade individual.[25] Devido às perdas pelo motor de combustão interna (MCE) e nos componentes da transmissão, assim como devido à pesada carroceria de aço, um típico sedan moderno usa 70 por cento do combustível para transportar sua própria massa, perdendo 12 por cento adicionais em aerodinâmica e fricção no giro e nos freios. Se apenas uma pessoa estiver ocupando o carro, isso significa que, de 100 litros de combustível, 97,6 transportam o carro e apenas 2,4 litros transportam o motorista.[26] Apesar de mais de cem anos de desenvolvimento, o automóvel moderno é extraordinariamente ineficiente.

Desde os anos 70, os fabricantes de automóveis têm conseguido reduzir significativamente as emissões de partículas e de gases tóxicos, e o desempenho ambiental médio da maioria das frotas melhorou de forma considerável. Entretanto, na medida em que a questão sobre mudanças climáticas se torna mais política, os governos forçarão reduções de emissões somente alcançáveis por veículos de emissão zero. A intenção da União Europeia (UE) de exigir uma emissão média da frota de 130g de CO_2 por quilômetro já para 2012 é apenas uma indicação de que o céu ficará cada vez mais cinzento para as montadoras de automóveis. Como no passado recente, embora as montadoras possam melhorar a eficiência da queima de hidrocarbonos nos MCIs, as leis da física e da química estabelecem limites claros às reduções.

Em muitas partes do mundo, o cumprimento da legislação irá exigir que as montadoras gradualmente se afastem dos MCIs. Mas em tempos de baixas margens de lucro, sair dos MCIs não será tarefa fácil. Para operar em um mundo com restrições de emissões de carbono, satisfazer os padrões de desempenho ambiental exigirá que as montadoras invistam recursos cada vez maiores em atividades cada vez mais caras de P&D (Pesquisa e Desenvolvimento). Para muitos, os ecoinvestimentos em tecnologias de baixa emissão, descritas a seguir, serão feitos sob um céu bastante nublado.

A LÓGICA ESTRATÉGICA DOMINANTE: *CARROS MAIS VERDES*

Como os fabricantes de automóveis podem satisfazer as exigências ambientais do mercado e ainda continuarem competitivos? Como eles podem desenvolver inovação de valor enquanto consideram a sustentabilidade? Se as respostas não estão imediatamente disponíveis, os fabricantes de automóveis já estão bem conscientes dos desafios que enfrentam. As tecnologias associadas a veículos de emissão baixa (ou zero) podem gerar ou destruir valor, relacionando-se, assim, diretamente a estratégias de sustentabilidade.

A escolha tem implicações em quase todas as esferas de ação, desde o projeto do automóvel às tecnologias associadas aos sistemas de produção, marketing, vendas, distribuição e manutenção, sendo que algumas tecnologias também exigem modificações na infraestrutura de reabastecimento. A corrida está em curso. De modo geral, as montadoras estão investindo em três principais áreas que podem resultar em veículos com baixo CO_2/km: carros pequenos, combustíveis mais limpos e sistemas de propulsão (ou motores) alternativos. A próxima seção apresenta brevemente essas opções, suas vantagens e limitações.

Carros menores, combustíveis mais limpos e propulsores alternativos

A lógica para a promoção dos carros pequenos é direta: eles são mais leves[27] e consomem menos combustível, o que significa menos CO_2 por km. Atualmente, o segmento Mini compreende o extremamente pequeno com o *Smart ForTwo* liderando os menores níveis de CO_2 com 95 gramas por km. Para a frustração dos ambientalistas, no entanto, a escolha de carros pequenos tem, historicamente, pouco a ver com preocupações ambientais. Ela tem sido uma questão de custo, pois os carros pequenos tendiam a ser os mais baratos no mercado, ou de *status*. Realmente, nas últimas duas décadas, algumas montadoras tentaram evitar margens reduzidas através de investimento no segmento dos Minis de luxo. Fazendo isso, elas podiam contar com a disposição do consumidor em pagar preços-prêmio para alguns modelos.

Os resultados são variados, com a versão atualizada do Mini inglês como a história mais bem-sucedida, assim como o *Volkswagen* (VW) *Beetle* e o *Fiat Cinquecento*, que está tendo um bom desempenho em seus anos iniciais após ter sido lançado em 2006. O *Smart ForTwo* é mais controverso, pois era um conceito totalmente novo que inicialmente objetivava ser identificado como um carro verde. Entretanto, em seus primeiros anos, os atributos ambientais do Smart tiveram pouco peso no critério de compra dos consumidores. Somente quando a estratégia de marketing mudou o foco para o prazer em dirigir, o equipamento *high-tech* do câmbio de toque suave da Fórmula-1 e o *design* das peças do interior foi que os consumidores começaram a comprá-lo.[28]

Apesar do projeto continuar promissor, após dez anos de funcionamento a empresa Micro Compact Car (MCC) ainda não é lucrativa.[29] Em geral, as estratégias de diferenciação no segmento Mini de Luxo focalizam principalmente no apelo emocional (algum sentimento de nostalgia, como nos casos do *Fiat Cinquecento, Mini* e do V*olkswagen Beetle*) e, assim, difíceis de replicar. Tal apelo, entretanto, está claramente limitado a nichos de mercado relativamente pequenos.

Como um todo, não há dúvida de que o segmento de carros pequenos (baratos ou caros) continuará sendo atrativo tanto para consumidores como para as montadoras. Afinal, esta é a mais fácil maneira de vender carros menos poluentes sem alterar os sistemas de produção e de consumo existentes. Os fabricantes de automóveis podem continuar a produzir carros com carrocerias de aço, propulsionados por pequenos MCIs. Entretanto, se isso simplifica a produção, na maioria dos casos ajuda muito pouco as finanças das montadoras. À medida que o segmento se torna superpovoado, os lucros erodem. O lançamento do *Nano* em 2008 é exemplar a esse respeito. Por menos de 100.000 rúpias (US$ 3.000) para o modelo básico, a empresa indiana Tata pretende vender 350 mil carros por ano. O *Nano* está seguindo o sucesso dos automóveis de baixo custo *Renault Logan* (vendido por cerca de US$ 5.000) e o *Fiat Palio*. Outras montadoras de economias emergentes, como a Proton (Malásia), Daewoo (Coreia do Sul), estão seguindo esta tendência de mercado. Apesar de existir escopo para sucessos individuais dentro do segmento, os mercados lotados amplificam o provérbio bem conhecido na indústria: carros pequenos geram lucros pequenos. À medida que a concorrência se intensifica, as margens de lucro encolhem. Carros pequenos e baratos não são a solução para as montadoras de automóveis serem lucrativas.

Tudo considerado, quando comparados a veículos maiores, os carros pequenos são de fato mais verdes e constituem uma forma simples para as montadoras atenderem às demandas dos reguladores e consumidores sem maiores esforços. A contrapartida é um mercado cada vez mais lotado e sangrento, com margens de lucro cada vez menores. Adicionalmente, lotado pode ter um significado literal aqui. Com o crescimento contínuo da população de automóveis, a quantidade absoluta de carros nas estradas sobrepõe as reduções de emissão por veículo, representando um fator de limitação para a opção por carros pequenos no longo prazo.

Além de carros menores, a motorização mais verde pode também ser feita através de combustíveis mais limpos. Existe uma ampla variedade de combustíveis mais limpos que podem ser usados nos motores de combustão interna tradicionais. O gás natural, por exemplo, contém menos toxinas do que o diesel ou a gasolina e está sendo usado atualmente em muitas partes do mundo, onde disponível. Entretanto, se a disponibilidade não fosse um ponto de estrangulamento para seu uso generalizado, o gás natural ainda é um combustível fóssil que gera CO_2 e, assim, não constitui uma solução sustentável.

Os biocombustíveis, por outro lado, são vistos como neutros em carbono, pois as plantas, ao crescerem, absorveram o carbono emitido na sua queima.[30] Como explorado no Capítulo 6, o etanol da cana de açúcar atualmente constitui uma solução economicamente viável em áreas adequadas à colheita, como nos estados do sudeste do Brasil, no sudeste da Ásia e em alguns países africanos. O Brasil se tornou o líder mundial no uso do etanol como substituto para a gasolina. Os biocombustíveis em geral continuam sendo um participante importante da produção de combustíveis brasileiros, tendo recentemente estimulado o aumento da frota de automóveis.[31] Embora a sustentabilidade do programa não deva ser considerada como garantida no longo prazo, a produção de álcool está se tornando cada vez mais ecoeficiente.[32]

A situação é bem diferente com o etanol feito a partir do milho. Na maior parte do mundo, o uso desse produto agrícola para a produção do etanol é questionável tanto do ponto de vista ambiental quanto econômico. Nos Estados Unidos, por exemplo, o cultivo intensivo do milho tem sobrevivido historicamente graças aos subsídios do governo. A taxa de conversão do milho para o etanol é muito menor do que a da cana de açúcar, requerendo também maiores *inputs* durante o cultivo e o processamento.

Apesar de diferentes métodos de Avaliação de Ciclos de Vida (ACV) produzirem resultados diversos, a produção de etanol a partir do milho pode exigir mais energia do que se obtém com ela (para uma descrição mais ampla sobre ACV, veja o Capítulo 5). O etanol a partir da celulose, por outro lado, pode gerar resultados melhores, mas apenas se ocorrer uma inovação tecnológica radical, com o álcool sendo extraído da celulose com a ajuda de enzimas a custos viáveis. Apesar desta tecnologia poder permitir o uso contínuo dos MCIs de uma maneira mais sustentável, no curto prazo ela é apenas uma esperança.[33] A menos que o etanol celulósico se torne uma realidade no curto prazo, a terra usada para cultivar biocombustíveis compete com aquela disponível para cultivar produtos agrícolas comestíveis. Na medida em que o preço das *commodities* agrícolas cresce – como resultado do aumento do preço do petróleo (que influencia o preço dos fertilizantes e dos pesticidas), da afluência econômica das economias emergentes, e da demanda por comida – espera-se que os biocombustíveis também se tornem mais caros.

Aumentos substanciais na produção de biocombustível também exigem o uso de terra adicional para cultivar cana de açúcar ou milho, o que já tem gerado debates sobre as consequências de se usar terras de cultivo agrícola para produzir combustível em vez de comida.[34] A conta é simples: por volta de 2020, esperamos ser em torno de 7,5 bilhões de pessoas e 1,3 bilhão de automóveis na Terra. Com apenas 3 por cento da área do planeta disponíveis para agricultura, a opção é clara entre alimentar pessoas ou abastecer automóveis.

Uma terceira opção para enfrentar o impacto ambiental dos carros durante a sua utilização, atualmente sob consideração das montadoras, é a de sistemas alternativos de propulsão motora. Alternativas ao motor de combustão interna para uso nos veículos estiveram disponíveis desde a invenção do automóvel. No final, o motor de combustão interna foi o vencedor da corrida que incluía motores a vapor e elétricos para a tração dos automóveis.[35]

Mas, diferentemente da maior parte do Século XX, somente nos últimos anos é que fontes propulsoras alternativas foram levadas em consideração com maior seriedade pelas montadoras de automóveis. O efeito combinado de combustíveis mais caros e de legislação mais rígida explica esta mudança. Apesar do escopo de possibilidades ser bastante vasto, as principais tecnologias de propulsão convergem para veículos híbridos e puramente elétricos.[36]

Desde o início dos anos 2000, os Veículos Híbridos (VH) se tornaram crescentemente populares. Os híbridos consistem na combinação de duas fontes de propulsão: um MCI ou uma célula de combustível, e um ou mais motores elétricos. Usando um sistema paralelo ou serial, um carro híbrido opera utilizando os propulsores ao mesmo tempo ou independentemente.[37] A tecnologia híbrida permite que as baterias sejam carregadas a bordo do veículo pelos MCIs convencionais. O resultado é um carro com maior economia de combustível e, consequentemente, menos CO_2 por km. A tecnologia híbrida não é nova e desde o início dos anos 1990 a maioria das montadoras de automóveis tem apresentado carros-conceito[38] híbridos em motor-shows. A Toyota, no entanto, conseguiu ser a primeira montadora a produzir híbridos em larga escala, vendendo mais de um milhão de unidades do *Prius* desde seu lançamento em 1997.[39] O sucesso do *Prius* fez com que muitos acreditassem que a tecnologia híbrida iria dominar o cenário de fontes propulsoras alternativas. No entanto, um olhar mais aprofundado revela sérias limitações.

Os híbridos possuem 30 por cento a mais de componentes do que os carros convencionais, adicionando custos e peso. Com a tecnologia atual, os VHs definitivamente não são competitivos no segmento popular. Na verdade, os híbridos disponíveis no mercado ou em fase de desenvolvimento têm como alvo os segmentos que podem pagar preços-prêmio.[40] Da perspectiva ambiental, as coisas também não são muito animadoras. Apesar dos VHs consumirem menos, os combustíveis fósseis ainda alimentam a vasta maioria deles. Os híbridos de hoje também usam carrocerias de aço, resultando em veículos pesados que exigem muita força motor para transportar a massa do carro. Os híbridos com plug-in sofrem o mesmo problema. Embora recarregar as baterias via tomadas elétricas possa aumentar o alcance do veículo usando somente a propulsão elétrica, para viagens longas o veículo depende do motor a combustão interna. No final, os híbridos convencionais (propulsionados por motores a combustão interna e elétricos, montados em carrocerias de aço) podem ser uma solução satisfatória para melhorar a economia de combustível de carros grandes ou de luxo. Não são soluções economicamente viáveis para a grande maioria dos modelos atualmente no mercado.

Outra tecnologia de propulsão alternativa, bem conhecida pela indústria automotiva, é o Veículo Elétrico (VE). Apesar dos carros elétricos existirem desde os primeiros dias do automóvel, se comparados com os carros tradicionais, sua relativa baixa velocidade e autonomia limitada os têm confinado a aplicações marginais. A autonomia limitada os torna viáveis para viagens curtas, mas a falta de infraestrutura para recarga tem historicamente comprometido suas chances de sucesso em aplicações de mercados de massa. Se utilizados como veículos tradicionais (isto é, necessitando de grande autonomia e alta velocidade), os VEs têm pouca chance de sucesso no mercado, como foi o caso dos últimos 100 anos. Para ter um alcance razoável, os VEs precisam de uma quantidade substancial de baterias, o que representa, em média, 30 por cento do custo do veículo. O caso do carro *Think*, discutido no Capítulo 1, é exemplar a este respeito. Uma das razões do fracasso do empreendimento em vender grandes quantidades do VE foi o seu preço elevado, quando comparado com carros convencionais. Afinal, quem está disposto a pagar um preço-prêmio por um carro com autonomia e velocidade reduzidas? Se usado como um veículo convencional, o custo das baterias limita as chances de sucesso nos mercados de baixo custo, ou mesmo nos de classe média. Um bom exemplo disso é o VE esportivo desenvolvido pela Tesla Motors. A US$110.000 por veículo, ainda não se sabe se o empreendimento pode ser lucrativo.[41]

Uma pergunta intrigante a fazer, então, é: se a tecnologia não é satisfatória, o que explica o renovado interesse nos VEs? A resposta é simples: a tecnologia embutida nos VEs é central para qualquer direção que a indústria automobilística vier a seguir nas próximas décadas. Alternativas de longo prazo para o carro com motor de combustão interna – veículos híbridos, combinando MCI ou células de combustível com propulsores elétricos, e veículos elétricos puros – todos envolvem tração elétrica.[42] A questão é onde gerar a eletricidade: a bordo (híbridos) ou fora do veículo (elétricos puros). Não há dúvidas, no entanto, de que os propulsores dos carros do futuro usarão motores elétricos.

Isso gera um grande dilema para as montadoras. A adoção da tração elétrica não irá apenas tornar a produção de motores atuais obsoleta mas também irá impactar na carroceria e no chassi do veículo. O uso da tração elétrica expõe os problemas de peso do veículo, que estão atualmente obscurecidos pela força fornecida pelos MCIs. No final, "qualquer movimento para aumentar o número de VEs deverá provocar um maior impacto no design básico do carro a motor (...). Uma adoção substancial de VEs possui implicações sérias para a infraestrutura atual de transporte, assim como para os projetos dos próprios automóveis".[43] Isso explica, ao menos parcialmente, a esquizofrenia histórica das montadoras com relação aos VEs. Tentativas tímidas para promovê-los pelas grandes montadoras têm frequentemente servido para justificar que a propulsão elétrica não é viável. Isso irá mudar com preços de petróleo mais elevados e uma forte pressão para reduzir as emissões de carbono?

Novas tecnologias, mercados indiferenciados

Deveriam os fabricantes de automóveis esperar alguma vantagem competitiva duradoura a partir de carros menores e fontes propulsoras alternativas? Ou melhor, poderiam essas novas tecnologias ajudar as montadoras a criarem novos espaços de mercado? Como demonstrado na seção anterior, carros menores, combustíveis mais limpos e propulsores alternativos são as opções disponíveis para as montadoras reduzirem as emissões de seus veículos. Começando pelos combustíveis mais limpos, vamos brevemente examinar o caso do etanol, usado por 90,6 por cento dos carros vendidos hoje no Brasil (veja o Capítulo 6 para mais detalhes do programa de etanol no Brasil). Qual foi a principal vantagem resultante da venda de carros movidos a etanol? A resposta é um claro benefício público – de se usar uma fonte de combustível renovável. Se a colocação de tais produtos no mercado resultou em algum lucro privado sob a forma de uma vantagem para as montadoras pioneiras, ele teve vida curta.

A troca para veículos a etanol tem influência limitada tanto sobre o modelo de negócio das montadoras como de sua participação no mercado. A tecnologia associada ao uso do etanol nos motores de combustão interna logo se tornou onipresente no país. Atualmente, a maioria das montadoras que operam no Brasil oferece a opção flexfuel (gasolina e etanol) em quase todos os modelos. A lição é clara: combustíveis mais limpos para os motores de combustão interna não geram vantagens competitivas duradouras para os fabricantes de veículos. A razão é ainda mais simples: a tecnologia flexfuel não mudou a base da concorrência, que continuou focada em grupos estratégicos específicos.

Qualquer tipo de combustível usado em MCIs (limpo ou qualquer outro) necessita de economias de escala para ser lucrativo para os varejistas de combustíveis. Como resultado, os fornecedores de veículos têm uma forte motivação para compartilhar a tecnologia para um combustível específico, transformando a questão em não-rival, como discutido no Capítulo 1.

E o que falar sobre os carros menores e seus propulsores alternativos? Novamente, deveriam as montadoras esperar qualquer vantagem competitiva duradoura ou novos espaços de mercado a partir deles? A Figura 7.1 apresenta três curvas de valor associadas a veículos de baixa emissão.

Observem as curvas do *Smart ForTwo* (um pequeno carro com motor de combustão interna), e duas diferentes alternativas de motorização: o *Prius* (um carro híbrido) e o *Think* (um carro elétrico). No caso do *Smart ForTwo*, que foi lançado no mesmo ano do *Prius* (1997), ser o campeão mundial em baixa emissão (95g/km) também significa consumo baixo e, como a curva do *Smart* na Figura 7.1 indica, o tamanho compacto extremo e alguns atributos de motorização geram apelo para um seleto grupo de entusiastas. No entanto, sua vantagem principal tem sido o tamanho reduzido, o que torna o estacionamento fácil nos centros urbanos das cidades europeias.

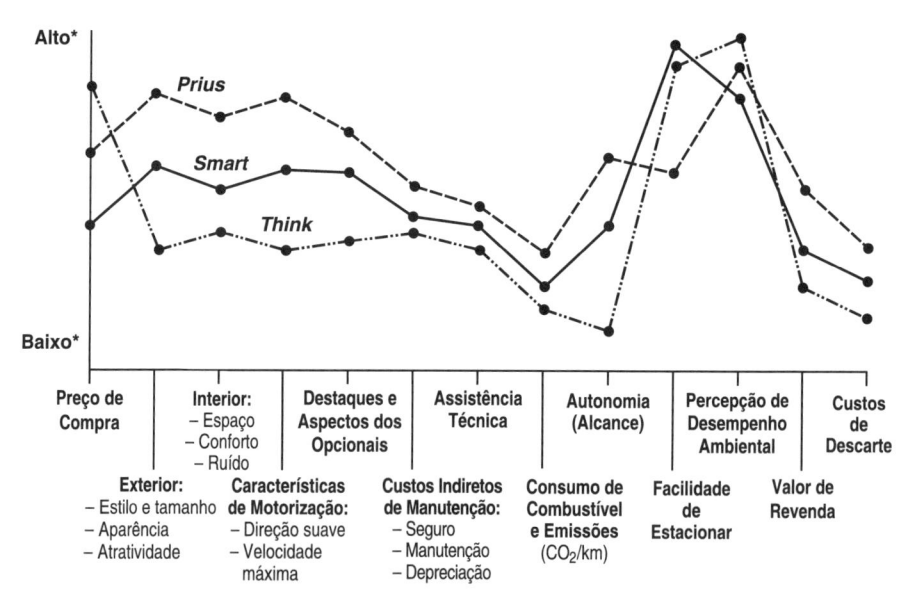

*Valores para alto e baixo não são proporcionais ao longo do gráfico, tendo a intenção somente de contrastar as três curvas de valor. As curvas foram inferidas pelo autor.

FIGURA 7.1 – **Tela Estratégica do *Smart*, *Prius* e *Think*.**

Na realidade, o tamanho explica particularmente bem o sucesso inicial do *Smart* no mercado italiano, onde estacionar é um problema crônico.[44] No entanto, à medida que modelos semelhantes entram no mercado, como foi o caso do *Fiat Cinquecento*, tal apelo pode não ser suficiente para manter os clientes fiéis ao *Smart*.

Falando do *Prius*, o veículo efetivamente abriu um espaço de mercado para a comercialização em massa dos VHs, e resultou em um admirável benefício reputacional para a Toyota. A atenção dada ao *Prius* pela mídia transformou a Toyota na líder de sustentabilidade do setor. Se medido em valor de reputação, o *Prius* certamente representa um sucesso para a Toyota. De fato, considerando tanto o alto custo de fabricação do veículo como seu preço relativamente alto para o mercado, somente quando o valor reputacional é incluído que o *Prius* representa uma inovação de valor para a Toyota. E, ainda assim, o carro certamente não criou Inovação de Valor Sustentável (IVS). A razão é simples: como mencionado antes, os carros híbridos reduzem o impacto geral da motorização apenas marginalmente. Afora os créditos da vantagem do pioneirismo, o sucesso do *Prius* tem mais a ver com a economia de combustível do que com qualquer outro atributo eco-orientado. Essencialmente, a curva de valor do *Prius* na Figura 7.1 mostra que ele é um sedan relativamente caro, de carroceria de aço, movido por um motor de combustão interna e auxiliado por motores elétricos. Na medida em que os concorrentes desenvolverem seus próprios híbridos, a vantagem da Toyota com o *Prius* sofrerá uma gradual erosão.

Finalmente, observe o caso do *Think*, o carro elétrico norueguês, resumidamente discutido no Capítulo 1. A Figura 7.1 mostra que, quando comparado com os carros movidos a motores de combustão interna (*Smart*) e com os híbridos (*Prius*), o *Think* apresenta atributos inferiores. Enquanto o *Think* (e qualquer outro veículo elétrico) for vendido como um veículo convencional, seus ecoatributos serão sempre comparados ao atributos-chave de motorização dos carros convencionais, como velocidade máxima, alcance e aceleração de 0 a 100 km. O resultado é o que todos conhecem: fracasso de mercado.

Avanços na tecnologia de baterias e uma infraestrutura de recarga ampla e conveniente ao usuário podem mudar isso (como será discutido mais adiante neste capítulo). No entanto, o argumento-chave aqui é o de que a tecnologia em si, sendo híbrida (*Prius*), elétrica pura (*Think*) ou pequenos motores de combustão interna (*Smart*), não gera uma diferenciação duradoura para as montadoras. Apesar de algumas tecnologias de motorização poderem trazer alguma vantagem pelo seu pioneirismo, como foi o caso do *Prius*, ela tem vida curta. Ao longo do tempo, elas tendem a convergir para um grupo estratégico dentro de um segmento específico de automóveis, resultando em mercados indiferenciados. Se "estratégia é ser melhor sendo diferente",[45] aqui os fabricantes de automóveis certamente têm um problema. Para solucioná-lo, eles precisam considerar não apenas as tecnologias inerentes aos carros, mas também os modelos de negócios usados para comercializá-los.

Ponto de retorno: de modelos de carros a modelos de negócios

A indústria automotiva está sob crescente pressão para mudar. Em termos de concorrência e de economia, ela está imersa em um *oceano vermelho* de guerras de preço com margens cada vez mais decrescentes. A concorrência das economias emergentes – Índia e China em particular – está tornando os oceanos ainda mais sangrentos. Como sugere o lançamento do automóvel *Nano* em 2008 pelo grupo indiano Tata, ao invés de permanecerem como mercados passivos para as montadoras ocidentais, os produtores locais irão não apenas aumentar a concorrência nas economias emergentes, como também se tornarão novos competidores nos mercados estabelecidos.

Em décadas recentes, uma disjunção entre o que os consumidores desejam e o que as montadoras são capazes de oferecer, com lucro, tem aumentado substancialmente. Enquanto os consumidores têm procurado individualidade, inovação, customização, estética, medidas de qualidade, diferenciação e serviços para o uso do produto, as montadoras tendem a focar em estabilidade, uniformidade, capacidade de utilização, automação, bens de capital, tolerância de medidas de qualidade e economias de escala. O sistema custoso de construir automóveis para o inventário, em vez de por pedido, gera grandes ineficiências ao longo da cadeia de suprimentos e, mais preocupante, insatisfação do cliente. O resultado é um sistema no qual ambas as partes estão descontentes: os fabricantes de automóveis lutam para continuar lucrativos enquanto uma ampla gama de clientes não recebe o que deseja – ao menos na escala de tempo que querem. A verdade é que já faz algum tempo que grandes economias de escala não têm funcionado para a maioria dos modelos de carros.

À medida que o aquecimento global se aprofunda na agenda política, a redução das emissões de CO_2 torna-se um imperativo cada vez mais difícil de ser cumprido. Não somente existem obstáculos tecnológicos, mas a conformidade pode ser muito cara para as montadoras.[46] A adoção de combustíveis mais limpos e de propulsão motora alternativa irá diminuir o impacto por veículo, mas a pressão não irá cessar até que a carteira dos fabricantes seja composta, na sua maioria, por Veículos de Emissão Zero (VEZ). Tudo somado, o céu irá permanecer nublado por um tempo razoável. O que é mais perturbador, e para surpresa de alguns, nem mesmo os VEZs ajudarão os fabricantes de automóveis a serem mais sustentáveis. Carros menores, combustíveis mais limpos e motorizações alternativas certamente ajudarão as montadoras a reduzir as emissões de CO_2. Entretanto, eles não diminuirão o problema da baixa lucratividade do negócio. As raízes do problema da indústria devem ser buscadas em outro local: nos sistemas de produção baseados no conceito de carrocerias monobloco de aço[47] e nos sistemas de consumo baseados em Veículos para Todos os Fins (VTF). O primeiro item data de 1914, quando a tecnologia monobloco de Edward Budd tornou possível a produção de grandes volumes e facilitou a automação na fabricação do automóvel moderno, caracterizando tanto a intensidade de capital da indústria automobilística como a necessidade de grandes economias de escala. O domínio do aço na fabricação do carro também teve consequências vitais para o futuro da indústria automotiva, pois impôs investimentos elevados na tecnologia de fabricação, e a produção de carrocerias de aço eliminava futuras inovações nos processos de produção, assim como o uso de materiais alternativos. Juntar-se ao paradigma de Budd envolve um custo de entrada que oscila entre € 560 milhões e € 800 milhões, sem o ferramental dedicado para um carro ou modelo específico.[48] Esses investimentos em prensas e ferramentaria exigem que cada modelo novo alcance pontos de equilíbrio entre 100.000 e 150.000 carros por ano para serem lucrativos. Apesar de alguns veículos poderem vender grandes quantidades, a fragmentação do mercado tem levado a produções menores, criando histórias de sucesso como a do Renault-Dacia Logan[49] cada vez mais raras. Carros de aço resultam em veículos pesados que são caros para operar porque o peso reduz consideravelmente o desempenho e a economia de combustível. Enfim, a tecnologia do monobloco de aço limita a possibilidade dos fabricantes de automóveis lucrarem com volumes pequenos de vendas, além de aumentar os custos econômicos e ambientais ao longo do ciclo de vida do veículo.

Outro problema negligenciado é o elevado nível de redundância embutido nos veículos. Os carros modernos são projetados para serem VTFs,[50] que sejam capazes de realizar diversas tarefas competentemente, mas nenhuma com grande eficiência. Atualmente, a maioria dos carros pode ser classificada como VTFs.[51] Apesar do limite de velocidade legal na maioria dos países ser de 110 km/h e da velocidade média do trânsito ser de aproximadamente 70 km/h, a maioria dos VTFs pode alcançar velocidades de mais de 200 km/h, com uma autonomia de 400 a 500 km. Como sabemos, a vasta maioria das viagens não exige tal desempenho. A utilização nas cidades – o local onde a maioria dos carros passa a maior parte do tempo – requer menos de 20 por cento de tal desempenho, e a ocupação média (1,2 pessoa por carro) é também muito menor do que a capacidade desses automóveis de acomodar cinco pessoas.[52] Os carros, assim, possuem um elevado grau de redundância, uma característica que resulta em altos impactos para o meio ambiente e custos econômicos para o usuário. Enfim, existe um elevado grau de ineficiência engastado nos sistemas de produção e consumo do automóvel moderno. As tecnologias associadas ao carro moderno são economicamente ineficientes a baixos volumes, e ecologicamente ineficientes em qualquer quantidade.

Adicionalmente, mesmo se todos os carros modernos se tornassem de emissão baixa ou zero, é difícil imaginar como o planeta poderá suportar a produção de 100 milhões de carros por ano – a previsão da indústria para o ano 2020. Em um planeta afetado pela mudança climática, não importa quão verdes os novos carros possam ser, uma população de automóveis sempre crescente simplesmente não pode ser sustentada indefinidamente – tanto da perspectiva ecológica como da perspectiva administrativa.[53] A sustentabilidade ecológica exige que, em um determinado momento, o número global de automóveis se estabilize e depois comece a declinar. Do ponto de vista da administração pública, ao mesmo tempo em que nos tornamos 7,5 bilhões de pessoas em 2020,[54] o congestionamento urbano deverá atingir níveis que irão motivar os reguladores a banir os carros particulares de largas porções das cidades. Assim, a sempre crescente população de veículos automotores pode infligir outra ferida na indústria automotiva; no final, a população de carros irá limitar drasticamente o crescimento do setor e selar o destino de algumas montadoras.

As preocupações com a população nos trazem outro aspecto desconfortável enfrentado pela indústria: seu papel na redução da desigualdade social. Considerando a importância econômica do setor, será esperado muito mais das montadoras para enfrentar os problemas sociais. À medida que a redução da pobreza se torna um componente central da Responsabilidade Social Empresarial (RSE), a indústria tem sido cada vez mais solicitada a fornecer valor econômico – sob a forma de bens ou serviços em vez de filantropia – para as classes econômicas menos privilegiadas. Ainda que a maior parte das pessoas em países desenvolvidos possa adquirir pelo menos modelos pequenos e baratos, os carros têm historicamente privilegiado as classes média e alta. Em economias emergentes, essa divisão é ainda mais evidente. A instalação de montadoras de automóveis em países como a Índia e o Brasil pouco serve aos interesses dos pobres, que podem apenas sonhar com a mobilidade motorizada individual. À medida que as sociedades se tornam mais conscientes da responsabilidade dos negócios em levar prosperidade às classes sociais menos favorecidas, nos anos vindouros a pressão aumentará para que a indústria automobilística encontre soluções para a mobilidade sustentável não somente para aqueles que conseguem comprar carros, mas também para os não-clientes menos privilegiados.

Enfim, não é necessário ser um especialista no setor automotivo para perceber a disjunção entre as tendências socioeconômicas e tecnológicas e o modelo de negócios atualmente adotado pelas montadoras: receitas baseadas na venda de veículos ineficientes e poluidores, que são usados de forma ineficiente por uma minoria. Se uma indústria automobilística realmente sustentável deve emergir, a lógica da criação de riqueza precisa ser seriamente repensada, urgentemente. A tarefa é mais do que desafiadora. As montadoras terão que responder à demanda para criar tanto lucros privados como benefícios públicos, simultaneamente. Elas precisarão gerar valor de longo prazo para os acionistas e os clientes (lucros privados), assim como para a sociedade como um todo, de uma forma ecologicamente sustentável (benefícios públicos). Em outras palavras, mais do que qualquer outro setor industrial, elas serão exigidas a criar inovação de valor sustentável.

Inegavelmente, ainda existe um amplo escopo para a comercialização de automóveis como os que conhecemos hoje. Por diversas razões, a propriedade individual do automóvel continuará sendo um sonho para muitos de nós. Muitas pessoas sempre verão os automóveis como uma expressão única de sua individualidade, e possuir uma *Ferrari*, uma *Mercedes* ou um grande *Jeep* continuará a fazê-las felizes. Como símbolos de autoexpressão, os carros serão sempre parte do *glamour* das sociedades. A indústria de automóveis pode certamente fazer isso de formas diferentes, usando materiais e motores mais eficientes, e muitos modelos de automóveis podem, de fato, ser lucrativos e, dependendo das circunstâncias e da tecnologia, até sustentáveis ambientalmente. Apesar da indústria ter problemas, obviamente nem tudo está errado com o sistema automobilístico atual. Existe certamente escopo para a produção de volumes elevados de alguns modelos em segmentos específicos de mercado. O sucesso recente do *Logan* da Renault-Dacia é exemplar em mostrar que alguns modelos de carros podem certamente ser muito lucrativos. Quando o mercado pode absorver volumes elevados de um mesmo veículo, a velha tecnologia do monobloco de aço funciona muito bem.

Entretanto, para a indústria se alinhar com as tendências emergentes e ser bem-sucedida economicamente, a diversidade será cada vez mais crucial. E a diversidade aqui não se refere apenas aos tamanhos, fontes de combustível, motores e materiais das carrocerias dos veículos, mas também – e mais importante – a diferentes propostas de valor e modelos de negócios.[55] Para responder às demandas do mercado, as montadoras poderão precisar usar diferentes conceitos, desenhos e materiais a fim de se afastarem do carro feito a partir do monobloco de aço, que impõe investimentos extremamente elevados e, consequentemente, altos pontos de equilíbrio por modelo. O carro *Think*, mencionado no Capítulo 1, mostrou que ao se evitar o paradigma principal de produção usado pela indústria e usando o alumínio na estrutura da carroceria e compostos plásticos para o painel, é possível reduzir o ponto de equilíbrio da média da indústria de 100.000 para apenas 5.000 veículos. Apesar desta opção certamente acarretar seus próprios problemas, ela representa uma viabilidade prática de superar o imperativo de produções em larga escala.

De fato, a Morgan e a Lotus são exemplos de empresas de vida longa no setor automotivo que evitaram o modelo de capital intensivo. A chave dos modelos alternativos utilizados por essas empresas é o uso de tecnologias que requerem investimentos de capital muito menores. Em termos de material, aço, alumínio e compostos de plástico têm sido mais comuns no setor, porém, mais recentemente, a fibra de carbono vem entrando em muitas aplicações. A fibra de carbono foi originalmente desenvolvida para a indústria aeroespacial e mais tarde transferida para o setor de *Fórmula-1*, que podia se permitir arcar com elevados custos de materiais. Hoje, entretanto, é possível processar a fibra de carbono com tecnologia mais simples e de baixo custo, como algumas pequenas empresas como a Axon Automotive o fazem atualmente.[56]

As mudanças urgentemente necessárias na indústria de automóveis não tornam obsoleto o modelo de fabricação atual, mas é preciso aperfeiçoar e adaptar o sistema automotivo às tendências socioeconômicas, reguladoras e tecnológicas. O lançamento de tecnologias de baixa emissão e o redesenho dos sistemas de produção certamente ajudarão a formar uma indústria mais sustentável, baseada em novos conceitos de carros, materiais e tecnologias associadas. Entretanto a IVS somente poderá ser criada se os padrões de utilização também forem repensados. A razão é simples: as ineficiências embutidas na utilização dos carros são ainda maiores do que aquelas intrínsecas aos veículos propriamente ditos, assim como aos seus sistemas produtivos. Durante o uso, a maioria dos carros permanece ociosa por mais de 90 por cento do tempo e, quando em funcionamento, sua baixa de taxa de ocupação (1,2 pessoa por veículo) significa que são severamente subutilizados. Em termos da ciência de administração – logística em particular – tais ineficiências na utilização do automóvel representam um grande potencial para o aperfeiçoamento do sistema. Em linguagem empresarial, as ineficiências intrínsecas ao sistema automotivo significam gigantescas oportunidades de mercado, marginalmente exploradas ou simplesmente negligenciadas.

A INOVAÇÃO DE VALOR SUSTENTÁVEL NA MOBILIDADE: SISTEMAS MAIS VERDES

La Rochelle é uma cidade histórica na costa ocidental da França, muito conhecida por suas credenciais ecológicas. Em particular, La Rochelle tem uma longa tradição de experimentos com VEs que datam da década de 70. O esquema Liselec é um programa relativamente recente ainda operacional em La Rochelle, que teve início em 1997. A frota Liselec consiste em 50 carros (*Peugeot 106, Citroën Saxo, Berlingo* e *Gem* convertidos em VEs) distribuídos em sete estações pela cidade. Para dirigir um carro elétrico sob o esquema Liselec, os clientes pagam uma pequena taxa de associação e um preço por quilômetro dirigido. Os carros estão disponíveis a qualquer hora do dia ou da noite, para pequenas viagens ou para um fim de semana inteiro. Os carros são acessados através de um cartão de associado e um código pessoal, e o espaço para estacionamento é gratuito em determinadas áreas da cidade reservadas para VEs.[57]

Liselec é um caso exemplar de *station cars* (também conhecidos como *city cars*) que possui elevada aceitação pública. O sistema La Rochelle foi concebido para complementar o sistema de transporte público da cidade. Os carros são usados preferencialmente para viagens pequenas em uma direção, para chegada e saída de grandes estações de transporte (trens, ônibus, *ferries* etc.), assim como em áreas não servidas pelo transporte público. Como a Liselec sugere, as prefeituras normalmente são as proprietárias dos carros de estação, o que significa que eles podem ser considerados transporte público individualizado. Em outras palavras, diferentemente de veículos de transporte de massa, nos quais várias pessoas embarcam ao mesmo tempo em um ônibus ou trem, os *station cars* são propriedade pública usados por um ou alguns indivíduos de cada vez.

Os veículos elétricos têm sido preferidos como *station cars* porque são de emissão zero, uma vantagem importante para uso nos centros das cidades. Entretanto, o custo é outro motivo para a escolha: os VEs têm em média somente vinte por cento dos componentes de um carro tradicional de MCI, o que resulta em menores custos de manutenção e maior tempo de vida útil. Os custos foram, de fato, um motivador-chave para as empresas ferroviárias lançarem programas de *station cars* em meados da década de 90, tentando evitar os custos elevados de construção de infraestrutura de estacionamento. As empresas de eletricidade também se envolveram porque viam os VEs como novos consumidores, e os reguladores apoiaram o sistema porque o viam como um meio de reduzir o trânsito e a poluição do ar no centro das cidades.

O projeto de demonstração da Bay Area criado pelo Distrito de Trânsito Rápido da Área da Baía de São Francisco (Bay Area Rapid Transit District – BART) é um bom exemplo de programa desse tipo lançado em meados da década de 90 (coincidentemente, entre 1995 e 1998, 40 protótipos do automóvel *Think*, mencionado no Capítulo 1, foram usados no projeto). Como muitos outros programas, o BART teve resultados mistos.[58] Entre as barreiras para aumentar a escala da experiência estavam as competências de logística necessárias para a administração de tais sistemas, o elevado preço de aquisição dos VEs e os custos necessários para atender uma quantidade relativamente pequena de usuários.

Em geral, o que os empreendimentos de *station cars* nos dizem? Para os cínicos, os fracassos são suficientes para convencê-los de que o sistema simplesmente não funciona. Outros podem enxergar um quadro diferente. Embora marginal, esses sistemas indicam um potencial de mercado não explorado, situado entre os extremos do automóvel privado e do transporte público, mostrado na Figura 7.2. Basicamente, as formas dominantes de mobilidade terrestre estão situadas nos quadrantes Q1 e Q3. Praticamente todo veículo para mobilidade individual ou personalizada[59] é de propriedade privada (Q1) e a vasta maioria dos veículos para uso compartilhado/coletivo é de propriedade pública (Q3). As empresas de aluguel de carros e os táxis são exemplos de veículos de propriedade privada que são sequencialmente compartilhados entre diversos usuários (Q2). Apesar dessa opção estar amplamente disponível na maior parte dos centros urbanos, quando comparada com o tamanho e o escopo de Q1 e Q3, ainda representa uma porção muito pequena dos veículos em circulação. Portanto, afora os táxis tradicionais e as empresas de aluguel, outros tipos de motorização individualizada, como *station cars* (Q2) e compartilhamento de automóveis (*car-sharing* – Q4), são marginais, na melhor das hipóteses.

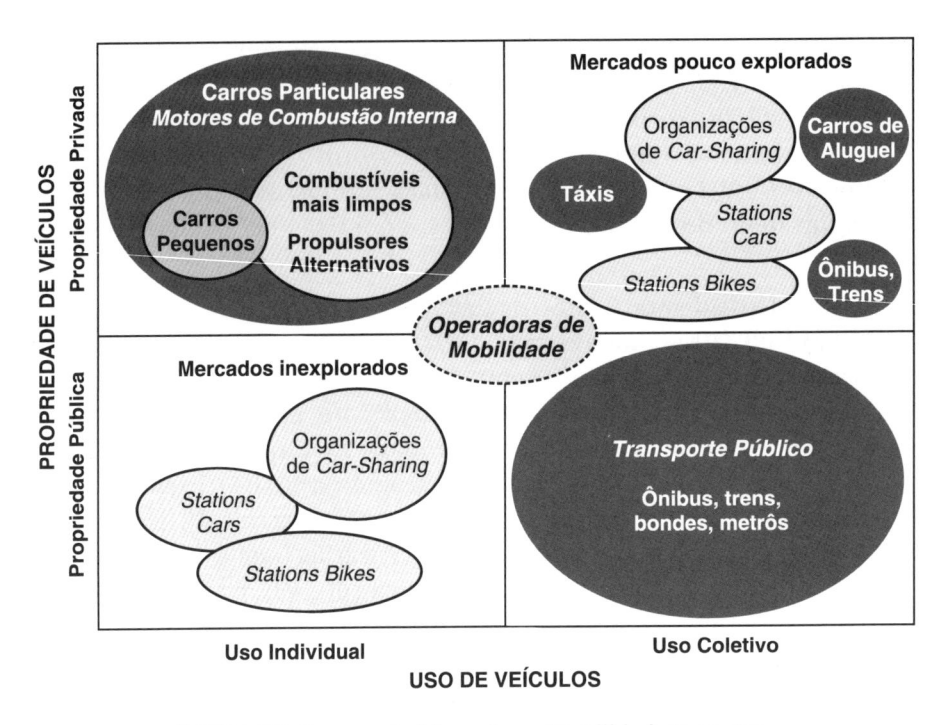

FIGURA 7.2 **Espaços de Mercado na Mobilidade Terrestre.**

Os círculos mais claros na figura ilustram o escopo (e a presença marginal no mercado atual) das tecnologias de motorização alternativa dentro do modelo dominante de propriedade privada do automóvel (Q1), assim como as alternativas para a motorização individual que não dependem da propriedade privada dos veículos (Q2 e Q4). Quando comparados com o tamanho da tradicional propriedade privada de carros – na ordem de centenas de milhões – as organizações de *car-sharing* (OCSs) e os *station cars* representam apenas uma pequena fração do mercado para automóveis. As operadoras de mobilidade também estão representadas na interseção dos quatro quadrantes. Esses novos empreendimentos podem facilitar a transição para uma mobilidade mais sustentável, como o caso da Better Place discutido na seção seguinte sugere.

Uma breve observação da figura pode suscitar uma pergunta simples: o que explica a presença marginal de modos alternativos de mobilidade individual nos Quadrantes 2 e 4? Por que as montadoras ainda não entraram nesse mercado? Sociólogos, historiadores de tecnologia e economistas evolucionários apresentam respostas muito sofisticadas, que normalmente se relacionam com a inovação social e de sistema.[60] Do ponto de vista da administração, entretanto, a resposta tem a ver com as economias de escala na produção, assim como com a divisão histórica entre os domínios público e privado.

Com relação ao primeiro ponto, as seções anteriores deste capítulo parcialmente explicaram as razões para a indústria automobilística ter se focado no mercado da propriedade privada do automóvel. Afinal, durante a maior parte do Século XX, grandes mercados estavam disponíveis para carros particulares, que se expandiam em conjunto com a afluência econômica das sociedades. A situação era parcialmente reforçada pela diferença nos papéis que os negócios e os governos deviam desempenhar.

Em países democráticos, o transporte público de massa é de responsabilidade dos governos, enquanto a mobilidade motorizada pessoal é, principalmente, feita via propriedade privada do carro. Mesmo em sociedades comunistas, essa distinção se aplica parcialmente. O uso exclusivo de veículos tem sido historicamente um privilégio econômico ou político de poucos. De acordo com esta lógica, as montadoras cuidavam de seus negócios fornecendo veículos para proprietários particulares (incluindo proprietários de negócios, como é o caso das frotas de carros).

As respostas também repousam, parcialmente, nos materiais, nas tecnologias de produção e no modelo de negócios adotado pelas montadoras, destacados nas seções anteriores. Ao focar nos grandes mercados inexplorados de propriedade privada de automóveis, as montadoras podem ter considerado os *station cars* e as OCS como mercados marginais que não valiam o esforço. Afinal, se eles podiam vender milhões de carros privados em todo o mundo, por que se preocupar com volumes marginais para frotas de OCSs?

Ainda mais central é o fato de que a proliferação de OCSs pode ir contra a lógica do negócio atual de automóveis: vender tantos carros quanto possível. Por que os fabricantes de automóveis deveriam incentivar o compartilhamento de carros se, no final, o sucesso dessas organizações de *car sharing* poderia diminuir as vendas de carros novos, resultando em taxas mais baixas de propriedade privada de veículos? Se a lógica de gerar renda a partir da venda de carros dá resultado, então não podemos culpar as montadoras por ignorarem os espaços de mercado representados pelos Quadrantes 2 e 4 na Figura 7.2. Eles estavam apenas focados no que fazia sentido para o negócio deles – ao menos no passado.

Nas palavras de Clayton Christensen,[61] esse é um clássico dilema do inovador: "As decisões lógicas e competentes da gestão que são críticas para o sucesso das empresas também são as razões pelas quais elas perdem suas posições de liderança." As decisões administrativas e os conceitos herdados do passado impõem um conjunto específico de tecnologias de produção, influenciando significativamente tanto a lucratividade do negócio como o desempenho ambiental dos automóveis.

Assim, para as montadoras se alinharem com as tendências sociais emergentes, seria necessário eliminar não apenas as ineficiências intrínsecas aos próprios veículos e aos seus sistemas produtivos, mas também aquelas associadas à sua utilização.[62] Para isso, os fabricantes de automóveis terão que utilizar um conjunto mais diversificado de modelos de negócios que irão lhes permitir obter receitas de fontes pouco exploradas atualmente. Eles precisam se mover com urgência para espaços de mercado inexplorados por uma razão muito prática: como os casos seguintes sugerem, se não fizerem, outros farão.

Estratégias IVS dentro da propriedade privada de automóveis: *operadores de mobilidade*[63]

Durante o outono de 2007, Shai Agassi, o antigo garoto prodígio da empresa SAP AG e membro dos Jovens Líderes Globais do Fórum Econômico, levantou US$ 200 milhões em capital de risco para sua empresa iniciante chamada Better Place, um recorde para uma iniciante em tecnologia limpa (*cleantech*). No início de 2008, a Better Place estabeleceu uma parceria entre o Estado de Israel e a Renault-Nissan para iniciar o lançamento em massa de veículos elétricos. Israel havia se comprometido a implantar uma política fiscal adequada para se tornar a primeira nação industrializada a reduzir substancialmente sua dependência do petróleo para o transporte motorizado. Israel serve como banco de testes para aplicações em outros lugares, principalmente perímetros urbanos densamente povoados, que Agassi chama de ilhas de transporte. O modelo irá se expandir no futuro para incluir países de transporte e continentes de transporte. Em Israel, por exemplo, mais de 90 por cento da população dirigem menos de 70 km/dia, e os principais centros urbanos estão separados por menos de 150 km. Como os VEs podem percorrer mais de 100 km sem recarga, Israel apresenta as condições ideais para a troca de carros a gasolina para VEs. Em 2009 a Better Place Israel começou a testar o sistema com 50 carros e 1.000 locais de recarga.

A Better Place tem objetivos muito ambiciosos. A meta é ter milhares de VEs nas estradas, apoiados por pontos de recarga e postos de troca de baterias. Além de Israel, na primavera europeia de 2008, a Better Place montou uma parceria na Dinamarca, um país com distâncias de percurso semelhantemente curtas e áreas urbanas densamente povoadas. Em outubro de 2008, a empresa assinou um acordo com o governo australiano e estava em negociações com diversos outros países.

A Better Place ataca os dois problemas mais críticos para a difusão dos VEs: a infraestrutura e o custo das baterias. Em termos de infraestrutura, cobrir Israel com pontos de recarga e estações de troca de baterias permitirá que os usuários tenham cobertura para recarga de seus veículos elétricos aonde quer que forem. Semelhantemente às operadoras de telefones móveis que instalam torres de transmissão, a Better Place disponibilizará a infraestrutura de recarga para os proprietários de VEs que subscreverem pacotes de adesão. Os clientes compram mobilidade/quilômetros como os clientes de celulares compram minutos de conversação da operadora de telefonia. A Better Place equipará todos os carros com um computador de bordo que parece com um GPS (Global Positioning System). O centro de controle ajudará o motorista a se conectar com postos de recarga, verificar a carga da bateria, assim como programar trocas da mesma.

Com os custos da bateria girando em torno de US$ 11.000[64] os VEs são caros demais para serem pagos à vista. Mesmo se os consumidores puderem recuperar seu dinheiro sob a forma de custos reduzidos de combustível ao longo do ciclo de vida do carro, no passado eles não demonstraram disposição para fazê-lo porque o tempo de retorno do investimento é incerto. Para superar esse problema, em Israel os clientes da Better Place poderão comprar os carros de qualquer distribuidor de veículos elétricos, e então inscrever-se na Better Place para o serviço. O cliente será proprietário do carro, mas as baterias serão propriedade da Better Place. Dessa forma, o custo inicial do pacote de baterias e o valor do risco residual, tipicamente considerados altos demais pelos consumidores, serão arcados pela Better Place. Para minimizar seus próprios riscos, no entanto, a Better Place estabeleceu parcerias com fabricantes de baterias, como a Automotive Energy Supply Corporation (AESC) e a A123. Em conjunto, espera-se que elas consigam enfrentar os desafios da eventual escassez de baterias e outros fatores relacionados à tecnologia do íon de lítio.[65]

A empresa de Agassi apresenta um modelo de negócio radicalmente inovador. A Better Place venderá VEs da mesmo forma que as empresas de telecomunicações vendem telefones móveis. A empresa espera vender carros por um valor inferior ao seu custo – desde que os clientes subscrevam planos de serviço de mobilidade de longo prazo, que inclui um número definido de quilômetros (por exemplo, 10.000 km por ano), recarga e trocas de baterias e assistência remota para encontrar estacionamento, entre outros serviços. Se os consumidores assinarem um contrato de serviço de longo prazo, a empresa de Agassi espera oferecer um carro a preço mais acessível, em comparação com os automóveis atuais de motores de combustão interna. A ideia básica é que dirigir um VE deve ser mais barato do que um carro convencional a gasolina, sem prejuízo de conforto ou conveniência. Em outras palavras, a proposta de valor dos VEs deve ser superior à de um carro a MCI. Os primeiros a adotarem o sistema terão apenas um modelo de carro disponível (Renault-Nissan), antes que a indústria automobilística se reequipe para a produção em massa de VEs.

A Better Place tem como alvo principal o mercado tradicional dos motoristas de carros particulares, o que pode transformar o transporte sustentável em uma realidade. De acordo com Agassi, afastar-se da dependência do petróleo na motorização individual exige pensar em termos de quilômetros, em vez de nos carros *per se*. O total de quilômetros dirigido em um ano pelas populações de Israel e da Dinamarca mostra um padrão muito interessante de mercado. Cerca de 25 por cento dos carros rodam mais do que 25.000 km/ano, sendo responsáveis por 66 por cento tanto dos quilômetros percorridos como da gasolina consumida no país (esses são os motoristas frequentes). Por outro lado, cerca de 40 por cento dos carros são dirigidos por menos de 10.000 km/ano, respondendo por menos de 10 por cento do uso de gasolina no país (esses são os motoristas marginais).[66] De acordo com a Better Place, essas conclusões podem ser extrapoladas para a maioria das ilhas de transporte nos países industrializados, assim como em várias áreas de economias emergentes. Portanto, o foco nos usuários marginais seria de pouca utilidade para reduzir o consumo de petróleo para a motorização individual. Por outro lado, ao trocarem para VEs, os motoristas que dirigem mais de 25.000 km por ano podem fazer uma grande diferença em termos de redução de emissões de CO_2 e, ao mesmo tempo, tornarem-se o grupo de clientes mais lucrativo para a Better Place.

Apesar de ser uma proposta de negócio bem pensada, que recebeu US$ 200 milhões em capital de risco inicial (o banco HSBC adicionou US$ 350 milhões em 2010), a Better Place ainda enfrenta grandes desafios. Um deles é a falta de padronização. Atualmente, existe um elevado grau de padronização para reabastecer qualquer tipo de carro com propulsão a MCI. Os veículos com propulsão a diesel, gasolina, etanol e até gás natural podem ser reabastecidos em qualquer posto de abastecimento sem dificuldades, simplesmente porque os carros e os sistemas de reabastecimento são compatíveis. A difusão dos VEs requer uma padronização semelhante. Para o sistema da Better Place funcionar de maneira otimizada, o pacote de baterias deveria ser localizado no mesmo lugar em todos os carros, para que possam ser trocados rapidamente e com segurança por sistemas automatizados. Outro componente que exige padronização é a tomada de recarga. A Better Place está trabalhando para que sejam adotadas normas globais.

Um desafio mais amplo é o risco geral de execução, que inclui o lançamento e a expansão simultânea do empreendimento em vários países. Apesar da ideia original ter sido de desenvolver e testar o funcionamento do sistema em Israel e somente depois lançar em outros países, o sucesso da proposta de Agassi levou a Better Place para várias frentes em um curto espaço de tempo. A execução do modelo de negócio e o desenvolvimento do sistema operacional têm sido feitos em paralelo, enquanto a Better Place estende sua presença em vários países. Embora a Better Place não tente influenciar políticas e regulamentações governamentais, a empresa favorece contextos que apoiem sua missão e estratégia. Essa abordagem tem resultado em colaborações com diversos governos que apoiam a adoção de VEs e a construção de infraestrutura de recarga. Por exemplo, ao instituírem impostos sobre os carros movidos a MCI, os governos de Israel e da Dinamarca tornaram o contexto muito mais favorável para a adoção dos VEs.[67]

A volatilidade dos mercados financeiros globais após a crise de 2008 pode reduzir a disponibilidade de capital de risco. Não obstante, a Better Place continua otimista. A empresa não acredita que a crise financeira afete negativamente o desenvolvimento de seu negócio. Nos anos vindouros, os governos continuarão a buscar alternativas viáveis ao petróleo caro e poluidor para o transporte, e a Better Place é parte da solução. Afinal, o modelo de negócio radicalmente inovador e os preços mais elevados do petróleo aumentam a probabilidade de sucesso do projeto do VE. Se a Better Place conseguir fazê-lo, ela irá romper a longa linha de tentativas malsucedidas de comercializar VEs em massa.

Como em qualquer outro empreendimento, a Better Place também enfrenta riscos de fracasso. Entretanto, independentemente de seu sucesso futuro, o debate provocado pelo projeto de Agassi já apresentou os elementos centrais necessários para as sociedades se afastarem da dependência do petróleo para a motorização individual: novas propostas de valor e novos modelos de negócio. Afora quaisquer dificuldades eventuais que a Better Place possa encontrar para viabilizar o negócio nos anos futuros (e são tantos!), o empreendimento já evidenciou que soluções práticas para a mobilidade sustentável não dependem de revoluções tecnológicas. Ao contrário, as soluções estão ligadas a uma abordagem sistêmica. A comercialização em massa de VEs tem menos a ver com a tecnologia intrínseca ao veículo e à bateria e mais com os sistemas de apoio. Se a maior parte das viagens pela maioria dos motoristas requer um alcance inferior àquele que os VEs oferecem atualmente, o problema principal não é a autonomia, mas uma estrutura confiável de recarga para os motoristas se sentirem confiantes de que não ficarão na mão. Afinal, não é a autonomia de 500 km que faz as pessoas comprarem carros movidos a gasolina, mas a certeza de que postos de gasolina estarão disponíveis para o reabastecimento.

Assim, a conclusão de que antes de vender os VEs é necessário ter a infraestrutura disponível não deveria surpreender ninguém. Entretanto, ao longo da maior parte da história da indústria de automóveis, as montadoras têm se posicionado somente como fornecedoras de carros, transferindo a responsabilidade da instalação da infraestrutura de recarga dos VEs para os governos ou para as empresas fornecedoras de energia. Enquanto o petróleo foi abundante e barato, esse posicionamento funcionou simplesmente porque a camaradagem com as empresas de petróleo surgiu com a invenção do automóvel.[68] Entretanto, se no passado recente esse posicionamento serviu aos interesses das montadoras, pode não atender mais às necessidades de hoje.

A Better Place sugere que, à semelhança do que acontece com a cadeia de valor dos veículos automotores atuais, as principais receitas da motorização elétrica não serão apropriadas pelos fabricantes de automóveis. Como argumentado antes neste capítulo, o novo mercado para os VEs pode não representar uma solução para as dificuldades enfrentadas pelas grandes montadoras.

Em primeiro lugar, a tração elétrica expõe os problemas do peso do veículo, atualmente obscurecido pela potência fornecida pela gasolina, diesel ou mesmo o etanol. VEs pesados, feitos com carrocerias de aço, podem ser aceitáveis enquanto a concorrência ainda é incipiente. Todavia, o desempenho do veículo dependerá, cada vez mais, do uso de materiais leves para a estrutura e painéis, tais como alumínio e a fibra de carbono.

Segundo, como aconteceu com uma grande quantidade de telefones celulares, o mercado para os planos de VEs, como os propostos pela Better Place, pode forçar a transformação dos veículos em *commodities*, reduzindo seus preços. Apesar de sempre haver escopo para marcas de luxo permanecerem em seus domínios – com motorização elétrica ou qualquer outra –, o emergente mercado de VEs pode se assemelhar muito à atual realidade de mercado: margens extremamente reduzidas na maior parte dos segmentos.

Finalmente, não há dúvida de que a Better Place é uma Inovação de Valor Sustentável dentro do modelo dominante da propriedade privada de carro. O plano de negócios de operador de mobilidade aumenta o valor para os consumidores a custos menores (lucros privados) e, ao mesmo tempo, reduz as emissões gerais de CO_2 no transporte (benefícios públicos). Ao subscreverem um plano de mobilidade de 4-6 anos, os clientes pagarão menos pelo carro à vista. Durante o uso, eles gastarão o mesmo montante ou menos por quilômetro usando eletricidade do que atualmente gastam com gasolina. Usando a lógica adotada pela empresa, uma redução do montante total de emissões de CO_2 em mobilidade exige que os motoristas frequentes se convertam para os VEs. Eles representam mais de 60 por cento do total de emissões do setor e, assim, são peças centrais no quebra-cabeça da mobilidade sustentável. Mas eles não estão sozinhos. A pesquisa conduzida pela Better Place mostrou outro fato interessante: 40 por cento dos proprietários de carros dirigem menos de 10.000 km por ano. Considerando que o ponto de equilíbrio da propriedade privada de automóvel se situa entre 15.000 e 18.000 km/ano,[69] isso significa que 40 por cento dos motoristas estão simplesmente pagando demais pela mobilidade individual. Esta informação sugere que formas alternativas de motorização individual podem proporcionar um melhor custo-benefício. Mais importante, aqui é onde um dos exemplos clássicos dos Sistemas de Produto-Serviço (SPS), discutido no Capítulo 6, se torna central não apenas para reduzir o impacto ambiental da motorização mas, eventualmente, para solucionar (alguns dos) problemas econômicos das montadoras de automóveis.

Estratégias IVS além da propriedade privada de carros: sistemas de serviço de mobilidade

Mobility, uma empresa suíça, é uma das mais bem-sucedidas Organizações de *Car-Sharing* (OCS) do mundo.[70] A empresa foi criada pela união de duas pequenas[71] cooperativas de compartilhamento de carros, fundadas em 1987 nas áreas de idioma alemão da Suíça. Economias de custo e proteção ambiental foram os principais motivadores dos pequenos grupos de vizinhos para fundar as cooperativas. Eles nem poderiam imaginar que 20 anos depois a organização teria 80.000 membros e uma frota de 2.000 carros distribuídos entre os 1.050 pontos de estacionamento na Suíça.

Car-sharing não deve ser confundido com *car-pooling*, no qual o veículo é simultaneamente compartilhado por algumas pessoas. Clientes de uma OCS, por outro lado, usam o veículo em turnos, sequencialmente. Os clientes da Mobility, por exemplo, podem escolher entre uma ampla gama de veículos, do *Fiat Panda* ao *Alfa Romeo* e minivans, para usar os carros sozinhos, de acordo com suas necessidades. Os membros pagam uma taxa mensal e uma tarifa para usar os veículos, que inclui a gasolina e as áreas de estacionamento que não pertencem à Mobility. A taxa inclui a manutenção e o seguro para os carros e os passageiros. O uso do sistema é bastante simples: os membros reservam o carro através da Internet ou do telefone e o pegam na área de estacionamento onde o carro deverá estar disponível na hora combinada. Todos os veículos são equipados com um computador de bordo, que abre as portas quando o cartão de sócio é passado por um local no para-brisa. Uma vez que o carro esteja aberto, o usuário acessa as chaves e o dirige,[72] que é normalmente uma viagem de ida e volta (isto é, de volta à mesma área de estacionamento). O acesso fácil aos veículos, que estão normalmente estacionados próximos a estações de trem, aeroportos e áreas residenciais, certamente contribuiu para o sucesso, mas a Mobility também possui um serviço de atendimento ao cliente 24/7 que o ajuda a encontrar o carro que deseja, onde ele o necessita, em qualquer dia do ano.

A Mobility não é um caso isolado. Existe uma grande quantidade de OCSs menores, distribuídas pela maioria dos países da UE e pela Ásia. Curiosamente, entretanto, a maior empresa do mundo em compartilhamento de automóveis é um empreendimento americano bem mais jovem. A Zipcar foi fundada em 1999 por dois americanos que tiveram a ideia enquanto estavam de férias em Berlim. Em menos de dez anos, a Zipcar cresceu para 250.000 membros em 50 localizações nos Estados Unidos, Canadá e Reino Unido (U.K.), possuindo mais de 5.000 veículos. E o que é interessante, a maior parte desse crescimento ocorreu bem recentemente, entre 2006 e 2008. A Zipcar opera de maneira semelhante à Mobility. Os membros pagam uma taxa anual ou mensal, assim como pelo tempo de usar o carro. Mas, diferente da Mobility, o combustível, o estacionamento e o seguro do carro estão incluídos no preço da Zipcar, que depende do local. Em cidades como Nova York, os preços são mais altos do que em cidades do interior. Como ocorre com empresas de aluguel de carros, os clientes de *car-sharing* escolhem o carro que desejam dirigir. A seleção da Zipcar inclui *Mini Coopers*, *BMWs* e *pick-ups*. Possivelmente, esta é uma das razões pelas quais 30 por cento dos membros da Zipcar terem vendido seus veículos particulares, ou deixado de comprar um carro novo após terem se tornado membros.[73] Quando comparados com a propriedade privada de carros, os serviços de *car-sharing* dão aos clientes a possibilidade de possuírem diversos carros a custos reduzidos. Essa proposta de valor pode agradar a segmentos específicos de proprietários de automóveis, assim como a pessoas que ainda não possuem um carro.

Os cínicos podem indagar: se existem benefícios econômicos e ambientais com o *car-sharing*, por que esses sistemas continuam sendo marginais? Por que as montadoras têm, historicamente, negligenciado esses espaços do mercado? Algumas tendências emergentes deveriam ser suficientes para explicar por que as OCSs têm uma melhor chance agora. Elas são: a tendência na direção do ambientalismo em um mundo com restrições ao carbono, como explicado nos Capítulos 3 e 4; preços de petróleo mais elevados, ou a aproximação do pico do petróleo[74]; e a Responsabilidade Social Empresarial (RSE).[75] De acordo com Kim e Mauborgne tendências são cruciais no processo de criação de Oceanos Azuis (Caminho 6: olhe através do tempo)[76] porque elas são irreversíveis, possuem uma trajetória clara e, assim, são decisivas para o negócio (automobilístico). Além da importância da observação de tendências, existem cinco caminhos adicionais que os administradores podem seguir para reconstruir os limites do mercado. Como esses caminhos também indicam a inovação potencial de valor para a indústria de autos, eles também podem ser os primeiros passos na direção da identificação de estratégias de IVS. Portanto, nesta seção e nas seguintes, esses caminhos são brevemente mencionados (entre parênteses) para sugerir o potencial de criação de novos espaços de mercado no campo da mobilidade individual motorizada.

Os sistemas de *car-sharing* preenchem uma lacuna entre táxis, que são usados normalmente para viagens curtas e que requerem menos de uma hora, e carros de aluguel, que são normalmente alugados por períodos de 1 a 7 dias (veja Q2 na Figura 7.2). Enquanto entrar em um táxi não exige qualquer burocracia, alugar um carro normalmente envolve o preenchimento de formulários, e procedimentos administrativos tanto para receber o carro quanto para devolvê-lo. Além disso, diferentemente dos táxis, que normalmente apanham o cliente, os clientes das empresas de aluguel de carro normalmente precisam ir até uma das poucas áreas de estacionamento para acessar o veículo. Essas inconveniências motivam os usuários a alugar automóveis por um mínimo de dois dias, em vez de apenas algumas horas.

Assim, para aqueles que necessitam de transporte por mais de uma hora (táxi) e menos de dois dias (aluguel de carro), *station cars* e *car-sharing* seriam as opções com melhor custo/benefício – se estivessem disponíveis. O problema é que atualmente os *station cars* e as OCSs são tão marginais, quando comparados com o tamanho do mercado de carros particulares, que poucos de nós sequer sabemos que existem. Embora ainda marginalmente, elas estão gradualmente emergindo em muitas partes do mundo. E se as tendências significam alguma coisa, em breve o compartilhamento de carros irá sair da marginalidade para se tornar um negócio importante. Entre 1998 e 2006, o negócio de *car-sharing* cresceu exponencialmente, atingindo 350.000 membros ao redor do mundo em 2006.[77] Apesar dos números serem comparativamente pequenos, eles certamente não são irrelevantes como tendência de mercado (observe o Caminho 1 do Oceano Azul: examine indústrias alternativas. *Car-sharing* pode ser uma indústria alternativa para as montadoras).

Aqueles que tiveram a oportunidade de experimentar os sistemas de *car-sharing* têm alguns aspectos a destacar: eles apreciam a transparência dos custos de viagem e sua contribuição para limitar o congestionamento do trânsito.[78] Para aqueles que, previamente, não eram usuários de carros, a associação a uma organização de *car-sharing* certamente soma à quilometragem total dos carros, mas o aumento é apenas uma fração da redução de aproximadamente 40 por cento da quilometragem de proprietários de automóveis privados que se associam a uma OCS. Se considerarmos apenas os custos de possuir um carro, o potencial para o *car-sharing* é incrivelmente elevado. Alguns estudos[79] calculam o ponto de equilíbrio para a propriedade de automóvel entre 15.000 e 18.000 km/ano, o que significa que 70 por cento dos proprietários de automóveis iriam economizar dinheiro ao mudarem para o *car-sharing*.

Ainda mais evidentes são as economias para cerca de 40 por cento dos usuários de automóveis que dirigem menos de 10.000 km/ano.[80] Entretanto, essa premissa não considera os benefícios não financeiros da propriedade privada de um carro, como o prestígio, acentuação da identidade e acessibilidade imediata ao veículo. Quando considerados os aspectos não financeiros, o potencial para o *car-sharing* diminui substancialmente para cerca de 10 por cento. Esses números, entretanto, devem ser colocados em perspectiva. Os aspectos emocionais e funcionais do *car-sharing* podem mudar se as OCSs adotarem tecnologias de informação de apoio e se tornarem mais convenientes. Mais importante, marketing de marca pode reforçar o *status* de ser associado a uma OCS e contrabalançar o efeito simbólico tradicionalmente associado à propriedade privada de automóveis[81] (observe o Caminho 5 do Oceano Azul: "examine os desejos funcionais e emocionais dos compradores". Pelo menos parte do apelo emocional vinculado à propriedade privada de automóveis pode mudar para as OCSs).

Quando consideramos as tendências relativas às exigências para reduzir a emissão de carbono, os preços do petróleo crescentemente mais elevados e a solução para as necessidades das classes menos privilegiadas, a viabilidade econômica de muitas montadoras se mostra cada vez mais problemática. A criação de riqueza e o atendimento simultâneo das demandas por um mundo melhor significam apenas uma coisa para a indústria automobilística: uma mudança gradual de produtos para serviços. Qualquer que seja o ângulo pelo qual olhemos, a gradual evolução para prestação de serviços parece ser a única solução de longo prazo para o setor; as OCSs podem representar a melhor oportunidade para elas iniciarem uma correção de curso. Ao empreenderem esse (relativamente) inexplorado espaço de mercado, as montadoras poderão simultaneamente atender as demandas ambientais, reguladoras e mercadológicas. Em outras palavras, elas podem criar IVS.

Considere os espaços de mercado para as OCSs em países altamente industrializados. Mesmo se apenas 10 por cento dos atuais proprietários de automóveis desejassem se tornar membros de uma OCS, como alguns estudos têm sugerido,[82] o mercado global ainda seria da ordem de milhões de clientes. Os pioneiros na adoção da OCS podem ser os atuais proprietários de automóveis que estão na faixa inferior do mercado – aqueles para quem o custo de ter um carro é consideravelmente elevado. Nas economias emergentes, esse cenário é ainda mais crucial, pois o transporte motorizado é um luxo que muitos atuais proprietários de automóveis mal podem se permitir. Essas pessoas possuem dinheiro suficiente para ter seus carros, mas apenas isto. Elas estão potencialmente dispostas a mudança porque são suscetíveis a uma nova proposição de valor (observe o Caminho 2 do Oceano Azul: "verifique os grupos estratégicos dentro das indústrias". À medida que as OCSs se tornam mais profissionais e convenientes, uma parte dos usuários atuais de automóveis nos segmentos inferiores do mercado pode mudar para o *car-sharing*).

Quando consideramos os não clientes, aqueles que podem apenas aspirar ao transporte individualizado, a quantidade pode multiplicar-se para a ordem de centenas de milhões.[83] Em um mundo no qual as únicas escolhas para a automobilidade são o transporte coletivo, que pode estar lotado, sujo e com odor desagradável, ou o conforto de dirigir um carro particular, não há necessidade de se perguntar por que as pessoas desejam possuir um automóvel. O acesso à motorização individual, entretanto, não significa, automaticamente, a propriedade privada de um automóvel. Somente porque as escolhas disponíveis para a maioria dos consumidores são restritas aos extremos – propriedade individual do carro ou transporte público coletivo (Qs 1 e 3 na Figura 7.2) – é que elas escolhem uma delas. A propriedade veicular é apenas uma forma de mobilidade individualizada. Pelo menos para os atuais proprietários de carros nos segmentos inferiores do mercado e para os usuários de transporte público que estão próximos de conseguir ter um carro particular (não-clientes), os sistemas de *car-sharing* e de *station cars* podem satisfazer suas necessidades a um custo muito menor do que a propriedade privada individual (observe a lógica do Oceano Azul de se atingir mercados muito além da demanda existente, pela satisfação das necessidades dos não-clientes[84]).

A existência empírica de um grande número de OCSs relativamente pequenas faz do negócio um caso para mercados pouco explorados. Apesar da escala das OCSs ainda ser pequena quando comparada com a propriedade privada de carros, a proposta de valor intrínseca ao *car-sharing* constitui um exemplo real de IVS no sistema de mobilidade. Comparado com o carro particular, as OCSs proporcionam mobilidade mais barata com menores custos e impacto ambiental. A experiência com OCSs indica que seriam necessários apenas 5 por cento dos carros em circulação se os usuários de automóveis não fossem seus proprietários exclusivos.

Além disso, o *car-sharing* motiva mudanças no comportamento do motorista, reduzindo a quilometragem por pessoa. Mais importante, quando comparado com a propriedade individualizada do automóvel, a curva de valor do *car-sharing* é claramente diferenciada. A Figura 7.3 apresenta a tela estratégica do *car-sharing* em relação ao *Prius*, o sedã híbrido da Toyota, mencionado anteriormente, assim como o *Nano*, atualmente o carro mais barato do mercado, lançado pelo grupo indiano Tata no início de 2008.

A associação ao *car-sharing* elimina o custo como a compra do carro para o usuário, além de reduzir os custos associados a sua propriedade, como o seguro, a manutenção e a depreciação. Em tempos de dificuldades de crédito, como o ocorrido a partir da crise financeira iniciada em 2008, a eliminação dos custos de aquisição é certamente interessante para um grande segmento de consumidores que dependem de crédito para a compra do automóvel. A redução substancial nos custos de propriedade é certamente uma vantagem adicional. Por outro lado, devido ao fato dos sedãs, em sua maioria, serem integrantes das frotas das OCSs existentes, eles representam uma notável melhoria das características gerais, quando comparados com os carros pequenos, mais bem representados pelo *Nano*, que tende a apresentar características inferiores. Obviamente, essas características representam apenas uma média, porque um grande número de modelos de carros compõe as frotas das OCSs.

Mais absoluto é o aumento no valor da assistência técnica (oferecida a qualquer momento pela OCS), na facilidade de encontrar estacionamento (as OCSs possuem múltiplas áreas de estacionamento pelas cidades) e a mudança comportamental do motorista (com uma redução na quilometragem dirigida por pessoa). No final, quando comparado com ambas as curvas de valor do *Prius* e do *Nano*, o *car-sharing* apresenta uma curva claramente diferenciada. Entretanto, enquanto a proposta de valor de uma OCS orientada para o custo possa agradar a muitos proprietários de carros nos segmentos mais baratos, representados pelo *Nano*, assim como a alguns não-clientes de carros (especialmente nas economias emergentes), esse certamente não é o caso para os proprietários de carros de luxo e de segmentos de nicho de mercado. Assim, é fundamental reconhecer que o *car-sharing* não é para todos; ele funciona para segmentos selecionados do mercado, atualmente pouco explorados.

INOVAÇÃO DE VALOR SUSTENTÁVEL

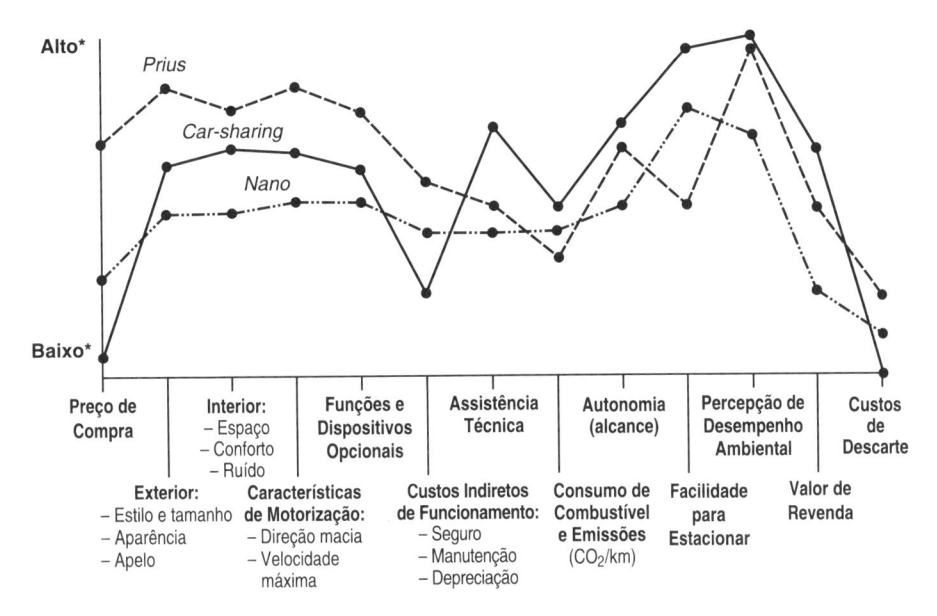

[Gráfico: Tela Estratégica comparando três curvas de valor — Prius, Car-sharing e Nano — ao longo dos seguintes atributos no eixo horizontal, com escala vertical de Baixo* a Alto*:]

- Preço de Compra
- Exterior: – Estilo e tamanho – Aparência – Apelo
- Interior: – Espaço – Conforto – Ruído
- Características de Motorização: – Direção macia – Velocidade máxima
- Funções e Dispositivos Opcionais
- Custos Indiretos de Funcionamento: – Seguro – Manutenção – Depreciação
- Assistência Técnica
- Consumo de Combustível e Emissões (CO_2/km)
- Autonomia (alcance)
- Facilidade para Estacionar
- Percepção de Desempenho Ambiental
- Valor de Revenda
- Custos de Descarte

*Valores para alto e baixo não são proporcionais ao longo do gráfico, tendo somente o objetivo de contrastar as três curvas de valor. As curvas foram inferidas pelo autor.

FIGURA 7.3 **Tela Estratégica de *Car-sharing*.**

Uma vez que pequenas OCSs operam não somente em diversos países europeus e nos Estados Unidos, mas também têm sido populares em Cingapura, Japão e China, o *business case* já está comprovado. Mas embora elas não sejam totalmente novas no mercado, quando comparadas ao tamanho gigantesco do mercado de carros particulares, o negócio de OCS é, na melhor das hipóteses, marginal. Adicionalmente, o tamanho marginal das OCSs existentes, bem como os recursos limitados disponíveis para a maioria delas, sugere que, do ponto de vista das montadoras de automóveis, este pode ser considerado um novo espaço de mercado. Assim, o argumento aqui é menos a respeito da viabilidade ou da novidade das OCSs e mais sobre o potencial de aumentar a escala do negócio para um nível que motivaria a indústria automobilística a se tornar um grande ator nesse segmento. De fato, o escopo limitado da maioria das OCSs tem sido sua principal fraqueza, afastando muitos clientes potenciais. É fácil compreender por quê. Se você está comprando a conveniência de um sistema, você não aceita um que esteja semipronto; ou o programa que você comprou para seu computador funciona ou não; ou o carro que você precisa é facilmente acessível (a área de estacionamento é suficientemente próxima de sua casa ou alguém leva o carro até você), ou ele não irá satisfazer suas necessidades. Um sistema quase pronto com poucos carros e pontos de estacionamento e formas de reservas e controle pouco práticos não está pronto para o negócio.

Um exemplo de um sistema de mobilidade bem planejado e bem administrado é o Velib, lançado em julho de 2007 em Paris; em dezembro do mesmo ano, 1.451 estações de estacionamento e 20.600 bicicletas estavam disponíveis para o público (*station bikes*). Os números falam por si mesmos; em seu primeiro ano, foram registradas 25 milhões de viagens. O Velib foi um sucesso instantâneo porque o sistema funcionou próximo de sua eficiência ótima a partir do primeiro dia.[85] Como as estações não estão distantes mais de 300 metros umas das outras, os usuários potenciais em Paris podem encontrar uma bicicleta mais facilmente do que uma estação de metrô ou um ponto de táxi. O sucesso instantâneo do Velib é significativo porque quebra uma longa tradição de fracassos na implantação de sistemas semelhantes em cidades europeias. Mais importante, ele indica que a convergência da tecnologia de informação, ambientalismo e parcerias público-privadas tem o potencial para desencadear inovações sociais. Para os usuários do Velib, compartilhar bicicletas não é um comportamento extravagante de um *hippie* ambientalista, mas apenas uma maneira alternativa de se movimentar pela cidade. O sucesso com as bicicletas motivou os administradores públicos da cidade de Paris a estender o sistema para os VEs.[86]

A Velib serve como uma *proxi* para os *station cars* e *car-sharing*. Pense a respeito. Tendo a opção de se associar a uma OCS, você tem a conveniência de reservar um carro pela Internet ou pelo telefone, apanhá-lo e devolvê-lo sem qualquer incômodo, ou você preferirá o carro particular – mesmo se a propriedade do carro vier com custos e incômodos que você gostaria de evitar, tais como o seguro, a manutenção, a depreciação, a lavagem etc. Isto significa que, para que o negócio se torne grande, uma OCS precisa começar grande. Em cidades como Londres, Moscou ou Los Angeles, uma frota de OCSs precisa ser da ordem de centenas de milhares de carros logo em seus estágios iniciais. Os clientes precisam ter acesso a uma ampla gama de veículos, desde um VE pequeno com dois lugares, a grandes SUVs (4 × 4), carros de luxo e pequenos caminhões, a qualquer momento que o desejarem. Em outras palavras, veículos adaptados à tarefa. De segunda a sexta-feira, por exemplo, um VE para ir e voltar do trabalho pode ser adequado. Na noite de quarta-feira, talvez uma *Mercedes* movida a etanol seja o carro preferido para ir a um jantar; um SUV híbrido pode ser a melhor escolha para a família sair no final de semana. Em outras palavras, o sistema deve prover mais conveniência e valor do que um carro particular, a um custo menor.

Obviamente, a estruturação de uma organização tão complexa é uma tarefa nada fácil. Esse negócio difícil e arriscado exige não apenas consideráveis investimentos mas também competências em logística, manutenção e serviços de automóveis. Uma grande OCS não é para amadores. É por esse motivo que, se considerado seriamente, o compartilhamento de carros (*car-sharing*) pode ser o negócio certo para as montadoras de automóveis. Afinal, quem conhece melhor os automóveis e suas tecnologias associadas? Além de explorarem o potencial intrínseco da IVS em *car-sharing*, ao explorarem esse novo espaço de mercado as montadoras estariam limitando a ameaça nos novos entrantes. Como Scott Griffith, o CEO da Zipcar, a bem-sucedida empresa americana de *car-sharing* declara: "A Zipcar é mais um concorrente das montadoras de automóveis do que das empresas de aluguel de carros porque ela cria uma mudança de estilo de vida que elimina a necessidade de muitos moradores de cidades terem seus carros próprios." A mensagem parece suficientemente clara, mas somente o tempo dirá se as montadoras responderão[87] a essa ameaça emergente das OCSs com um novo modelo de automóvel ou com um novo modelo de negócio.

IVS como estratégia: o negócio de serviços finais

Para responder às demandas e às tendências emergentes para um mundo melhor, os fabricantes de veículos possuem uma ampla gama de escolhas estratégicas. Além de serem montadores de automóveis, eles podem, por exemplo, se posicionar como fabricantes de sistemas de propulsão ou até mesmo como integradores de mobilidade. Em princípio, não há nada que os force a continuarem vendendo metal moldado e soldado. Nem precisam se limitar a uma opção tecnológica específica, como no caso do conceito do monobloco de Edward Budd e a propulsão baseada no motor de combustão interna, anteriormente mencionados. Se a estratégia implica escolhas, não há escassez delas no negócio da motorização individual. As montadoras de automóveis possuem, de fato, a opção de responder às demandas dos consumidores e das regulamentações com mais do que apenas *lobby* contra legislações severas a respeito de emissões de CO_2. Em um mundo do petróleo caro e limitações ao carbono, não há necessidade de grandes descobertas tecnológicas para a indústria automobilística se tornar mais sustentável econômica e ambientalmente. O que é necessário, no entanto, é uma mudança estratégica ousada na direção da criação da IVS. Uma estratégia IVS exige que a indústria se afaste dos mercados superpovoados e foque no serviço final prestado pelos carros: mobilidade pessoal.

Os modelos de negócios podem ser estabelecidos com base em um novo modelo de receita: ao se tornarem fornecedoras de Sistemas de Serviços de Mobilidade (SSM), as montadoras podem gerar receitas durante a fase de utilização dos veículos – o segmento mais lucrativo de toda a cadeia de valor do setor. Por exemplo, ao fornecerem veículos para suas próprias frotas de *car-sharing*, uma fornecedora de SSM pode criar fontes de receita de longo prazo através das taxas de associação e de utilização dos carros, assim como um grau mais elevado de integração de sistema e, consequentemente, de barreiras de entrada ao negócio. Os benefícios ambientais associados com tais mudanças também são grandes. A mudança para a servicização do automóvel permite a desconexão entre o acesso à mobilidade individual motorizada e o crescimento da população de automóveis. Dependendo da localização e do perfil dos clientes, uma OCS pode precisar somente de 5 a 25 por cento dos carros que normalmente seriam necessários no caso da propriedade privada.

Embora contraintuitivo, esse cenário pode ter também uma implicação positiva para a montadora transformada em fornecedora de SSM. Por sua própria natureza, uma frota de OCSs precisa incluir veículos de tamanhos diferentes, com a maioria adaptada a grandes centros urbanos. Isso implica que carros com emissão pequena ou zerada irão contrabalançar as emissões dos grandes veículos de luxo. De acordo com esta lógica, seria muito mais fácil para uma OCS cumprir um regulamento que exija um desempenho médio da frota (como o proposto pela Comissão Europeia, de 130g/km) do que para uma montadora tradicional de automóveis.

Uma fornecedora de *car-sharing* possui muito maior flexibilidade para adaptar sua frota às exigências tanto dos reguladores como dos consumidores. E ainda, a frota pode ser adaptada para os atuais não clientes de automóveis nos mercados emergentes, onde um grande número de usuários poderia compartilhar carros pequenos, mais baratos e de pouca emissão de carbono. Por exemplo, com base nas atuais taxas de associação ao sistema de *car-sharing*,[88] uma frota de OCSs formada por, digamos, 50.000 automóveis *Nano* (mais outros veículos) poderia fornecer mobilidade personalizada para mais de 1 milhão de usuários em uma cidade na Índia. Em vez de disputar margens extremamente pequenas na venda de carros baratos, o grupo Tata geraria uma forte integração de sistema em torno de seu SSM. Em vez de obter apenas um tipo de receita pela venda de carros baratos, a Tata garantiria receitas a longo prazo de um número muito maior de usuários.

Quando consideramos o tripé dos benefícios econômicos, ambientais e sociais, a comoditização de um grande segmento da mobilidade motorizada individual faz mais do que sentido para os negócios: ela resulta em IVS.

A lógica de fornecimento de SSM não nega o apelo emocional ou estético dos carros. Como mencionado anteriormente, existe um escopo significativo para se continuar vendendo carros particulares para um grande número de segmentos. Afinal, como em outras indústrias, a segmentação do mercado significa que o *car-sharing* não é para todos. Entretanto, como enfatizou Clayton Christensen: "Existem diferentes tipos de tarefas que as pessoas que compram carros precisam que sejam executadas, mas somente algumas empresas atingiram esses mercados de tarefas com marcas específicas".[89]

O *car-sharing* pode ser uma forma de responder a essa crítica, pois permite que os produtores de automóveis se tornem mais especializados, mais lucrativos. Para usar uma expressão criada nos anos 80, as montadoras podem conquistar a especialização flexível.[90] Elas podem, por exemplo, reforçar o valor de uma marca específica através da especialização em alguns modelos lucrativos de veículos, adaptados ao serviço final que eles devem prestar. Adicionalmente, o *car-sharing* pode se tornar um dos vários SSM fornecidos pelas montadoras. Como fornecedoras de SSM, elas terão a flexibilidade para incluir qualquer carro na frota, incluindo aqueles fornecidos pelos concorrentes, para que a proposta de valor para os consumidores seja a maior possível.

QUANDO A INOVAÇÃO DE VALOR SUSTENTÁVEL VALE A PENA

Considerando que a estratégia IVS exige uma ruptura com as práticas tradicionais da indústria, seu lançamento é menos limitado pelo contexto do que pela competência que as empresas precisam para inovar e criar novos espaços de mercado. Afinal, se a estratégia IVS precisa de inovações substanciais no modelo de negócio, sua implantação é mais um caso de audácia administrativa do que do posicionamento da empresa dentro de um espaço competitivo existente.

Não obstante, como é o caso das anteriores quatro Estratégias Ambientais Competitivas (EAC), algumas condições específicas facilitam ou dificultam a aplicação das estratégias IVS.

Contexto

Em geral, as indústrias que apresentam grande potencial para melhorias de eficiência de sistemas são as melhores candidatas para estratégias de IVS. Como este capítulo tem explorado detalhadamente, o sistema de produção e consumo dos automóveis particulares é um exemplo, mas uma ampla gama de outros produtos funcionais pode cair nesta categoria. Alguns segmentos de mercado de produtos que cumprem uma função clara podem servir de base para a IVS. Entre eles estão diversos tipos de utensílios de escritório e domésticos, como computadores, geladeiras e aparelhos de televisão, além de outros equipamentos eletrônicos e elétricos. Em alguns casos (que necessitam de análise detalhada), as ineficiências inerentes aos sistemas de produção e consumo representam espaços de mercado que podem ser explorados com o uso de estratégias IVS.

Em décadas recentes, alguns segmentos de mercado de uma ampla gama de produtos funcionais têm sido comoditizados, com a consequente redução das margens de lucro. Para evitar guerras de preço em espaços de mercado altamente competitivos, alguns fabricantes podem preferir lançar modelos de negócios que foquem na entrega do serviço final oferecido pelos produtos. Por exemplo, um antigo fabricante de ar-condicionado pode lançar uma IVS baseada no fornecimento de conforto térmico, que pode compreender tecnologias de isolamento térmico e de arquitetura ecológica. Esse tipo de mudança dos produtos para o serviço que eles devem prestar possui o potencial de reduzir as ineficiências sistêmicas e os impactos ambientais associados, criando ao mesmo tempo valor adicional aos clientes e fontes de receitas a longo prazo para as empresas.

A maioria das indústrias candidatas às estratégias de IVS ainda estão imersas em *oceanos sangrentos*, nos quais altos níveis de rivalidade, baixas taxas de crescimento e baixas margens são a norma. Elas estão também sob *céu nublado* com as demandas sempre crescentes para redução dos impactos ambientais. Como discutido no Capítulo 6, no caso de equipamentos domésticos e eletroeletrônicos, além da competição crescente das economias emergentes, com a China na liderança, a Diretiva da União Europeia sobre os Resíduos de Equipamentos Elétricos e Eletrônicos (WEEE-2002/96/EC) está forçando os fabricantes ou importadores a recolher seus produtos no final de suas vidas úteis, sem transferir os custos para os consumidores. O resultado é uma pressão sempre crescente para cortar tanto os custos como os impactos ambientais. Para tais empresas, uma mudança na direção de um Sistema de Produto-Serviço (SPS; Product-Service System – PSS), discutida no Capítulo 6, pode ser uma solução viável para enfrentar os aspectos ambientais e de custos, que pode resultar em novos espaços de mercado para elas.

Mesmo que haja escopo para a utilização de IVS para produtos de consumo, o escopo é muito mais reduzido do que o existente para produtos funcionais. Comida industrializada, por exemplo, tenderá a se encaixar nas estratégias de marca socioambiental ou de liderança de custo ambiental, descritas nos Capítulos 5 e 6, respectivamente. A comida pode certamente ser transformada em serviço via restaurantes ou serviços de bufê mas, obviamente, não há qualquer novidade nisso. Este é também o caso para um grande número de produtos vendidos por varejistas de alimentos. Realmente, uma breve classificação de casos bem-sucedidos de Oceano Azul mostra que a grande maioria se constitui de produtos ou serviços funcionais.⁹¹ Não surpreendentemente, como uma extensão da lógica Oceano Azul, a IVS tem maiores chances de sucesso quando é possível transformar uma proposta de valor orientada para o principal serviço que um produto fornece. Esta mudança representa a assim chamada desmaterialização da economia, na qual o crescimento econômico pode ser separado da necessidade física de recursos. De alguma forma, este é um pré-requisito para a sustentabilidade ao nível da sociedade, tornando a IVS a estratégia mais bem alinhada com a sustentabilidade global.

Finalmente, um grande número de pessoas simplesmente não pode pagar pelas funções realizadas por produtos, tais como os automóveis, computadores ou máquinas de lavar roupas. Muitas delas são os não-clientes número 1 da fila simplesmente porque tais produtos ainda são caros demais para elas. Apesar de muitos desses não-clientes não estarem na base da pirâmide social, eles ainda pertencem a classes sociais desprivilegiadas, as quais têm sido negligenciadas pelos negócios que focam nas classes sociais média e alta. Para essas pessoas, a única maneira de ter acesso à mobilidade individual motorizada é através de sistemas de *car-sharing* que reduzem substancialmente o custo de acesso aos carros. Apesar das empresas ainda precisarem definir o escopo e quantificar o mercado para cada produto funcional, novos modelos de negócios podem mover a fronteira econômica e permitir que os inovadores de sistema atinjam clientes antes negligenciados. Mais significativamente, o espaço de mercado para essas classes de não-clientes é bem maior do que o atual formado por aqueles que podem pagar pelos produtos e serviços em nações desenvolvidas. Para identificar essas oportunidades de mercado e apresentar estratégias IVS, as empresas precisam desenvolver um nível saudável de autocrítica e competências para que possam alinhar suas estratégias com as demandas emergentes por um mundo melhor. É uma convocação difícil, mas viável para uns poucos corajosos.

Competências

A Inovação de Valor Sustentável (IVS) é construída sob a lógica da Estratégia do Oceano Azul (EOA). Como enfatizado anteriormente neste capítulo, um elemento-chave no processo do desenvolvimento do

Oceano Azul é de reconstruir os limites do mercado. Para fazer isso, as empresas precisam aplicar o modelo dos Seis Caminhos, que foi mencionado ao longo das últimas seções, à luz do caso da indústria automobilística. A lógica dos Seis Caminhos ajuda os administradores a identificarem novos clientes e a desenvolverem inovação de valor, que no final lhes permitirá reconstruir os limites do mercado. Como uma extensão dessa lógica, com o objetivo de identificar IVS, os administradores precisam incluir demandas socioambientais na análise. Ao seguir qualquer dos Seis Caminhos, eles precisam verificar se podem resultar em menores impactos ambientais e maiores contribuições à sociedade.

A identificação de ineficiências sistêmicas exige uma análise detalhada e – para as pessoas de dentro do negócio – desapegada das tecnologias intrínsecas ao produto, assim como em seu sistema de produção e consumo. Os líderes corporativos precisam desafiar a si mesmos, questionando-se sobre os fundamentos do negócio. Eles podem começar com uma pergunta básica: qual é o serviço final que necessita ser prestado pela empresa? A fim de responder a essa pergunta, os gestores terão que colocar de lado, ao menos por razões analíticas, todas as complexidades envolvidas no negócio atual, desde investimentos fixos irrecuperáveis, tecnologias e regulamentações, aos desejos emocionais e simbolismos dos consumidores. A pergunta irá obrigá-los a pensar sobre suas competências em prestar o serviço final tão eficientemente quanto possível, com o menor impacto ambiental e a maior contribuição para a sociedade. Esta certamente não é uma tarefa fácil. Nem existem respostas simples para as seguintes perguntas, que apontam na direção das competências que as empresas precisam ter para desenvolverem a IVS:

- Quão eficiente é o sistema de produção e consumo intrínseco aos nossos produtos e serviços?
- Podemos reduzir substancialmente as ineficiências sistêmicas, assim como os impactos ambientais associados a seus ciclos de vida através de:
    - Mudar materiais, combustíveis ou fontes de energia utilizados em nossos produtos?
    - Adaptar nossos sistemas de produção para novos materiais ou métodos de produção?

- Mudar os padrões de utilização de nossos produtos ou serviços?
- Aplicar novas propostas de valor e novos modelos de negócio?
- Mudar a forma pela qual o produto é vendido ou utilizado?
- Gerar fontes de receita na fase de utilização de nossos produtos?

- Quais são os limites de crescimento de nosso setor? Se continuarmos a fazer o que fazemos atualmente, existe um limite físico para nosso crescimento? Pode o impacto ambiental de nosso negócio ser tolerado indefinidamente?

- Quem são os não-clientes formados pelas classes socialmente desprivilegiadas? Quem estamos negligenciando com nosso modelo atual de negócio, e os consequentes custos para acessar nossos produtos e serviços?

- Qual é a contribuição direta de nosso negócio para a diminuição da pobreza? É nossa contribuição apenas indireta, através de impostos?

- A sustentabilidade global do negócio depende de grandes inovações tecnológicas? Se elas não ocorrerem, qual é o nosso plano?

CONCLUSÃO

Para apresentar a lógica inserida na Inovação de Valor Sustentável (IVS) – a quinta e última estratégia de sustentabilidade – este capítulo entrou em profundidade nos problemas econômicos e ambientais enfrentados pela indústria automobilística, assim como em potenciais soluções que levam à mobilidade sustentável. A justificativa principal da estratégia IVS está ancorada na lógica do Oceano Azul e nas demandas atuais para um mundo melhor, no qual a responsabilidade socioambiental corporativa é uma forte tendência. Como o caso da indústria de automóveis sugere, problemas drásticos exigem estratégias radicalmente inovadoras: baseadas não apenas em inovação tecnológica mas também em novas propostas de valor e novos modelos de negócios.

O capítulo indicou a necessidade de os gestores considerarem os limites de crescimento da indústria com as tecnologias atuais, ao invés de esperarem por inovações tecnológicas que possam nunca se tornar realidade. Por exemplo, no longo prazo, a tecnologia da célula de combustível a hidrogênio e o etanol a partir da celulose podem se tornar realidade para as montadoras de automóveis, mas apostar em tais tecnologias parece mais arriscado do que desenvolver uma estratégia baseada em tecnologias existentes, que requer audácia e competência administrativas.

Através da adoção de abordagens inovadoras à administração do sistema completo de atividades ao longo do ciclo de vida dos produtos, as empresas podem criar valor para clientes novos e existentes a custos econômicos e ambientais reduzidos. Para que isso ocorra, entretanto, é necessário separar as receitas financeiras da materialidade dos produtos. Ao final, as estratégias baseadas em IVS exigem habilidades para desenvolver inovações sistêmicas que possam alinhar as necessidades do negócio com a gradual desmaterialização da economia. Para quem conseguir isso, o céu estará claro por muito tempo.

8

ESTRATÉGIAS DE SUSTENTABILIDADE E ALÉM

As estratégias de sustentabilidade são escolhas disponíveis aos gestores para alinharem investimentos socioambientais com a estratégia geral da empresa. Tais investimentos são semelhantes a outros em negócios: somente alguns irão gerar lucros para a empresa. Da mesma maneira que um atleta preparado para vencer uma maratona possui poucas chances de também vencer os 100 metros rasos, uma empresa preparada para se qualificar para um selo socioambiental pode não estar pronta para competir nos mercados de biopolímeros ou se tornar a organização líder na montagem de um Clube Verde. Assim como a estratégia implica escolha, as competências adequadas exigem algum nível de especialização. As empresas possuem boas razões para gerarem benefícios públicos ao irem além das exigências legais e reduzirem os impactos ambientais de processos, produtos e serviços tanto quanto possam (estarem preparadas). Para algumas, no entanto, a possibilidade de gerar vantagem competitiva a partir da marca socioambiental, por exemplo, é mais elevada do que a partir de outras estratégias de sustentabilidade (ser a melhor).

Assim, ao mesmo tempo que atendem às expectativas dos *stakeholders*, os administradores não deveriam se distrair do foco estratégico mais apropriado para suas empresas. Ao focalizar em uma estratégia de sustentabilidade específica que está baseada em sólidos princípios comerciais, eles também estarão atendendo às expectativas dos acionistas. Ou seja, estarão investindo em áreas que irão gerar benefícios públicos com as melhores probabilidades de criar vantagens competitivas ou novos espaços de mercado para a empresa.

Para a maioria dos empreendimentos, o mercado está saturado de concorrentes. Independentemente do esforço que façam para ser únicos, a maioria deles ainda se encontra em mercados regidos por feroz concorrência. Tais empresas precisam fazer tudo que puderem para serem boas cidadãs, mantendo-se competitivas. Isso significa que elas terão que otimizar os recursos e investirem nas áreas com a melhor chance de gerar lucros, para que investimentos socioambientais adicionais e mais ambiciosos possam ser feitos no futuro próximo.

Elas podem priorizar esses investimentos através da análise do contexto externo e das competências internas, e então definirem a mais adequada Estratégia Ambiental Competitiva (EAC) na qual devem focar. Outras podem ter brilhantismo e audácia suficientes para deixarem o bloco. Elas podem ser capazes de apresentar novas propostas de valor através de modelos de negócios radicalmente inovadores e, eventualmente, criarem novos espaços de mercado. Mais, elas podem até conseguir se alinhar com as novas demandas sociais e ambientais, criando Inovações de Valor Sustentável (IVS). Ao aumentarem o valor do consumidor pela geração de benefícios públicos na forma de impactos ambientais reduzidos e valor para a sociedade, essas empresas estão mais próximas da meta de sustentabilidade.

Este capítulo de conclusão revisita essas possibilidades, compreendidas nas cinco estratégias de sustentabilidade apresentadas anteriormente. Ele também apresenta algumas reflexões finais sobre o papel dos negócios em tornar o desenvolvimento sustentável uma realidade.

QUANDO É LUCRATIVO SER VERDE, *DE VERDADE*?

Nos últimos anos, *stakeholders* têm cada vez mais demandado que as empresas sejam melhores cidadãs e invistam recursos em causas sociais e em proteção ambiental. Por outro lado, os acionistas têm exigido que os administradores fundamentem seus investimentos em bases sólidas, para maximizarem a lucratividade do negócio. Como resultado, os executivos são deixados com a missão espinhosa de traduzir questões de sustentabilidade em estratégias pragmáticas, projetos e práticas. Eles encontram ajuda em múltiplos materiais, incluindo abordagens teóricas, ferramentas, normas técnicas e casos exemplares de boas práticas socioambientais.

Frequentemente, entretanto, as recomendações são feitas quase como um dogma religioso, no qual as recompensas virão desde que os gestores tenham fé nas recomendações. Apesar de que algum nível de fé e de compromisso ético devesse ser, de fato, parte dos valores da administração empresarial, sucesso nos negócios não depende de fé. Para os executivos ainda incertos do papel da sustentabilidade nos negócios, o potencial dos investimentos socioambientais gerarem lucros deve ser analisado a partir de princípios de administração, e não em crenças especulativas sobre cenários ganha-ganha. A menos que alguma evidência seja colocada na mesa, os gestores não serão capazes de justificar os ecoinvestimentos aos acionistas, ou apresentar os critérios usados para priorizar investimentos socioambientais.

Este livro mostrou que, como em qualquer outra área da administração de empresas, a lucratividade de ecoinvestimentos é condicional. As idiossincrasias corporativas e o contexto externo, assim como as múltiplas possibilidades de criação de benefícios públicos, resultam em ecoinvestimentos competindo com outras demandas do negócio e, com frequência, sendo negligenciadas. Considere o setor financeiro. Alguns bancos estão finalmente reconhecendo a importância da sustentabilidade para seus negócios – normalmente na forma de empréstimos para projetos de desenvolvimento de infraestrutura – mas isso não está refletido nos preços de seus produtos; menos ainda quando o desastre acontece. Como a crise de 2008-2009 demonstrou, quando a (falta de) liquidez é o nome do jogo, todo o restante é secundário, sendo os assuntos sociais e ambientais os menos importantes.

Os investidores têm tempo limitado para se preocupar com questões de sustentabilidade, que precisam contrabalançar com outros problemas que lhes pressionam. Em geral, a política administrativa limita a atenção concedida a preocupações menos centrais. Para os executivos que ainda enxergam a sustentabilidade como periférica aos seus negócios, a atenção à dimensão socioambiental é mais aleatória e menos estratégica do que poderia ou deveria ser. As incertezas regulatórias e de mercado também não ajudam muito. Frequentemente, elas criam confusão sobre potenciais retornos financeiros e limitam comportamentos proativos que vão além da conformidade legal. Por outro lado, a preocupação do consumidor com a natureza e com a justiça social existe efetivamente, mas é frequentemente esporádica, errática e, quando comparada com os padrões gerais de consumo, bastante modesta.

Isso não quer dizer que ser verde não seja lucrativo; até é, mas sob certas condições. Após o reconhecimento de que a pergunta correta a ser feita é *quando vale a pena ser verde*, e não se vale a pena, a resposta exige um entendimento básico da natureza competitiva dos ecoinvestimentos. O Capítulo 1 sugeriu que, a partir do vasto escopo do ambientalismo corporativo, somente algumas estratégias e práticas geram retorno econômico, vantagens competitivas ou novos espaços de mercado. O escopo para lucros privados é menor do que para benefícios públicos simplesmente porque a maioria dos ecoinvestimentos direcionados a produtos compete com alternativas (verdes ou não) no mercado.

Por outro lado, alguns ecoinvestimentos que buscam reduzir o impacto dos processos organizacionais exigem que *stakeholders* atribuam algum valor a eles, o que muitas vezes é intangível. Considerado como um todo, o escopo para obter lucros com ecoinvestimentos é menor do que a pletora de ações disponíveis às empresas para serem boas cidadãs.

Se o escopo dos cenários ganha-ganha é menor do que algumas pessoas pensam ou gostariam, ainda precisamos saber quando vale a pena ser verde. Embora uma resposta definitiva não seja possível, o primeiro passo exige o entendimento do que essa pergunta compreende. Primeiro, é necessário ter uma definição clara do tipo de investimento em questão (Verde: que tipo de ecoinvestimentos está sob consideração?). Entre muitos exemplos de ecoinvestimentos estão: novos processos industriais, projetos de Mecanismo de Desenvolvimento Limpo (MDL) em países em desenvolvimento, associação a Clubes Verdes, avaliação do ciclo de vida dos produtos, adesão a sistemas de selos socioambientais, práticas de ecodesenho para recuperação de materiais, desenvolvimento de produtos de biotecnologia etc. Uma avaliação adequada de tais investimentos precisa de um conjunto de critérios.

Apesar disso parecer óbvio, muito frequentemente o "verde" é tratado como uma entidade que compreende tudo, levando a debates infundados sobre seu valor para as empresas. Segundo, a avaliação dos ecoinvestimentos também exige um claro intervalo de tempo, assim como a consideração do contexto no qual a empresa opera, como o ambiente político e o tipo de indústria, assim como os mercados-alvo e os consumidores (Quando: qual o período e o contexto sob consideração?).

Para um fornecedor de mercados industriais, um investimento orientado para o processo como um Sistema de Gestão Ambiental (SGA) pode produzir resultados no médio ou longo prazo. Uma certificação SGA pode garantir um contrato com uma empresa exigente no longo prazo, mas o treinamento necessário para a implantação dos procedimentos gera custos no curto prazo. Além do treinamento, uma vez que o SGA se torne plenamente operacional, ele poderá gerar benefícios adicionais, que podem não ser fáceis de medir. Assim, a medição dos retornos compreende a consideração de dados tanto quantitativos como qualitativos, assim como os valores tangível e intangível criados pela SGA (Vale a Pena: quais são os dados usados na avaliação?).

Em adição a esses critérios, com o fim de ligar os ecoinvestimentos à estratégia, é necessário ter uma ideia clara sobre o que são as estratégias de sustentabilidade e, também tão importante, o que elas não são. Como o Capítulo 2 sugeriu, existe uma diferença fundamental entre o que constitui um assunto estratégico (importante) e uma estratégia claramente definida (escolha). Por exemplo, a redução de custos internos e a administração de riscos e incertezas são, sem dúvida, importantes para a empresa, sendo a razão pela qual todas as empresas as buscam.

Mas a redução de custos e a administração do risco são, essencialmente, motivos para a estratégia, em vez de estratégias *em si*. Como tais medidas são importantes para o sucesso de qualquer negócio, elas não envolvem escolha e, assim, não podem ser consideradas estratégias. Se a estratégia exige escolher um caminho sobre outro, a administração eficiente dos custos e dos riscos constitui, na verdade, o que Michael Porter chama de eficiência operacional.

O mesmo se aplica à administração da sustentabilidade. As chances de ecoinvestimentos aumentarem a competitividade das empresas ou criarem novos espaços de mercado dependem de escolhas estratégicas. Assim, uma clara compreensão da natureza tanto dos ecoinvestimentos como da estratégia é o primeiro passo para identificar quando vale a pena ser verde. O passo seguinte relaciona o desenvolvimento das estratégias de sustentabilidade aos princípios da vantagem competitiva.

AMBIENTALISMO COMPETITIVO

A propagação do ambientalismo competitivo não irá reduzir a rivalidade nos negócios. A concorrência e a colaboração não são somente intrínsecas à lógica do capitalismo, mas constituem elementos motivadores da ação humana.[1] À medida que as empresas se tornam socialmente e ecologicamente mais responsáveis, a competição pode se mover para um nível mais elevado, mas certamente não desaparecerá. Para a maioria dos empreendimentos, independentemente dos esforços feitos para construir barreiras de entrada ou de imitação em um setor específico, a rivalidade ainda estará arraigada. Questões de sustentabilidade não são exceção. À medida que as empresas se tornam melhores cidadãs, elas também competem *para serem melhores por serem responsáveis*.

Apesar da colaboração ser o contraponto da concorrência, elas constituem os dois lados da moeda chamada comércio. Como alguns exemplos explorados ao longo do livro têm indicado (reciclagem de veículos na Europa, em particular, apresentada no Capítulo 6), os esforços colaborativos servem tanto para infundir comportamentos proativos como reativos ao ambientalismo competitivo. Afinal, mesmo que algumas empresas consigam posições monopolistas, evitando assim qualquer tipo de competição, a maioria delas vai ter que lidar com a concorrência a maior parte do tempo.

O alinhamento estratégico exige distinção das áreas onde os ecoinvestimentos podem ser feitos por uma empresa. O Capítulo 2 indicou que, ao se estabelecer uma divisão entre os processos (ou atividades) necessários para uma organização funcionar, e os produtos/serviços vendidos por ela, um quadro muito mais claro emerge.

A segunda distinção necessária foi feita por Michael Porter nos anos 80, entre estratégias de baixo custo e diferenciação. Assim, ao fazerem ecoinvestimentos, as empresas podem focar em seus processos organizacionais ou nos seus produtos e serviços. Adicionalmente, dependendo do contexto no qual operam, assim como das suas competências internas, as empresas também precisam posicionar os ecoinvestimentos de acordo com estratégias de baixo custo ou de diferenciação. A Figura 2.1 no Capítulo 2 demonstrou as quatro EACs resultantes em um modelo analítico.

Como em qualquer representação da realidade, é importante lembrar que o "mapa não é o território". As estratégias são tipos ideais de fenômenos particulares, e a tipologia objetiva simplificar uma realidade ainda complexa demais; ela não deve ser usada como uma camisa de força na qual a categorização de cada estratégia é vista como absoluta. Ao contrário, como um tipo ideal, o modelo ajuda a refletir sobre a relação entre os ecoinvestimentos e a estratégia corporativa. Deve-se considerar que em toda estratégia de diferenciação (eco-orientada ou não) existe um componente de custo; e existe um componente de diferenciação em toda estratégia de custo.

Apesar do modelo analítico apresentar limitações, ele serve a propósitos práticos, evidenciados nos capítulos precedentes. Usado em uma base *ex ante* (isto é, antes de desenvolver a estratégia), o modelo torna-se uma ferramenta poderosa para os administradores priorizarem os ecoinvestimentos sob a luz dos princípios da vantagem competitiva. Eles podem perguntar, por exemplo, se os investimentos nos processos deveriam ter prioridade sobre aqueles para produtos, ou se existem fundamentos para a empresa priorizar a diferenciação eco-orientada sobre as estratégias de baixo custo.

Como cada capítulo explorou, para responder essas perguntas os administradores precisam saber quem valorizará cada ecoinvestimento separadamente. Embora clientes finais possam não estar interessados na administração ecoeficiente das fábricas, isso pode ser crucial para alguns ecoativistas. A maioria dos consumidores pode não estar disposta a pagar preços-prêmio por marcas socioambientais, mas alguns ecoatributos intrínsecos ao produto podem permitir que a empresa tenha sucesso em mercados sensíveis ao preço.

Semelhantemente, o modelo também pode ser usado em uma base *post hoc* (isto é, após o lançamento da estratégia), para avaliar os benefícios resultantes de cada estratégia. A Figura 8.1 (que é uma versão estendida da Figura 2.1, apresentada no Capítulo 2) mostra as quatro EACs à luz dos ecoinvestimentos, sendo isso, assim como os resultados advindos delas, discutido nas seções a seguir. Em geral, por sua própria natureza, as estratégias orientadas pelo custo (1 e 4) estão mais preocupadas com o resultado econômico final da empresa e, consequentemente, sua avaliação é relativamente mais simples do que as estratégias de diferenciação (2 e 3), que compreendem mais intangíveis.

ALÉM DA CONCORRÊNCIA

```
                    Custos Baixos,      Liderança de Custos,
                      Sinergias,          Entrada no Mercado
                   Créditos de Carbono
                            ▲                    ▲                        Sinergias
                                                                              ▲
      Custos Baixos    Estratégia 1       Estratégia 4       $

      Cadeia de Valor                                        Cadeia de Valor
         Acima                                                   Abaixo

      Diferenciação    Estratégia 2      Estratégia 3       $$$

                         Processos          Produtos
                            ▼                    ▼                     Reputação
                     Reputação Melhorada   Preços-Prêmio              Melhorada

                               Resultados
```

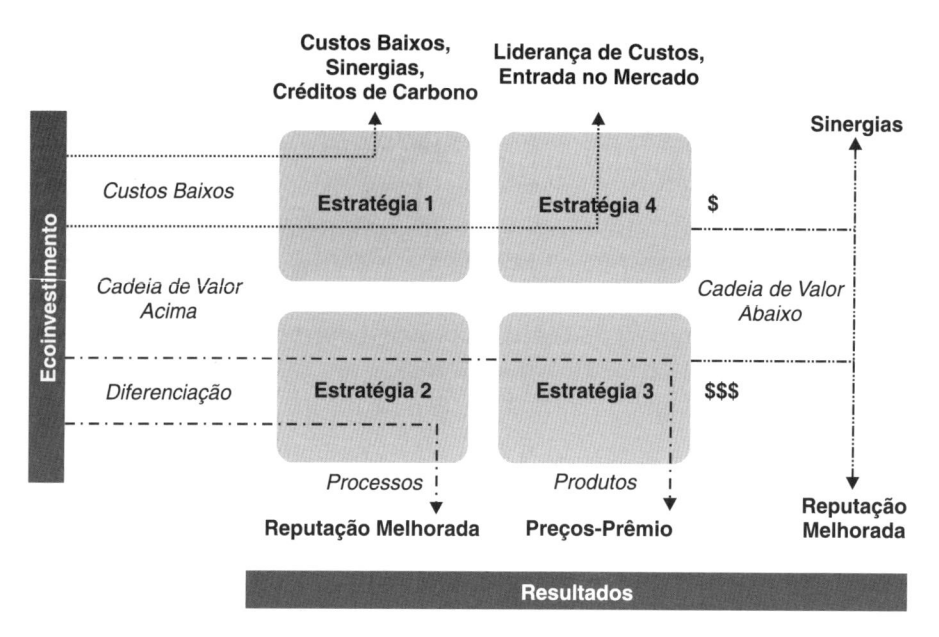

FIGURA 8.1 **Resultados de Ecoinvestimentos em EAC.**

O foco das estratégias de Ecoeficiência de Processos (1) e de Liderança de Custo Ambiental (4) é, obviamente, a redução dos custos tanto quanto possível, observando, ao mesmo tempo, a necessidade de redução dos impactos ambientais. Apesar de existirem alguns aspectos intangíveis envolvidos nas estratégias orientadas ao custo, sua importância é reduzida porque o foco principal é em medidas (objetivas) de custos baixos. Por outro lado, as estratégias de ecodiferenciação (2 e 3) são mais difíceis de avaliar porque se relacionam, principalmente, com intangíveis, que estão largamente associados com reputação e marca.

Em certas circunstâncias, a administração das cadeias de valor acima e abaixo da empresa podem se tornar componentes essenciais de uma EAC. Dependendo de como esses sistemas de atividade são administrados, eles facilitam ou dificultam a eficácia das estratégias de custo baixo ou de diferenciação. Esta é uma das justificativas para as EACs serem consistentes com a estratégia genérica da corporação. Por exemplo, a Wal-Mart começou a exigir práticas mais verdes de seus fornecedores, mas tais práticas devem estar alinhadas com o foco genérico de custo baixo da empresa. Por outro lado, o apoio aos princípios dos Clubes Verdes ou sistemas de selos socioambientais normalmente aumenta o custo da cadeia de fornecimento das empresas.

Nesse caso, o retorno desses ecoinvestimentos será sob a forma de reputação aumentada ou preços-prêmio, que são associados com estratégias de diferenciação. Finalmente, as empresas também podem fazer ecoinvestimentos cadeia abaixo. Ao investirem em sistemas de logística reversa, elas minimizam os riscos de serem pegas de surpresa por uma legislação que as obrigue a receberem de volta seus produtos no final da vida útil. Tais práticas podem criar sinergias para a recuperação e reciclagem de produtos, assim como afetar positivamente a reputação. Entretanto, como discutido em detalhes nos Capítulos 1 e 6, as complexidades envolvidas na administração do pós-consumo tendem a transformar tais atividades em questões não-rivais, reduzindo as chances de gerar vantagens competitivas diretas. As seções a seguir discutem os principais efeitos de cada EAC separadamente.

Estratégia 1: Ecoeficiência

Ainda que a produtividade de recursos e a ecoeficiência sejam possíveis na maior parte das organizações, elas não são uniformemente distribuídas entre empresas e setores industriais. Ao elucidar por que as empresas orientadas para processos podem transformar ecoeficiências em uma estratégia específica de sustentabilidade, o Capítulo 3 mapeou algumas dessas oportunidades. Em geral, as empresas que focam em estratégias de ecoeficiência de processos se beneficiarão de custos operacionais mais baixos e de receitas extras via sinergias, como a transformação de subprodutos e de resíduos em novos negócios, e a geração de créditos de carbono. Essas vantagens econômicas constituem a lógica fundamental para implementar a Estratégia 1.

As estratégias de ecoeficiência possuem maior potencial para gerar vantagem competitiva em empresas que fornecem aos mercados industriais, enfrentando níveis relativamente elevados de custos de processamento e de geração de resíduos e/ou subprodutos. Muito frequentemente, dado que as organizações clientes não estão dispostas a arcar com os custos associados à proteção ambiental, a Estratégia 1 busca manter os custos operacionais tão baixos quanto possível e, ao mesmo tempo, focar em fontes potenciais de ecoeficiência dentro e em torno da organização. Muitas empresas no agronegócio e nas indústrias de alimentos e bebidas se encaixam nesta categoria.

O potencial para criar sinergias de modo a transformar subprodutos e resíduos em *inputs* para novos processos industriais é maior no agronegócio do que na maioria das atividades industriais simplesmente porque o material orgânico é menos sujeito a ser tóxico. De fato, os relacionamentos simbióticos sempre existiram na agricultura de subsistência. Essas práticas somente mudaram com o advento das fazendas industriais modernas em larga escala, onde monoculturas são desenvolvidas com a ajuda de fertilizantes e pesticidas químicos. Entretanto, à medida que a produção de biocombustíveis avança, uma integração equilibrada de colheitas e de produção industrial parece ser mais sustentável tanto da perspectiva econômica quanto da ambiental.

As estratégias de ecoeficiência representam uma oportunidade especial para indústrias de uso intensivo de energia através de diversos incentivos para as empresas gerarem créditos de carbono. Além dos mecanismos tecidos no Protocolo de Kyoto, alguns governos desenharam incentivos adicionais baseados no mercado para as empresas reduzirem suas emissões de CO_2. Dentre eles podemos citar o mercado de certificados que resultam de medidas de eficiência energética (Certificados Brancos), como melhorias no isolamento de residências e de edifícios comerciais, assim como a geração de formas alternativas de energia (Certificados Verdes), como a eólica ou a solar. Embora os desenvolvimentos futuros desses mercados dependam de estruturas reguladoras complexas e incertas, existe uma clara tendência na direção do uso de mecanismos de mercado para recompensar ecoeficiências. À medida que as credenciais ambientais se tornem mais importantes para o público em geral, os governos irão cada vez mais implementar esses tipos de incentivos.

Estratégia 2: Ecodiferenciação de Processos

O principal dividendo da Estratégia 2 é a reputação melhorada, um ativo fundamentalmente intangível. Para algumas empresas que enfrentam forte pressão pública, a administração de risco e o diálogo com os *stakeholders* são a principal lógica guiando suas estratégias de sustentabilidade. Além de fazerem seu dever de casa para reduzir impactos ambientais, as empresas tentam melhorar sua reputação inscrevendo-se em Clubes Verdes como um meio de legitimar e promover esses esforços para os *stakeholders*-chave e o público em geral. Em outras palavras, os Clubes Verdes são instrumentos para comunicação com os *stakeholders* e administração da reputação.

Apesar de terem sido muito úteis na proteção das empresas contra a má reputação, vantagens diferenciais resultando da participação nos clubes são mais difíceis de obter. Como a diferenciação depende de assimetrias na reputação, a participação em um clube *per se* não é garantia de criação de valor. Por exemplo, a difusão da certificação ISO 14001 dentro de um setor específico influencia a importância atribuída pelos clientes e pelos *stakeholders* à afiliação à norma; mas a certificação em si não melhora a reputação das empresas.

Para muitas empresas, evitar reputação negativa já é um resultado razoável. Líderes, entretanto, buscam construir reputação positiva via uma série de programas para diálogo, compromisso e comunicação geral com *stakeholders*. Como o compromisso com *stakeholders* é construído com o tempo, esses ecoinvestimentos produzem retornos somente no médio ou longo prazos. Para se obter vantagens diferenciais, essas empresas precisam identificar quem está valorizando seus ecoinvestimentos. Elas precisam identificar os *stakeholders* que irão aprovar os esforços da empresa para estarem conforme com princípios dos clubes, tais como o Global Compact, certificar seu SGA ou produzir relatórios de sustentabilidade de acordo com as orientações da GRI (Global Reporting Initiative).

Embora as empresas possam estabelecer diálogo efetivo com seus *stakeholders* sem se tornarem membros de Clubes Verdes, isso tende a funcionar somente em setores que os ecoativistas não veem como tendo um grande impacto (independentemente de isso ser ou não verdade). Finalmente, as empresas também precisam conhecer os critérios usados pelos *stakeholders*. Quando tratando com ecoativistas, por exemplo, o diálogo aberto e o engajamento são mais eficazes do que a comunicação indireta via relatórios.

Estratégia 3: Marcas Socioambientais

Similarmente às estratégias de diferenciação genéricas, o principal dividendo da Estratégia 3 é o preço-prêmio por produtos e serviços. Para a obtenção de preços-prêmio as empresas devem contar com a disposição dos consumidores de pagarem pela ecodiferenciação. No caso de mercados industriais (B2B), os benefícios são normalmente traduzidos em economias de custos resultantes de melhor desempenho do produto (como um *input* para outros processos industriais), e redução de custo de administração de risco.[2]

Apesar de não ser possível controlar a disposição geral para pagar, ao informar os clientes sobre os benefícios, a empresa aumenta suas chances de ter seus ecoatributos reconhecidos pelo comprador. No caso B2B, existem níveis mais elevados de racionalidade dirigindo tanto a avaliação do produto como a disposição de pagar prêmios. Os clientes normalmente equilibram o preço extra com as economias que fazem ao longo da vida útil do produto, quando comparado com outros produtos menos eficientes e ambientalmente impactantes.

Em mercados de consumo (B2C), por outro lado, existe mais espaço para um apelo emocional e simbólico dos produtos. Não obstante, em função dos atributos associados aos produtos poderem resultar em benefícios privados para o consumidor relativamente menores, eles exigem que as empresas realizem mais esforços de marketing para vender a imagem de responsabilidade socioambiental. Para ambos os mercados, industrial e de consumo, entretanto, é essencial que o consumidor esteja disposto a pagar pela ecodiferenciação.

Para obter preços-prêmio, as empresas podem precisar investir em selos socioambientais, certificados por terceiros para reduzir as complexidades envolvidas na comunicação dos atributos dos produtos e, mais importante, conferir legitimidade às afirmações feitas por eles. Os selos podem também criar barreiras à imitação, outra exigência essencial para a diferenciação socioambiental do produto. Em mercados nos quais a maior parte dos produtos não apresenta um bom desempenho socioambiental, um selo pode ser suficiente para manter os competidores afastados, pelo menos por algum tempo. Entretanto, à medida que mais produtos adquirem a mesma etiqueta, a ecodiferenciação será erodida. Portanto, como regra, as barreiras contra imitação requerem uma patente protetora, de uma forma ou de outra. Para produtos industriais, a posse de um certificado de direitos exclusivos reduzirá as chances de imitação.

No caso de produtos de consumo, as barreiras para imitação podem ser formadas pela construção de uma marca socioambiental robusta. Da mesma forma que em outras marcas comerciais, substanciais esforços de marketing são necessários para transformar um logo em sinônimo de responsabilidade social ou ambiental. Não importa quanta informação as empresas forneçam, elas desejam, no final das contas, que os consumidores confiem em seus produtos. Construir uma marca socioambiental requer que a confiança vá além da informação genérica fornecida pelos selos, induzindo os consumidores a reconhecerem facilmente os produtos com marcas socioambientais como sendo líderes.

Estratégia 4: Liderança de Custo Ambiental

As empresas capazes de explorar as estratégias de Liderança de Custo Ambiental satisfazem as demandas por custo baixo, a exigência básica e muitas vezes mais importante da economia de mercado. Independentemente dos clientes ou consumidores valorizarem os ecoatributos dos produtos, tais empresas são capazes de competir em mercados nos quais margens extremamente estreitas são a norma. Enquanto a liderança de custo tradicional continua sendo o foco estratégico, os ecoatributos intrínsecos dos produtos podem ajudá-las a competir nos segmentos de mercado existentes ou entrarem em novos mercados.

As empresas que forem capazes de desenvolver tais produtos obviamente aumentam sua competitividade. Além de custos baixos, os líderes de custo ambiental também estão preparados para atender exigências cada vez mais rigorosas de legisladores ou consumidores por produtos com alto desempenho ambiental.

Se isto é simples em princípio, é muito difícil na prática. Para reduzir o impacto ambiental intrínseco aos produtos enquanto mantêm os custos baixos, as empresas precisam inovar através de investimentos em novos desenvolvimentos do produto e em ecodesenho, assim como em novas formas de comercializá-los. O ecodesenho, por exemplo, pode ajudar os fabricantes de embalagens a reduzirem a carga ambiental de seus produtos e a cumprirem as exigências regulatórias e, eventualmente, contribuir para a redução de custos.

Adicionalmente, ao mudar a natureza das matérias-primas ou dos próprios produtos (polímeros feitos de plantas, no lugar de petroquímicos, por exemplo) algumas empresas podem manter sua presença nos mercados tradicionais ou acessar outros de rápido crescimento, orientados pelo desempenho ambiental, como o mercado de biocombustíveis.

Como sugerem alguns exemplos empíricos, a mudança da natureza das transações entre produtores e consumidores também pode resultar tanto em custos de produção menores quanto em menores impactos ambientais. Uma vez que as empresas passem a vender as funções que seus produtos devem realizar em vez de venderem os produtos em si, os interesses de fornecedores e compradores poderão convergir. Ao invés de vender aquecimento, por exemplo, os fornecedores poderão vender conforto térmico; mobilidade ao invés de carros; roupas limpas ao invés de máquinas de lavar.

Nesses casos, a redução de consumo serve aos interesses de ambas as partes. Isso é ideal em teoria. Mas enquanto o conceito de Sistema de Produto-Serviço (SPS) que compreende essas práticas é promissor, limitações organizacionais e elementos simbólicos associados à propriedade privada dos produtos estão entre as razões para a escassez de aplicações empíricas. Para o SPS funcionar, mudanças sistêmicas envolvendo infraestrutura e colaboração entre uma ampla gama de participantes também são necessárias. Isso pode ser possível somente pela aplicação de uma estratégia de sustentabilidade que busque ir além da concorrência.

ALÉM DA CONCORRÊNCIA

Em geral, o SPS define os limites entre as quatro Estratégias Ambientais Competitivas (EAC) e a estratégia de Inovação de Valor Sustentável (IVS), revisitada na próxima seção. Isto porque o SPS implica a adoção de uma nova proposta de valor e, muito frequentemente, um novo modelo de negócio para a mudança de produtos para serviços. Este tipo de mudança pode ser feito tanto nos mercados existentes como em novos. Por exemplo, uma empresa vendendo serviços de administração de produtos químicos (Chemical Management Services – CMS, descrito no Capítulo 6) busca reduzir tanto os custos como os impactos ambientais de seus produtos. Entretanto, esse fornecedor de CMS estará trabalhando ainda dentro de um espaço de mercado existente, claramente definido (produtos químicos para fábricas).

As estratégias de IVS, por outro lado, têm como meta principal a criação de valor para clientes e sociedade em geral a custos e impactos ambientais menores, eventualmente podendo levar a novos espaços de mercado. Uma vez que no novo espaço de mercado não existem produtos ou serviços comparáveis, o foco se move do preço para o valor (inovação) dos produtos e serviços. Esta é a lógica principal da Estratégia do Oceano Azul (EOA): ao invés de buscar vantagens competitivas nos mercados existentes, as empresas deveriam evitar a concorrência, completamente, focando nas necessidades não atendidas de clientes atuais ou potenciais. Por que lutar por mercados existentes exíguos se elas podem criar novos mercados? Isto é certamente verdadeiro para participantes que possuem suficientes recursos e competências para inovar e, muito frequentemente, a coragem de implementar estratégias arriscadas. O problema é que isso não é para todos. Apesar de muitos executivos quererem inovar e colocar suas empresas em uma posição monopolista, na prática isso é extremamente difícil.

Se a maior parte das empresas opera em mercados existentes e somente algumas podem criar novos espaços de mercado, a conclusão é simples: ambas as situações são empiricamente válidas. Indiretamente, é exatamente isso que este livro sugere. A abordagem da vantagem competitiva de Porter e a de inovação de valor de Kim e Mauborgne são complementares.

Da mesma maneira que as competências internas, baseadas na perspectiva da RBV (Resource-Based View) de empresas, complementam o posicionamento estratégico de Michael Porter, ao apresentar as lógicas para a criação de novos espaços de mercado, permitindo que alguns participantes se movam além dos existentes, a EOA também complementa a escola de posicionamento de Porter. Na realidade, os exemplos utilizados ao longo do livro sugerem a relevância empírica das abordagens de Porter e de Kim e Mauborgne. Limitações externas e internas resultam no escopo da EOA ser mais compacto do que a (tradicional) busca por vantagens competitivas nos mercados existentes. Por exemplo, quando comparadas com alguns negócios que operam em mercados de consumo, cadeias de suprimento extensas tornam mais difícil para os fornecedores de nível 2 ou 3 criarem inovações de valor e novos espaços de mercado. Alguns, entretanto, podem ser suficientemente corajosos para se lançarem em estratégias IVS e criarem não apenas valor para os clientes mas também satisfazer as exigências sociais e ambientais.

Estratégia 5: Inovação de Valor Sustentável

A quinta estratégia de sustentabilidade estende o conceito de inovação de valor aos aspectos ambientais e sociais nos negócios. A IVS estabelece as bases para a criação de novos espaços de mercado em alinhamento com as demandas para a responsabilidade socioambiental corporativa. Para apresentar a lógica existente dentro das estratégias IVS, o Capítulo 7 analisou detalhadamente os problemas e as soluções potenciais da indústria automobilística global, assim como os serviços finais que ela poderia prestar. A análise do escopo para a mobilidade individual identificou espaços de mercado marginais ou não penetrados, que podem ser servidos pelas montadoras de automóveis ou por novos entrantes no setor. A lógica na qual a análise se baseia indica as exigências básicas das estratégias IVS, apresentadas na Figura 8.2.

O ponto de partida para a criação da IVS é a identificação do serviço final que um produto deve prestar. No caso da mobilidade motorizada individual, é óbvio que a propriedade privada de automóveis é apenas uma dentre muitas possibilidades. Exemplos empíricos mostram que, quando comparadas com o automóvel particular, outras alternativas podem satisfazer a demanda por motorização individual com maior eficiência e a custos e impactos ambientais menores, além de serem lucrativas. Para que isso ocorra, entretanto, propostas inovadoras de valor e modelos de negócios são exigidos das montadoras ou de outros fornecedores de serviços de mobilidade.

ESTRATÉGIAS DE SUSTENTABILIDADE E ALÉM

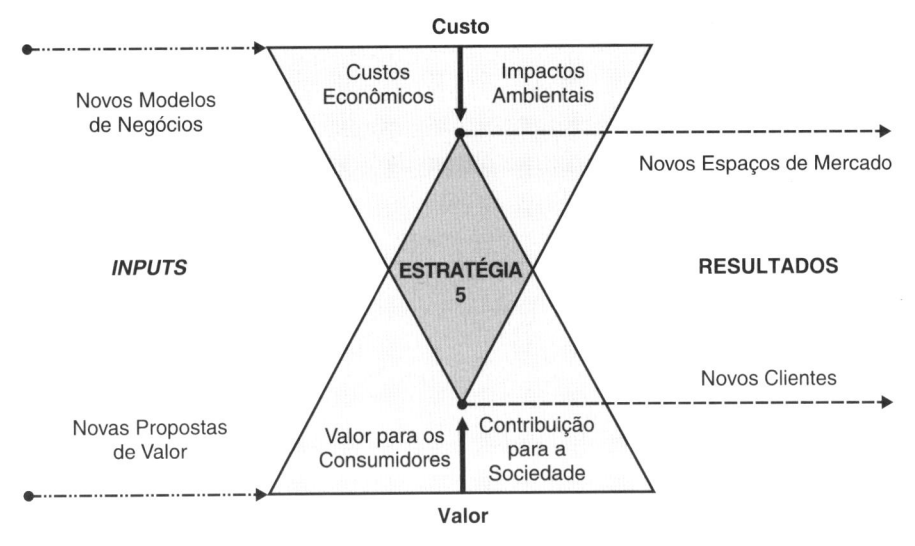

FIGURA 8.2 *Inputs* e **Resultados da IVS**.

As soluções para a mobilidade sustentável, atualmente em desenvolvimento pela indústria automobilística, focam em veículos mais verdes. Carros menores, combustíveis mais limpos e sistemas de propulsão (motores) alternativos são as soluções principais buscadas pela indústria para reduzir as emissões de CO_2 – a demanda ambiental que mais pressiona a indústria atualmente.

Mesmo que tais desenvolvimentos devam, efetivamente, compor a carteira de soluções, eles mantêm intacta a maior parte das ineficiências intrínsecas ao veículo e à sua utilização. Enquanto automóveis menos impactantes são essenciais para a redução das emissões de CO_2, de acordo com a lógica da IVS as ineficiências sistêmicas representam espaços de mercado latentes que, ao serem preenchidos, podem reduzir substancialmente o impacto total do setor. Afinal, se as indústrias emergentes devem surgir, as eficiências necessitam ser otimizadas.

Como explicado detalhadamente no Capítulo 7, isto pode ser feito não apenas de maneira lucrativa, mas também de tal forma que as desigualdades sociais e os impactos ambientais sejam reduzidos. Serviços mais acessíveis através das Organizações de *Car-Sharing* (OCS), por exemplo, podem permitir que atuais não-usuários se tornem clientes.

No final, o desenho e a implementação de estratégias IVS dependem menos de descobertas tecnológicas do que de inovação gerencial.[3] Apesar de inovações tecnológicas sempre ajudarem, uma estratégia construída pela audácia e competência administrativas pode ser suficiente para a criação de uma IVS, como o caso da Better Place indica. Após tantos fracassos no lançamento de veículos elétricos (VEs) no mercado, o empreendimento mostrou que, em vez de tecnologia, uma mudança nos padrões de mobilidade pode ser alcançada através da adoção de modelos de negócio engenhosos. A Better Place sugere que as empresas podem criar valor para clientes atuais e novos a custos econômicos e ambientais reduzidos. O caso do *car-sharing* também sugeriu que, para se alinharem as necessidades dos negócios com a gradual desmaterialização da economia, estratégias baseadas em IVS requerem competências para a inovação sistêmica. A esse respeito, Estratégias de Sustentabilidade apresenta os principais fatores externos (em sua maioria sistêmicos) que precisam ser considerados para que uma IVS tenha sucesso.

CONCLUSÃO

Traduzir a sustentabilidade em estratégias e práticas de negócios permanece um desafio para a maioria das empresas. Isto porque o desenvolvimento sustentável é mais uma visão inspiradora do que um conceito articulado que possa ser colocado em prática. O Relatório Brundtland[4] apresentou a definição mais comumente aceita de desenvolvimento sustentável: "o desenvolvimento que atende as necessidades do presente sem comprometer a habilidade das gerações futuras de atender suas próprias necessidades". A ampla aceitação deste conceito é devida à intrínseca hipótese ganha-ganha na qual ele se baseia – que a satisfação das necessidades presentes (ganhar hoje) pode ser alcançada sem comprometer a satisfação das necessidades futuras (ganhar amanhã).

Traduzir este conceito para o campo específico dos negócios pode nos levar à seguinte definição (entre outras) de empreendimento sustentável: a habilidade das empresas satisfazerem as necessidades econômicas dos acionistas (lucros privados) sem comprometer a natureza e as necessidades das gerações presente e futura (benefícios públicos).

Em outras palavras, sob as atuais normas econômicas, um empreendimento sustentável é, necessariamente, um empreendimento lucrativo. Este é o primeiro aspecto integrado a este livro: que a lucratividade do negócio é a principal preocupação dos administradores, mesmo quando tratando de assuntos sociais e ambientais.

O segundo aspecto se relaciona ao papel que o livro possa desempenhar na promoção de mudanças na direção da sustentabilidade. Pessoalmente, a maioria de nós – incluindo eu mesmo – gostaria que a transformação para sociedades sustentáveis ocorresse mais rapidamente do que estamos vivenciando. Quem não apoiaria a possibilidade de criar riqueza e ao mesmo tempo preservar a natureza, já? Poderíamos todos compartilhar os benefícios coletivos de termos ar puro, água limpa e biodiversidade preservada, agora. Infelizmente, a complexidade da organização humana reduz o ritmo das ações baseadas em princípios socioambientais. O caminho na direção da economia verde[5] ou do capitalismo natural[6] é muito mais lento do que a maioria de nós gostaria que fosse. A própria natureza das sociedades abertas requer tempo para o diálogo e para que o consenso para a mudança social pacífica possa ser alcançada.

Apesar de muitos de nós sermos simpatizantes da mudança na direção de uma sociedade baseada em valores ecológicos, como aquelas propostas pelos "ecologistas intensos" (*deep ecologists*),[7] essa transição ainda requereria os incentivos corretos e algum tipo de gestão. Ao final, a evolução na direção de sistemas de produção e consumo mais sustentáveis envolve um grande grau de negociação política, desenvolvimento tecnológico e empreendedorismo. Mesmo se formos capazes de apresentar modelos tecnológicos ou de negócios radicalmente novos, sua implantação exige uma reforma institucional incremental; ou o que poderíamos chamar de reformismo radical.[8]

Conjuntamente, esses dois aspectos embutidos neste livro significam que ele foi desenvolvido dentro da lógica do comércio e das sociedades abertas, nas quais a criação da riqueza resulta da expansão negociada tanto dos lucros privados como dos benefícios públicos. Dentro desta lógica, eu espero que Estratégias de Sustentabilidade contribua para o mais rápido ritmo possível de reformismo radical nas empresas, indústrias e sociedades.

Ao apresentar uma visão realista do que funciona e dá lucro e do que não dá nos domínios do ambientalismo corporativo, o livro ajuda as empresas a serem mais eficientes e, assim, se tornarem crescentemente ambiciosas com suas estratégias de sustentabilidade. Embora eu preferisse que o escopo de cenários ganha-ganha fosse mais amplo do que é na prática, uma consideração realista é mais útil do que crenças infundadas sobre a realidade. Isso não significa que as oportunidades para tornar a indústria mais verde não existem. Elas efetivamente existem e são vastas. Entretanto, como os exemplos apresentados ao longo do livro sugerem, as oportunidades estão largamente dispersas, confusas pelo contexto nos quais as empresas operam, e limitadas pelas competências por elas possuídas.

Dentro das regras existentes, há muito que as empresas podem fazer para a criação de sociedades sustentáveis mas, como sugere este livro, primeiramente temos que ter uma melhor compreensão das condições que favorecem ou atrapalham as empresas a obterem resultados de seus ecoinvestimentos. Fazendo isso, poderemos finalmente ser capazes de identificar os elementos-chave que tornam os empreendimentos capitalistas realmente sustentáveis.

NOTAS

PREFÁCIO

1. David Vogel, *The Market for Virtue: The Potential and Limits of Corporate Social Responsibility* (Washington, D.C.: Brookings Institution Press, 2006).

2. Neste livro, o termo *sustentabilidade* é usado para designar os termos compreendidos pelos aspectos econômicos, sociais e ambientais. Isto porque, frequentemente, acadêmicos, praticantes e a mídia em geral usam os termos ambiente, ambiental, verde e sustentabilidade, alternadamente. Não há premissa neste estudo de que o termo sustentabilidade ou a expressão desenvolvimento sustentável tenha sido obtido por qualquer organização, indústria ou sociedade contemporânea.

3. Michael Porter e Forest Reinhardt, "A Strategic Approach to Climate". *Harvard Business Review*, outubro 2007, 22-26. Ver também: Michael Porter e Mark Kramer, "Strategy and Society: The Link Between Competitive Advantage and Corporate Social Responsibility", *Harvard Business Review*, dezembro, 2006, 78-93; Michael Porter e Mark Kramer, "The Competitive Advantage of Corporate Philanthropy", *Harvard Business Review*, 2002, 5 - 16.

4. Joan Magretta, *What Management Is: How It Works and Why It's Everyone's Business* (London: Profile Books, 2003).

5. Marc J. Epstein, *Making Sustainability Work: Best Practices in Managing and Measuring Corporate Social, Environmental and Economic Impacts* (Berrett-Koehler Publishers, 2008); Chris Lazlo, *Sustainable Value: How the World's Leading Companies Are Doing Well by Doing Good* (Sheffield: Greenleaf Publishing, 2008); Andrew J. Hoffman, *Competitive Environmental Strategy: A Guide to the Changing Business Landscape*, First Edition (Island Press, 2000).

6. Por exemplo, veja: William R. Blackburn, *The Sustainability Handbook: The Complete Management Guide to Achieving Social, Economic and Environmental Responsibility* (Earthscan Publications Ltd., 2007); Darcy Hitchcock e Marsha Willard, *The Business Guide to Sustainability: Practical Strategies and Tools for Organizations* (Earthscan Publications Ltd., 2006).

7. Uma abordagem específica para a implantação e controle de estratégias corporativas, extremamente bem-sucedida desde o início da década de 90, tem sido a abordagem do Balanced Scorecard (BSC), extensivamente explorada por Robert Kaplan e David Norton.

NOTAS

Seus últimos trabalhos incluem: Robert S. Kaplan e David P. Norton, *The Execution Premium: Linking Strategy to Operations for Competitive Advantage* (Boston, USA, Harvard Business School Press, 2008); Robert S. Kaplan e David P. Norton, "Mastering the Management System", *Harvard Business Review*, 86, no. (2008): 62-77; Robert Kaplan e David Norton, *Strategy Maps: Converting Intangible Assets Into Tangible Outcomes* (Boston, USA: Harvard Business School Press, 2004). O BSC também foi adaptado para a implantação de estratégias sustentáveis. Um debate inicial sobre os elementos envolvidos em tal adaptação foi feito por: Francesco Zingales, Anastasia O'Rourke e Renato J. Orsato, "Environment and Socio-related Balanced Scorecard: Exploration of Critical Issues", *INSEAD working papers*, 2002/47/CMER. Ver também: Frank Figge, Tobias Hann, Stefan Shaltegger, e Marcus Wagner, "The Sustainability Balanced Scorecard: Linking Sustainability Management to Business Strategy", *Business Strategy & Environment*, 11/5 (2002): 269-284; Andreas Moller e Stefan Schaltegger, "The Sustainability Balanced Scorecard as a Framework for Eco-Efficiency Analysis", *Journal of Industrial Ecology*, 9/4 (2005): 73-83. Para o caso específico de implantação de Estratégias de Inovação de Valor Sustentável (IVS), ver: W. Cahn Kim e Renée Mauborgne, *Blue Ocean Strategy: How to Create Uncontested Market Space and Make Competition Irrelevant* (Boston, MA, USA: Harvard Business School Press, 2005).

CAPÍTULO 1 – QUANDO VALE A PENA SER VERDE?

1   Isto também ficou conhecido como a Hipótese de Porter nos círculos acadêmicos. O debate foi despertado pela publicação do artigo: Michael Porter, "America's Green Strategy", *Scientific American*, 264 (1991):96. Os estágios iniciais do debate podem ser encontrados em: Richard A. Clarke et al., "The Challenge of Going Green", *Harvard Business Review*, 72/4 (1994):37-49; Noah Vallley e Bradley Whitewead, "It's not Easy to Be Green", *Harvard Business Review*, 72/3:46-52. Ver também Michael Porter & Clas Van der Linde, "Green and Competitive: Ending the Stalemate", *Harvard Business Review*, 73/5 (1995): 120-134; e a crítica subsequente por Karen Palmer, Wallace Oates e Paul Portney, "Tightening Environmental Standards: The Benefit-Cost or the No-Cost Paradigm?" *Journal of Economic Perspectives*, 9/4 (1995): 119-132.

2   A expressão *environmental investment* (ou ecoinvestment para abreviar), traduzida por investimento ambiental, se relaciona a uma ampla gama de práticas nas quais as empresas se envolvem para reduzir os impactos ambientais diretos ou indiretos dos processos organizacionais, assim como os impactos associados com o ciclo de vida completo dos produtos ou serviços.

3   Ver, por exemplo: Andrew King e Michael Lenox, "Does It Really Pay to Be Green?" *Journal of Industrial Ecology*, 5/1 (2001): 105-116; Gerard J. Lewis e Neil Stewart, "The Measurement of Environmental Performance: An Application of Ashby's Law", *Systems Research and Behavioral Science*, 20 (2003):31-52. Magnus Wagner, Stefan Schaltegger e Walter Wehrmeyer, "The Relationship between the Environment and Economic Performance of Firms: What Does Theory Propose and What Does Empirical Evidence Tell Us?" *Greener Management International*, 34 (2002): 95-108.

NOTAS

4 Forest Reinhardt, "Environmental Product Differentiation: Implications for Corporate Strategy", *California Management Review*, 40/4 (1998): 43-73.

5 Forest Reinhardt, "Market Failure and the Environmental Policies of Firms: Economic Rationales for 'Beyond Compliance' Behavi", *Journal of Industrial Ecology*, 3/1 (1999): 9-21.

6 Benjamin Bonifant, Matthew Arnold e Frederick Long, "Gaining Competitive Advantage Through Environmental Investments", *Business Horizons*, 38/4 (1995): 37-48.

7 Michael Porter e Mark Kramer, "Challenging Assumptions", *European Business Forum*, Winter (2003):3-4.

8 Neste livro eu adotei a definição ampla de *"sustentabilidade socioambiental"* ou *"desenvolvimento socioambiental sustentável"* proposta no Relatório Brundtland (Relatório da Comissão Mundial sobre Meio Ambiente e Desenvolvimento: "Nosso Futuro Comum", 1987. (Também conhecido como o Relatório Brundtland): "Desenvolvimento sustentável é o desenvolvimento que atende às necessidades do presente sem comprometer a habilidade das gerações futuras de atenderem às suas próprias necessidades."

9 Esta seção é baseada em uma versão condensada do INSEAD Case 10/2007-5472 (2006), escrito por Renato J. Orsato e Fernando Von Zuben: Empowering the Bottom of the Pyramid via Product Stewardship: The Tetra Pak entrepreneurial networks in Brazil.

10 < www.unglobalcompact.org > setembro, 2008.

11 "NetAid: Educar, inspirar e capacitar os jovens a lutar contra a pobreza global." NetAid é uma iniciativa da Mercy Corps. < www.neaid.org > setembro, 2008.

12 < www.iblf.org > setembro, 2008.

13 < http://tetrapak.com.br/home.asp > setembro, 2008.

14 A Tetra Pak investiu em torno de US$ 500.000/ano durante 1997/2000; US$ 1.000.000 /ano durante 2001-2002; e US$ 2.000.000/ano durante 2003-2005 (fonte: Tetra Pak Brasil).

15 A Klabin tem sido o foco da mídia e de estudos acadêmicos pelo seu comprometimento pioneiro de proteção ao meio ambiente. A empresa recebeu diversos prêmios ambientais, incluindo o "Prêmio Expressão de Ecologia", < www.expressao.com.br/ecologia/ > pelos anos de 1998, 1999, 2001, 2002 e 2005. Ver < www.klabinonline.co.br >, setembro 2008.

16 Todos os valores apresentados neste livro foram convertidos das moedas locais, como o Real brasileiro e os Dólares da Nova Zelândia e da Austrália, para Dólares norte-americanos ($) ou para Euros (€), com base nas taxas médias de cotação vigentes em setembro de 2008, de acordo com < www.x-rates.com >, setembro 2008. Como os números pretendem apenas dar uma ideia de magnitude, eles representam um valor aproximado da moeda local na época da publicação das fontes.

17 Instituto de Pesquisas Tecnológicas de São Paulo.

NOTAS

18 Informação detalhada pode ser obtida em: Fernando Von Zuben, "The Thermal Plasma Technology Separates Aluminum from Plastic in Packages", em *Proceedings of the International Conference on Energy, Environment and Disasters* (INCEED) (North Carolina, USA, 2005).

19 Megacidades: São Paulo, *National Geographic*, 2005.

20 Esta seção é baseada em uma versão condensada do caso escrito por Renato J. Orsato e Peter Wells: Eco-entrepreneurship: the bumpy ride of the Think. INSEAD Case 04/2008-5485.

21 O nome da marca do produto é Th!nk (com o ponto de exclamação em vez da letra "i").

22 Um ponto de *break-even* ou ponto de equilíbrio, como um conceito econômico genérico, representa a quantidade na qual a contribuição para os custos fixos se iguala aos custos fixos. Para o caso específico da produção de automóveis, o *ponto de equilíbrio* representa o volume de produção de carros necessário para cobrir os custos fixos de produção.

23 < http://www.think.no/ > setembro, 2008.

24 O desenho desta figura foi influenciado por outros semelhantes a respeito de filantropia corporativa, desenvolvidos por Michael E. Porter e Mark R. Kramer, "The Competitive Advantage of Corporate Philanthropy", *Harvard Business Review*, 80/12 (2002): 56-69.

25 Um bom exemplo dessa abordagem é o The Natural Step (TNS), desenvolvido por Karl-Henrik Robert, um médico sueco. Ver, por exemplo: Brian Nattrass, *Dancing with the Tiger: Learning Susteinability Step by Natural Step* (Gabriola Islands, Canada: New Society Publishers, 2002); Brian Nattrass, *The Natural Step for Business: Wealth, Ecology and the Evolutionary Corporation* (Philadelphia, Pa: New Society, 1999). Ver também: Peter M. Senge et al., *The Necessary Revolution: How Individuals and Organizations Are Working Together to Create a Sustainable World* (US Green Building Council, 2008); Maximilien Rouer e Anne Gouyon, *Réparer la planète: La revolution de l'economie Positive* (Jean-Claude Lattès, 2007).

26 Stewart Hart, "Beyond Greening: Strategies for a Sustainable World", *Harvard Business Review*, 75/1 (1997):66-76.

27 Tom J. Brown e Peter Dacin, "The Company and the Product: Corporate Associations and Consumer Product Responses", *Journal of Marketing*, 61/1 (1997):68-54

28 Para uma visão geral da EPR, ver: Thomas Lindqvist, "Extended Producer Responsibility in Cleaner Production: Policy Principle to Promote Improvements of Product Systems" (Ph.D. diss., IIIEE, Universidade Lund, Suécia, 2000).

29 A expressão *base da pirâmide* foi cunhada por C.K. Prahalad e S. Hart, "The Fortune at the Bottom of the Pyramid", *Strategy + Business* 26, 2002 para se referir às camadas 4 e 5 da população, com uma paridade de poder de compra de US$ 1,500/ano ou menos, que, em conjunto, representam 4 bilhões de pessoas.

30 O desenho desta figura foi influenciado por outros semelhantes sobre a filantropia corporativa, desenvolvidos por Porter e Kramer, op. cit.

NOTAS

31 Renato J. Orsato, "Future Imperfect? The Enduring Struggle for Electric Vehicles", em *The Business of Sustainable Mobility*, ed. Paul Nieweinhuis, Philip Vergragt e Peter Wells (Londres: Edward Elgar, 2006), 35-44.

32 Uma extensa revisão das várias abordagens usadas na literatura sobre *the business and environment* pode ser encontrada em: Luca Berchicci e Andrew King, "Chapter 11: Postcards from the Edge: A Review of the Business and Environment Literature", *The Academy of Management Annals*, 1/1 (2007): 513-547.

33 Normalmente a partir do Toxic Invetory Release da EPA.

34 Andrew King e Michael Lenox, "Industry Self-Regulation without Sanctions: The Chemical Industry's Responsible Care Program", *The Academy of Management Journal*, 43/4 (2000):698-716.

35 *Trobjörn Brorson, Environmental Management: How to Implement an Environmental Management System Within a Company or Other Organization*, 3ª ed. (Estocolmo: EMS 1999).

36 Kathleen M. Eisenhardt, "Building Theories from Case Study Research", *Academy of Management Review*, 14/4 (1989): 532-550.

37 Robert Stake "Case Studies" em *Strategies of Inquiry*, ed. Norman K. Denzin e Yvonna S. Lincoln (Thousand Oaks, CA: Sage, 1994).

38 C. Eden e C. Huxham, "Action Research for the Study of Organizations", no *Handbook of Organizational Studies*, ed. S. Clegg, C.Hardy, e W. Nord (Londres: Sage, 1996), 565-580.

39 Os dados foram tirados da pesquisa empírica desenvolvida durante 2004-2007, como parte do projeto chamado "*Strategic Environmental Management in European and Australasian Firms*", financiada pela Comissão Europeia, Marie Curie Actions (MOIF-CT-2004-509911). Casos selecionados também foram escolhidos a partir dos dados colecionados durante o período 1999-2004, como parte do programa de pesquisa de ação com 35 empresas suecas no International Institute for Industrial Environment Economics (IIIEE), assim como a pesquisa sobre a indústria automotiva mundial apresentada em: Renato J. Orsato, "The Ecological Modernization of Industry: Developing Multi-Disciplinary Research on Organization & Environment" (Ph.D. diss., Universidade de Tecnologia, Sydney, Austrália: 2001).

40 W. Chan Kim e Renée Mauborgne, Blue Ocean Strategy: *How to Create Uncontested Market Space and Make Competition Irrelevant* (Boston, MA, USA: Harvard Business School Press, 2005).

CAPÍTULO 2 – O QUE SÃO ESTRATÉGIAS DE SUSTENTABILIDADE?

1 Uma visão geral das diversas escolas de administração estratégica é apresentada por Henry Mintzberg, Bruce Ahlstrand e Joseph Lampel, *Strategy Safari: A Guided Tour Through the Wilds of Strategic Management* (New York: The Free Press, 1998).

2 Por exemplo: *Business Strategy &the Environment Journal, Corporate Environment Strategy Journal, Journal of Industrial Ecology*.

NOTAS

3 Forest L. Reinhardt, *Down to Earth: Applying Business Principles to Environmental Management* (Boston, USA: Harvard Business School Press, 2000).

4 Ver Capítulo 4 em Daniel Esty e Andrew Winston, *Green to Gold: How Smart Companies Use Environmental Strategy to Innovate, Create Value, and Build Competitive Advantage* (New Haven, USA: Yale University Press, 2006); ver também Capítulo 4 em Reinhardt, op.cit.

5 Michael Porter, "What is Strategy?" *Harvard Business Review*, 74/6 (1996): 61-79.

6 Joan Magretta, *What Management Is: How It Works and Why It's Everyone's Business* (Londres: Profile Books, 2003).

7 W. Chan Kim e Renée Mauborgne, "Value Innovation: The Strategic Logic of High Growth", *Harvard Business Review*, 82/7-8 (2004):172-180.

8 W. Chan Kim e Renée Mauborgne, *Blue Ocean Strategy: How to Create Uncontested Market Space and Make the Competition Irrelevant* (Boston, MA: Harvard Business School Press, 2005).

9 Michael Porter, *Competitive Strategy: Techniques for Analyzing Industries and Competitors* (New York: The Free Press, 1980).

10 Michael Porter, op. cit.

11 Para uma visão geral das fontes de vantagem competitiva, ver: Capítulo 2 em Michael Porter, *Competitive Advantage: Creating and Sustaining Superior Performance* (Londres: Free Press, 1985).

12 Michael Porter, "Towards a Dynamic Theory of Strategy", *Strategic Management Journal* (1991): 95-118.

13 Sandra A. Waddock, Charles Bodwell e Samuel B. Graves, "Responsibility: The New business Imperative", *Academy of Management Executive*, 16/2 (2002): 132-148; Sandra A. Waddock e Charles Bodwell, *Total Responsibility Management: The Manual* (Sheffield: Greenleaf Publishing, 2007).

14 Michael Berry e Denis Rondinelli, "Proactive Corporate Environmental Management: A New Industrial Revolution", *Academy of Management Executive*, 12/2 (1998): 38-50; Forest Reinhardt, "Market Failure and the Environmental Policies of Firms: Economic Rationales for Beyond Compliance Behavior", *Journal of Industrial Ecology*, 3/1 (1999):9-21.

15 Sandra A. Waddock e Charles Bodwell, "Managing Responsibillity: What Can Be Learned from the Quality Movement?" *California Management Review*, 47/1 (2004): 25-37.

16 O trabalho sobre a RBV (*Resource-Based View of the Firm*) em administração estratégica começou com os artigos de: (i) Birger Wernefelt, "A Resource-Based View of the Firm", Strategic Management Journal, 5 (1984): 171-180; (ii) Richard Rumelt, "Toward a Strategic Theory of the Firm", em *Competitive Strategic Management* (Englewood Cliffs NJ: Prentice Hall, 1984); e (iii) Jay Barney, "Strategic Factor Markets: Expectations, Luck and Business Strategy", *Management Science*, 32/10 (1986): 1231-1242. Uma revisão *situacional* da Visão Baseada em Recursos pode ser encontrada em: Jay Barney e William Hesterly, "Organizational Economics: Understanding the Relatioship Between Organizations and

NOTAS

Economic Analysis", em *Handbook of Organization Studies*, ed. Stewart Clegg, Cynthia Hardy e Walter Nord (Londres: Sage, 1996): 115-147.

17 O conceito de *processos organizacionais* utilizado aqui compreende as atividades de controlar os processos de *fabricação, produção*, ou *industriais*, e *processos de administração genéricos*, que se relacionam principalmente, mas não estão limitados a atividades (burocráticas) realizadas pelos diversos membros de uma organização. Para uma visão geral de processos clássicos organizacionais, ver: Richard Hall, *Organizations: Structures, Processes and Outcomes* (Upper Saddler River: Prentice-Hall, 1999).

18 Esta seção é baseada no trabalho de Renato J. Orsato, "Competitive Environmental Strategies: When Does It Pay to Be Green?" *California Management Review*, 48/2 (2006): 127-141.

19 Por exemplo: Pieter Winsemius e Ulrich Guntran, *A Thousand Shades of Green: Sustainable Strategies for Competitive Advantage* (Londres: Earthscan, 2002): Bob Williard, *The Sustainability Advantage: Seven Business Case Benefits of a Triple Bottom Line* (Gabriola Island, Colúmbia, Canadá: New Society Publishers, 2002); Paul Hawken, Amory Lovins e Hunter Lovins, *Natural Capitalism: The Next Industrial Revolution* (Londres: Earthscan, 1999).

20 Orsato, op. cit. Figura p. 131.

21 Para uma visão geral de *Acordos Voluntários* e como eles podem influenciar a competitividade de uma empresa, ver: Magali Delmas e Ann K. Terlaak, "A Framework for Analyzing Environmental Voluntary Agreements", *California Management Review*, 43/3 (2001):44-61.

22 Como as apresentadas por Stewart Hart, "Beyond Greening: Strategies for a Sustainable World", *Harvard Business Review*, 75/1 (1997): 66-76; e Dexter Dunphy e Andrew Griffiths, *Sustainable Corporation: Organizational Renewal in Australia* (French Forest, Austrália: Allen & Urwing, 1998), entre outras.

23 Christopher B. Hunt e Ellen R. Auster, "Proactive Environmental Management: Avoiding the Toxic Trap", *Sloan Management Review*, 31/2 (1990): 7-19.

24 Stuart L. Hart, *Capitalism at the Crossroads Aligning Business, Earth, and Humanity*, 2ª ed. (Wharton, Pennsylvania: Wharton School Publishing, 2007).

25 Porter, op. cit.

26 Em 2006, a GE foi a quarta mais valiosa marca corporativa no mundo, valendo $ 48,907 milhões, Interbrand Corporation | Global Branding Consultancy < www.interbrand.com/ > setembro, 2008.

27 Charles Corbett e David Kirsh, "ISO 14000: na agnostic's report from the front line", ISO 9000 + ISO14000 News 2 (2000): 4-17. Richard Florida e Derek Davidson, "Gaining from Green Management: Environmental Management Systems Inside and Outside the Factory", *California Management Review*, 43/3 (2001): 63-85.

28 Kim and Mauborgne, op. cit.

29 Esta figura é baseada na lógica da *inovação de valor* apresentada na página 16 de Kim e Mauborgne, op. cit.

NOTAS

CAPÍTULO 3 – ECOEFICIÊNCIA DE PROCESSOS

1 Michael Porter, *The Competitive Advantage of Nations* (Londres: The Macmillan Press, 1990).

2 Michael Porter e Clas Van der Linde, "Green and Competitive: Ending the Stalemate", *Harvard Business Review*, 73 (1995); 120-134.

3 Paul Hawken, Amory Lovins e Hunter Lovins, *Natural Capitalism: The Next Industrial Revolution* (Londres: Earthscan, 1999). Ver também trabalho anterior sobre produtividade de recursos desenvolvido por E. von Weizäcker, Amory Lovins e Hunter Lovins, *Factor Four: Doubling Wealth – Halving Resource Use* (Sydney: Allen & Unwin, 1997).

4 Para uma revisão do conceito de ecoeficiência, ver: Chris Ryan, *Digital Eco-Sense: Sustainability and ICT – A New Terrain for Innovation* (Melbourne, Austrália: Lab 3000, 2004).

5 Charles J. Corbett e Robert D. Klassen, "Extending the Horizons: Environmental Excellence as Key to Improving Operations", *Manufacturing & Service Operations Management*, 8/1 (2006): 5-22 apresenta lógicas para as empresas considerarem a excelência ambiental de toda a corrente de suprimentos como um meio de alcançar melhorias nas operações das empresas.

6 James P. Womack e Daniel T. Jones, *Lean Thinking: Banish Waste and Create Wealth in Your Corporation* (Londres: Simon & Schuster, 2003).

7 ZERI é uma organização em rede que pesquisa e encoraja ecoeficiência industrial, que surgiu a partir de um programa especial da United Nations University, Tóquio, Japão.

8 Os *outputs* de uma cervejaria também incluem um biodigestor para tratar o esgoto e transformá-lo em um composto de fertilizante e metano. O metano pode substituir uma parte do combustível necessário para a caldeira da cervejaria. Bacias de algas também podem ser usadas para processar água do digestor e criar algas para alimentar o gado. Finalmente, a água das bacias pode ser levada para lagos profundos para criação de peixes. < www.zeri.org/> outubro, 2008.

9 Gunter Pauli, *Upsizing: The Road to Zero Emissions – More Jobs More Income and No Pollution* (Sheffield: Greenleaf, 1998).

10 C.K. Prahalad e Gary Hamel, "The Core Competence of the Corporation", *Harvard Business Review*, 68/3 (1990): 79-92.

11 De acordo com Michael Pollan, alimentar grandes quantidades de cereais para o gado pode fazer sentido para os negócios mas pode ser prejudicial para a saúde dos animais. As vacas são ruminantes que comem principalmente grama. Apesar de que pequenas quantidades de cereais possam ser adicionadas às suas dietas, grandes quantidades causam problemas digestivos. Ver: Michael Polan, *The Omnivore's Dilemma. The Search for the Perfect Meal in a Fast-Food World* (Londres: Bloomsbury Publishing, 2006).

12 Heineken International Group Corporate Relations, comunicação pessoal em 11 de julho de 2007.

NOTAS

13 Qinghua Zhu *et al*. "Industrial Symbiosis in China: A Case Study of the Guitang Group", *Jounal of Industrial Ecology*, 11/1 (2007): 31-42. Ver também: Qinghua Zhu e Raymond P. Cote, "Integrating Green Supply Chain Management into an Embryonic Eco-Industrial Development: A Case Study of the Guitang Group", *Journal of Cleaner Production*, 12/8-10 (2004):1025-1035.

14 Uma primeira revisão dos principais conceitos e áreas de pesquisa da ecologia industrial pode ser encontrada em Frank den Hond, "Industrial Ecology: A Review", *Regional Environmental Change*, 1/2 (2000):60-69; Desenvolvimentos mais recentes podem ser encontrados no *Journal of Industrial Ecology* <www.balckwellpublishing.com/journal.asp?ref=1088-1980> outubro 2008.

15 Uma análise do potencial para ecossistemas industriais pode ser encontrada em: Catherine Hardy e Thomas E. Graedel, "Industrial Ecosystems as Food Webs", *Journal of Ecology*, 6/1 (2002):29-38. Ver também: Robert U. Ayres, "Creating Industrial Ecosystems: A Viable Management Strategy?" *International Journal of Technology Management*, 12/5,6 (1996):608.

16 Uma profunda análise do ecoparque de Kalundborg é apresentado por: Noel B. Jacobsen, "Industrial Symbiosis in Kalundborg, Denmark: A Quantitative Assessment of Economic and Environmental Aspects", *Journal of Industrial Ecology*, 10/1-2 (2006):239-255.

17 Uma ampla avaliação dos parques ecoindustriais foi desenvolvida por: D.Gibbs, P. Deutz e A. Procter, "Industrial Ecology and Eco-Industrial Development: A New Paradigm for Local Regional Development?" *Regional Studies*, 39/2 (2005): 171-183. Uma avaliação mais recente pode ser encontrada em: Marian R. Chertow, "Uncovering Industrial Symbiosis," *Journal of Industrial Ecology*, 11/1 (2007): 11-30: e M. Mirata, "Industrial Symbiosis – A Tool for More Sustainable Regions" (Ph.D. diss., IIIEE, Universidade de Lund, 2005).

18 Uma visão das semelhanças e diferenças entre os sistemas natural e industrial pode ser encontrada em D. Richards e G. Pearson, *The Ecology of Industry: Sectors and Linkages* (Washington DC: National Academy Press, 1998).

19 Marian R. Chertow, "Uncovering Industrial Symbiosis", *Journal of Industrial Ecology*, 11/1 (2007):11-30.

20 Detalhes das sinergias em Kwinana podem ser encontrados em: Dick van Beers, Status Report on Regional Synergies in the Kwinana Industrial Area (Perth, WA, Austrália: Center for Sustainable Resource Processing, 2006); Ver também: Dick Van Beers, Glen Corder, Albena Bossilov e Rene van Berkel, "Industrial Symbiosis in the Australian Mineral Industry: The Case of Kwinana and Gladstone", *Journal of Industrial Ecology*, 11/1 (2007): 55-72.

21 Um excelente relato sobre os parques ecoindustriais planejados e em desenvolvimento pode ser encontrado em: "Welcome to Indigo Development", < www.indigodev.com/index.html> setembro 2008. Ver também: Nelson Nermerw, *Zero Pollution for Industry: Waste Minimization Through Industrial Complexes* (New York: Wiley, 1995).

22 José Goldemberg, "The Ethanol Program in Brazil", *Environmental Research Letters*, Institute of Physics Publishing edition (2006): sec. Lett:1.

NOTAS

23 Petri Ristola e Murat Mirata, "Industrial Symbiosis for More Sustainable, Localized Industrial Systems", *Progress in Industrial Ecology – An International Journal*, 4/3,4 (2007): 184-202.

24 Existe uma pletora de livros, artigos e estudos de casos que explica o processo que culminou com o Protocolo de Kyoto e os seus mecanismos. Ver, por exemplo: Robert Henson, *The Rough Guide to Climate Change: The Symptoms, the Science and the Solutions* (New York- Rough Guides Ltd., 2006).

25 Dióxido de carbono (CO_2), metano (CH_4), óxido nitroso (N_2O), hexafluoreto de enxofre (SF_6), hidrofluorcarbonos (HFC_5) e perfluorocarbonos (PFC_5).

26 http://unfcc.int/essential_background/convention/items/2627.php/ > outubro, 2008.

27 Existem 4 relatórios sobre avaliação de IPCC: o primeiro publicado em 1990, o segundo em 1995, o terceiro em 2001 e o quarto em 2007.

28 Para informação detalhada veja "UNFCCC" em <http://unfccc.int/kyoto_protocol/mechanisms/items/1673.php/ > outubro, 2008.

29 Além das concessões da União Europeia alocadas aos Planos de Alocação Nacionais (NAP), as *commodities* geradas pelos Mecanismos de Desenvolvimento Limpo (Reduções Certificadas de Emissões – CERs) e implantação conjunta (Unidade de Redução de Emissões – ERUs) são permitidas para uso em conformidade com o ETS da União Europeia. Entretanto o volume de certificados dos instrumentos baseados em projetos é limitado pelo NAP. Ver Diretiva 2004/101/EC sobre "conectar" EU ETS com os projetos baseados nos mecanismos de Kyoto.

30 Foram negociados € 9,4 bilhões em 2005 e € 22,5 bilhões em 2006, mas porque a Comissão Europeia (CE) foi generosa demais nas concessões da Fase 1 (2005-2008), em julho de 2007 o preço dos créditos de carbono era virtualmente zero. Tendo aprendido a lição, a CE foi mais restritiva com suas concessões na fase 2 (2008-2012). Em outubro de 2008, os créditos de carbono valiam € 23/tonelada de CO_2 – equivalente.< www.pointcarbon.com/ > outubro, 2008.

31 A *commodity* básica do Protocolo de Kyoto para negociação é chamada "unidades de quantidade atribuída" (AAUs). O Mecanismo de Desenvolvimento Limpo usa Certificados de Redução de Emissões (CER), e a Implantação Conjunta usa a Unidade de Redução de Emissão (ERU). Embora sejam nomes diferentes para as *commodities*, todas representam 1 tonelada de redução de CO_2.

32 Mais precisamente, em 2008 foram 3.967 projetos de CDM.< www.cdmpipeline.org/cdm-projects-type.htm > outubro, 2008.

33 Em 2006 o mercado de CDM já valia € 5 bilhões, com mais de 200 projetos aprovados na Índia, na China e no Brasil. Em julho de 2007, a China assumiu a liderança e sozinha foi responsável por 61 por cento do mercado de CDMs, com 524 projetos aprovados. Em 2008, a China representou 52 por cento da média anual esperada de CERs, com a Índia representando 13 por cento, seguida pelo Brasil com cerca de 9 por cento. <http://cdm.unfccc.int/Statistics/index.html > outubro, 2008.

NOTAS

34 Cleaning Up: A Special Report on Business and Climate Change, *The Economist*, 2 de junho de 2007.

35 Revista *Veja*. "Salvar o Planeta dá Lucro", 6 de dezembro de 2006, páginas 116-119.

36 < www.sapaulista.com.br/ > outubro, 2008.

37 Andrew Hoffman, "Climate Change Strategy: The Business Logic Behind Voluntary Greenhouse Gas Reductions", *California Management Review*, 47/3 (2005): 21-46.

38 Ans Kolk e Jonatan Pinkse, "Business Responses to Climate Change: Identifying Emergent Strategies", *California Management Review*, 47/3 (2005): 6-20.

39 Isto é claramente refletido no título do livro: Andrew J. Hoffman e John G. Woody, *Climate Change: What's Your Business Strategy?* (Harvard Business School Press, 2008).

40 Daniel C. Esty e Michael E. Porter, "Industrial Ecology and Competitiveness: Strategic Implication for the Firm", *Jounal of Industrial Ecology*, 2/1 (1998): 35-43.

41 Hawken, Lovins e Lovins, op. cit.

42 Kolk e Pinkse, op. cit.

43 Um relato dessa transformação pode ser encontrado em Pollan, op.cit.

44 L. Nilesen e T. Jeppesen "Tradable Green Certificates in Selected European Countries – Overview and Assessment", *Energy Policy*, 31/I, (2003):3-14, *"Fuel and Energy Abstracts"* 44/4 (julho 2003): 270.

45 Uma análise detalhada dos Certificados Brancos Negociáveis é apresentada por: L. Mundaca, "Markets for Energy Efficiency: Exploring the New Horizons of Tradable Certificate Schemes" (Ph.D. diss., IIIEE, Universidade Lund, 2008).

46 Mundaca, op. cit.

47 Mundaca, op. cit.

48 Hawken, Lovins e Lovins, op. cit.

49 Emissions Trading: Lightly Carbonated, The Economist, 4 de agosto, 53 (2007).

50 Luis Mundaca, "Transaction Costs of Tradable White Certificate Schemes: The Energy Efficiency Commitment at Case Study", *Energy Policy*, 35/8 (2007): 4.340-4.354.

CAPÍTULO 4 – ECODIFERENCIAÇÃO DE PROCESSOS

1 Para uma descrição completa do caso, veja: Renato J. Orsato e Kess McCormick: *Ecoactivism Greenpeace, the Oil Industry and the Stuart Oil Shale Project in Australia*. INSEAD case 11/2006-5339.

2 Esta informação, baseada em um documento, foi vazada para o Greenpeace pela Environment Australia e Australian Greenhouse Office (2002). Informação a respeito pode ser

NOTAS

encontrada em: <http://www.greenpeace.org/australia/news-and-events/news/Climate-change/shale-oil-plant-shut-down-afte > outubro, 2008.

3   O petróleo de xisto se torna competitivo com os preços do petróleo acima de US$ 70 por barril. Ver Colin J. Campbell e Jean H. Laherrère, "The End of Cheap Oil", *Scientific American*, 278/3 (1998): 60-65.

4   Crimes of Protest, *Time Magazine*, 28 de agosto (1995).

5   Uma explicação básica do papel da agência, nos relacionamentos entre negócios e meio ambiente, é fornecida por: Renato J. Orsato e Stewart R. Clegg, "The Political Ecology of Organizations: Toward a Framework for Analyzing Business-Environment Relationships", *Organization & Environment*, 12/3 (1999): 263-279.

6   Em 1995 a Shell queria afundar plataformas de petróleo obsoletas no Mar do Norte, mas os protestos subsequentes liderados pelo Greenpeace incitaram os consumidores a boicotarem a gasolina da Shell, resultando em uma queda nas vendas de 60 por cento somente na Alemanha. A pressão dos consumidores e do público em geral levou a Shell a mudar sua estratégia e a plataforma de petróleo, Brent Spar, em vez de ser afundada em águas profundas, foi desmontada em terra. Ver: Lisa Dickson e Alistar McCulloch, "Shell, The Brent Spar and Greenpeace: A Doomed Tryst?" *Environmental Politics*, 5 (1996). Ver também: David Vogel, *The Market for Virtue: The Potential and Limits of Corporate Social Responsibility* (Washington, D.C.: Brookings Institution Press, 2006).

7   C.N. Smith, "Consumers as Drivers of Corporate Social Responsibility", in *The Oxford Handbook of Corporate Social Responsibility*, ed. Andrew Crane, Abagail McWilliams, Dirk Matten, Jeremy Moon e Donald Siegel (Oxford University Press, 2008): 281-302.

8   Mark Haugaard, *The Constitution of Power: A Theoretical Analysis of Power, Knowledge and Structure* (Manchester: Manchester University Press, 1997).

9   C. Hillebrand e K. Money "Corporate Responsibility and Corporate Reputation", *Corporate Reputation Review*, 10/4 (2007): 261-277.

10   Hillenbrand and Money, op. cit.

11   O conceito dos Clubes Verdes foi proposto por: Aseen Prakash e Matthew Potoski, *The Voluntary Environmentalists: Green Clubs, ISO 14001, and Voluntary Environmental Regulations* (Cambridge: Cambridge University Press, 2006). Muitos Clubes Verdes também incluem responsabilidades sociais corporativas e assuntos ligados a direitos humanos mais amplos, como apresentados pelo UN Global Compact.

12   Andrew King e Michael Lenox, "The Strategic Use of Decentralized Institutions: Exploring Certification with the ISO 14001 Management Standard", *Academy of Management Journal*, 48/6 (2005): 1091-1106. Ver também: P. Ingram e B. Silverman "The New Institutionalism in Strategic Management" em *Advances in Strategic Management*, ed. P. Ingram & B.S. Silverman (Greenwich: CT: JAI Press): 1-32.

13   Rupert Howes, Jim Skea, e Bob Whelan, *Clean and Competitive? Motivating Environmental Performance in Industry* (Londres: Earthscan, 1997).

14   Jenifer Nash e John Ehrenfeld, "Codes of Environmental Practice: Assessing Their Potential as a Tool for Change", *Annual Review of Energy and the Environment*, 22 (1997): 487-535.

NOTAS

15. Prakash e Potoski, op. cit.: 47.

16. Uma revisão útil dos principais Clubes Verdes e uma pletora de outras VEIs são apresentadas por: Sandra Waddock, "Building a New Institutional Infrastructure for Corporate Responsibility", *Academy of Management Perspectives*, 22/3 (2008) 87-108.

17. Aproximadamente 2.500 pessoas morreram e 200.000 ficaram feridas como consequência do acidente em 3 de dezembro de 1984. Para detalhes, ver: Paul Shrivastava, "Corporate Self-Greenewal: Strategic Responses to Environmentalism", *Business Strategy and the Environment*, 1/3, (1992): 9-21; Paul Shrivastava, "Ecocentric Management for a Risk Society", *Academy of Management Review*, 20/1 (1995): 118-137.

18. Nash e Ehrenfeld, op. cit.; Jennifer Howard, Jennifer Nash e John Ehrenfeld, "Industry Codes as Agents of Change: Responsible Care Adoption by U.S. Chemical Companies", *Business Strategy and the Environment*, 8/5 (1999): 281-295; King and Lennox, op. cit.

19. < www.icmm.com/ > setembro, 2008.

20. < www.ceres.org/ > setembro, 2008.

21. Um debate sobre Regulação Civil pode ser encontrado em Simon Zadeck, *The Civil Corporation: The New Economy of Corporate Citizenship* (Londres: Earhscan, 2006). Ver também: David Vogel, op. cit. e Capítulo 11 de Andrew Care e Dirk Matten, *Business Ethics: Managing Corporate Citizenship and Sustainability in the Age of Globalization*, 2ª ed. (Oxford: Oxford University Press, 2007).

22. A Coca-Cola se uniu à CERES em 1998. Mais tarde ela também entrou em uma parceria com o WWF para conservar as reservas de água doce do mundo. A empresa também está listada nos índices FTSE Good e Dow Jones Sustainability. Ela também desenvolveu um sistema de administração ambiental chamado eKo.
< www.coca-cola.com > setembro, 2008.

23. < http://www.globalreporting.org/Home > setembro, 2008.

24. O WBCSD foi formado através de uma fusão entre o Business Council for Sustainable Development, em Geneva, e o World Industry Council for the Environment, uma iniciativa da International Chamber of Commerce (ICC), em Paris. Ver:
< www.wbcsd.ch/templates/TemplateWBSCD/layout.asp?MenuID=1 > setembro, 2008.

25. < www.unglobalcompact.org>

26. UN Global Compact Annual Progress Survey 2007 produzida em cooperação com Wharton, páginas 6-25.

27. UN Global Compact Annual Progress Survey 2007 produzida em cooperação com Wharton, página 14.

28. Charles J. Corbett e Michael V. Russo, *Special Report – The Impact of ISO 14001: ISO 14001: Irrelevant or Invaluable?*, ISO Management Systems.

29. Regulamentação do Conselho (EEC) nº 1836/93 de 29 de junho de 1993, permitindo a participação voluntária de empresas do setor industrial em um esquema de ecogestão e auditoria em comunidade.

NOTAS

30 O "movimento" TQM foi iniciado por W. Edwards Deming e Joseph Duran (ambos americanos), que propagaram a ideia de *prevenção de defeitos* através do controle dos processos de produção e de negócios e a eliminação das causas das principais variações de qualidade nos produtos ou serviços comercializados pelas empresas. Por causa de suas ramificações práticas e acadêmicas nos anos da década de 80 e primeira metade dos anos da década de 90, a TQM se tornou um dos fenômenos mais influentes na administração na segunda metade do Século XX. Durante aquele período, um grande número de livros e trabalhos acadêmicos foi publicado a respeito do assunto. Hoje, os princípios e métodos da TQM são parte do currículo nas escolas de administração e nos livros-texto. Para uma visão da qualidade e dos princípios de qualidade na administração, ver: A. Blanton Godfrey e Joseph M. Juran, *Juran's Quality Handbook* (USA: Mc-Graw Hill, 1998).

31 Robert Kaplan e David Norton, *Strategy Maps: Converting Intangible Assets into Tangible Outcomes* (Boston, USA: Harvard Business School Press, 2004). A pesquisa nesta área tem tentado estabelecer uma relação entre os intangíveis associados a questões de sustentabilidade aos apectos financeiros das empresas: veja, por exemplo: Frank Figge, Tobias Hann, Stefan Shaltegger e Marcus Wagner, "The Sustainability Balanced Scorecard: Linking Sustainability Management to Business Strategy", *Business Strategy & Environment*, 11/5 (2002): 269-284. Ver também: Francesco Zingales, Anastacia O'Rourke, e Renato J. Orsato, "Environment and Socio-Related Scorecard: Exploration of Critical Issues", *INSEAD Working Paper* (2002/47/CMER).

32 John Magretta, *What Management Is: How it Works and Why It's Everyone Business* (Londres: Profile Books, 2003) oferece um excelente relato da criação de valor em organizações.

33 Chad Nehrt, "Maintanbility of First Mover Advantages When Environmental Regulations Differ Between Countries", *Academy of Management Review*, 23/1 (1998): 77-97.

34 Entrevista com Richard Riddiford, Diretor-Gerente da Pallister, em 22 de abril de 2005. Ver também: Michael Beverland, "Brand Value, Convictions, Flexibility, and New Zealand Wine", *Business Horizons*, 47/45 (2004):53-61.

35 Em 2008, o Boticário tinha mais de 900 franquias no Brasil. A empresa conquistou diversos prêmios ambientais nacionais e internacionais.

36 A *Fundação Grupo Boticário de Proteção à Natureza* patrocina em torno de US$ 500,000 por ano em projetos de conservação. Em fevereiro de 1995, a fundação inaugurou um parque de 17.000 hectares de floresta nativa no estado do Paraná, Brasil.

37 A informação apresentada aqui foi obtida através de entrevistas com o vice-presidente do O Boticário e com o diretor da *Fundação Grupo Boticário de Proteção à Natureza*.

38 < www.pewclimate.org/companies_leading_the_way_belc > abril, 2008.

39 A folha do The Climate Savers Programme General Fact foi baixada de <www.worldwildlife.org>, abril 2008.

40 < www.worldwildlife.org/climate > abril, 2008.

41 A folha do The Climate Savers Programme General Fact foi baixada de <www.worldwildlife.org>, abril , 2008.

NOTAS

42   < www.edf.org/page.cfm?tagID=82> abril 2008.

43   < www.epa.gov/stateply/> abril, 2008.

44   < www.theclimategroup.org/index.php/about_us/ > abril 2008.

45   Alcan Inc., Alcoa, American International Group, Inc. (AIG), Boston Scientific Corporation, BP America Inc., Caterpillar Inc., Chrysler LLC, ConocoPhillips, Dere & Company, The Dow Chemical Company, Duke Energy, DuPont Environmental Defense, Exelon Corporation, Ford Motor Company, FPL Group, Inc., General Electric, General Motors Corp., Johnson & Johnson, Marsh, Inc., National Wildlife Federation, Natural Resources Defense Council, The Nature Conservancy, NRG Energy, Inc., PepsiCo, Pew Center on Global Climate Change, PG&E Corporation, PNM Resources, Rio Tinto, Shell, Siemens Corporation, World Resources Institute, Xerox Corporation.

46   Andrew J. Hoffman, "If You're Not at the Table, You're on the Menu", *Harvard Business Review*, 85/10 (2007):34-35.

47   Michael Porter & Clas Van der Linde, "Green and Competitive: Ending the Stalemate", *Harvard Business Review*,73/5 (1995): 120-134.

48   Andrew J. Hoffman, "Climate Change Strategy: The Business Logic Behind Voluntary Greenhouse Gas Reductions", *California Management Review*, 47/3 (2005):21-46.

49   HM Treasury, Stern Review on the Economics of Climate Change, 2007; IPCC, Quarto Relatório de Avaliação do IPCC "Mitigation of Climate Change", 2007. <http://www.ipcc.ch/ippcreports/ar4-wg3.htm>, setembro, 2008.

50   Tornando as coisas piores, Bjorn Lomborg, um populista dinamarquês, tem prestado um desserviço aos negócios e à sociedade ao usar as complexidades envolvidas no assunto do clima para confundir ainda mais o público e criar espaço para si próprio na mídia. Ao propor intra e interconcessões de gerações entre assuntos sociais e ambientais, Lomborg cria espaço para autopromoção (lucros privados) em detrimento de qualquer benefício público. Bjorn Lomborg, *Cool It: The Skeptical Environmentalist's Guide to Global Warming* (Vintage, 2008).

51   Prakash e Potoski, op. cit.

52   Forest Reinhardt, *Down to Earth: Applying Business Principles to Environmental Management* (Boston, USA: Harvard Business School Press, 2000).

53   Petra Christmann e Glenn Taylor, "Globalization and the Environment: Strategies for International Voluntary Environmental Initiatives", *Academy of Management Executive*, 16/3 2002:121-135.

54   Glen Dowel, Stuart Hart e Bernard Yeung, "Do Corporate Environmental Standards Create or Destroy Value?" *Management Science*, 46/8 (2000); 1.059-1.074.

55   Jill Meredith Ginsberg e Paul Bloom, "Choosing the Right Green Marketing Strategy, *MIT Sloan Management Review*, 46/1 (2004):79-84.

56   Entre os anos 2000 e 2009, o valor da marca Coca-Cola estava entre US$ 65 e 70 bilhões. Ver: <www.interbrand.com> setembro, 2008.

NOTAS

57 Marc Gunther, "Coca-Cola's Green Crusader – It helps when the CEO is committed to sustainability", *Fortune Magazine*, April 28 (2008): 68.

58 Frequentemente o gás natural é mostrado como um combustível mais limpo, mas isso é apenas em comparação com tipos de hidrocarbonetos mais poluentes, como a gasolina ou o diesel.

59 Corbett e Russo, op. cit.

60 Andrew King, Michael Lenox e Ann Terlaak, "The Strategic Use of Decentralized Institutions: Exploring Certification with the ISO 14001 Management Standard", *Academy of Management Journal*, 48/6 (2005): 1.091-1.106.

61 Chad Nehrt, "Maintainability of First Mover Advantages When Environmental Regulations Differ Between Countries", *Academy of Management Review*, 23/1 (1998).

62 Estudos sobre a difusão de padrões ambientais podem ser encontrados em: Paulo Albuquerque, Bart J. Bronneberg, e Charles Corbett, "A Spaciotemporal Analysis of the Global Diffusion of ISO 9000 and 14000 Certification", *Management Science*, 53/3 (2007): 451-468; Magali Delmas e Ivan Montiel, "The Diffusion of Voluntary International Management Standards: Responsible Care, ISO 9000, and ISO 14001 in the Chemical Industry", *Policy Studies Journal*, 36/1 (2008):65-93.

63 Petra Christmann e Glen Taylor, "Globalization and the Environment: Determinants of Firm Self-regulation in China", *Journal of International Business Studies*, 32/3 (2001): 439-458.

64 Paulo Albuquerque, Bart J. Bronneberg, e Charles Corbett (2007), op. cit.

65 Ginsberg e Bloom, op. cit.

66 BP Sustainability Report, 2005-2006.

67 O índice foi criado em 1999 e foi seguido por uma versão europeia FTSE4GoodEurope 50 em outubro de 2001. O índice classifica as empresas pela avaliação de seus sistemas de Gestão Ambiental (SGA), esforços de eco-design, mecanismos de governança corporativa e política de emprego, dentre outros aspectos. Ver: <www.sustainability-index.com/> abril de 2008.

68 Matten e Crane, op. cit: 214-215.

CAPÍTULO 5 – MARCAS SOCIOAMBIENTAIS

1 Michael Porter, *Competitive Advantage: Creating and Sustaining Superior Performance* (Londres: Free Press, 1985):120.

2 Esta seção é baseada em James Austine e Ezequiel Reficco, "Forest Stewardship Council", *Harvard Business School* Case 9-303-047 (Boston, MA: Harvard Business School Publishing, 2006); David Vogel, T*he Market for Virtue: The Potential and Limits of Corporate Social Responsibility* (Washington, D.C.: Brookings Institution Press, 2006):114-121; e informação obtida do website do Forest Stewardship Council. < www.fsc.org > junho, 2008.

NOTAS

3   Austine e Reficco, op. cit. Apêndice 1.

4   Para uma visão geral dos anos iniciais da Sustainable Forestry Initiative, ver Forest L. Reinhardt, *Down to Earth: Applying Business Principles to Environmental Management* (Boston, MA: Harvard Business School, 1999):55-57.

5   Petra Christmann e Glen Taylor, "Globalization and the Environment: Strategies for International Voluntary Environmental Initiatives", *Academy of Management Executive* 16/3 (2002):121-135.

6   Christmann e Taylor op. cit.

7   Austine e Reficco, op. cit., página 14.

8   FSC www.fsc.org > maio, 2008.

9   Vogel, op. cit.: 118: Joseph Domask, "From Boycotts to Global Partnership: NGOs, the Private Sector and the Struggle to Protect the World's Forest", em *Globalization and NGOs: Transforming Business, Government and Society*, ed. Jonathan Doh and Hildy Teegen (Westport, CN: Praeger, 2003):168.

10 A Organização Internacional para a Padronização (ISO) possui os seguintes padrões para selos e declarações ambientais: ISO 14020-2000 (Princípios Gerais); ISO 14021:1999 (selo ambiental Tipo II); ISO 14024:1999 (selo ambiental Tipo I); ISO 14025:2006 (declarações ambientais Tipo III).
    < www.iso.org> maio, 2008.

11 De acordo com a pesquisa Roper (Roper ASW, "Green Gauge Report 2002" (New York: Roper ASW, 2002), existem cinco tipos de consumidores: *"True Blue Greens"* (Verdadeiros Verdes) (9%): Os True Blue possuem fortes valores ambientais e tomam para si o encargo de tentarem fazer uma mudança positiva. Eles têm quatro vezes mais possibilidades de evitarem produtos fabricados por empresas que não sejam ambientalmente conscientes. *"Greenback Greens"* (Costas Verdes) (6%): Os Greenbacks diferem dos True Blues pelo fato de não gastarem tempo para ser politicamente ativos. Mas eles estão mais dispostos do que o consumidor médio a comprar produtos ambientalmente amigáveis. *Sprouts* (Brotos) (31%): Os Sprouts acreditam em causas ambientais na teoria mas não na prática. Os Sprouts raramente irão comprar um produto verde se isso significar gastar mais, mas eles são capazes de ir para qualquer dos lados e podem ser persuadidos a comprar produtos verdes, se convencidos adequadamente. *Grousers* (Garras) (19%): Os Grousers tendem a não ser educados sobre assuntos ambientais e cínicos sobre sua habilidade em conseguir mudanças. Eles acreditam que os produtos verdes custam caro demais e não desempenham tão bem quanto os seus concorrentes. *Basic Browns* (Marrons Básicos) (33%): os Basic Browns estão preocupados com seus assuntos do dia a dia e não se preocupam com assuntos sociais ou ambientais." Jill Meredith Ginsberg e Paul Bloom, "Choosing the Right Green Marketing Strategy", *MIT Sloan Management Review,* 46/1 (2004): 79-84.

12 The Global Eco-Labeling Network (GEN).
    < http://globalecolabelling.net/> setembro, 2008.

NOTAS

13 D'Souza, Clare *et. al.* "Green Decisions: Demographics and Consumer Understanding of Environmental Labels", *International Journal of Consumer Studies*, 31/4 (2007): 371, e websites dos seguintes Global Eco-Labelling Network op.cit. e ISO. www.iso.org > maio, 2008.

14 OECD Trade Directorate, "CSR and Trade: Informing Consumers about Social and Environmental Conditions of Globalisation Production OECD", *Trade Policy Working Paper* nº 47, Part I.

15 R. Johnston, "A Critique of Life-cycle Analysis: Paper Products", em *The Industrial Green Game: Implications for Environmental Design and Management*, ed. D.J. Richards (Washington, D.C.: National Academy of Engineering, 1997):225-233.

16 R.G. Hunt e R. O. Welch, *Resource and Environmental Profile Analysis of Plastics and Nonplastics Container* (Kansas City: Midwest Research Institute, 1974).

17 M.T. Smith, "Squaring the Circle: Fundamental Barriers to Effective Environmental Product Labeling", em *ISO 14001 and Beyond: Environmental Management System in the Real World*, ed. C. Sheldon (Sheffield: Greenleaf Publishing, 1997): 5-97.

18 Esta seção se baseia no relatório: Katsiaryna Paulaverts, *Change and the Food Industry – Climate Labeling for Food Products Potential and Limitations*, TSEL Environmental < http://tsel-environmental.com/ > , fevereiro, 2008 e notas tomadas durante a *Labeling Climate Change Conference*, Lund, Suécia, 6-7 de novembro de 2007, organizada pela The Global Ecolabelling Network (GEN).

19 "Carbon Confusion", *Business Week*, edição 4075, 2008.

20 A iniciativa de rotulagem de carbono da Tesco tem experimentado dificuldades em rotular todos os produtos na loja. É incerto se a Tesco irá conseguir conquistar a meta de rotular 100 por cento de seus produtos.

21 Carbon Trust. < www.carbontrust.co.uk > junho, 2008.

22 Entre as primeiras NGOs trabalhando nisso estava a SAFE Alliance, atualmente Sustain. <www.sustainweb.org > setembro 2008.

23 A WASD tem sido criticada por não levar em conta o método de transporte pelo qual os produtos viajam. Outro aspecto negativo da WASD é a dificuldade em usá-la para produtos com múltiplos ingredientes.

24 KRAV <www.krav.se> junho, 2008.

25 Apresentação por Mikael Karlsson durante a conferência *Labelling Climate Change – Possibilities and Limitations on Labeling Climate Change*, Lund, Suécia, 6-7 de novembro de 2007.

26 De acordo com um relatório da BBMG Conscious Consumer, aproximadamente nove entre dez americanos dizem as palavras "consumidor consciente", descrevem-nas bem e têm maior probabilidade de comprarem de empresas que fabriquem produtos eficientes energeticamente. Raphael Bemporal e Mitch Baranowski, Conscious Consumers Are Changing the Rules of Marketing. Are you Ready? (BBMG, novembro 2007). <http://www.bbmg.com/pdfs/BBMG_Conscious_Consumer_White_Paper.pdf. >

NOTAS

27 Forest Reinhardt, "Bringing the Environment Down to Earth", *Harvard Business Review*, 77/4 (1999):149-157.

28 Sadowski e Bukingham Retailers as Choice Editors – European Retail Digest.

29 Esta seção é baseada em: Renato J. Orsato e Andrea Öström, "Eco-branding: The Case of Änglamark", INSEAD case, 02/2006-5314.

30 Esta seção é baseada em Renato J. Orsato, "The Green Building Strategy: The Case of Lend Lease Australia", (UTS,Sydney, Australia, 2006).

31 O edifício emite apenas 59kg de CO_2/m^2/ano.

32 "The Good Consumer", *The Economist*, 27 de janeiro de 2008.

33 Forest Reinhardt já pronunciou anteriormente as condições específicas para estratégias de diferenciação bem-sucedidas. Por esta razão, os exemplos usados nesta seção apenas intencionam resumir as considerações que já foram suficientemente elaboradas por ele, e eventualmente torná-las mais fáceis para as pessoas não familiarizadas com os pré-requisitos da diferenciação ambiental de produtos. Ver Forest Reinhardt: "Environmental Product Differentiation: Implications for Corporate Strategy", *California Management Review*, 40/4 (1998): 43-73. Ver também: Reinhardt, op.cit.; Forest Reinhardt, "Market Failure and the Environmental Policies of Firms: Economic Rationales for 'Beyond Compliance' Behavior", *Journal of Industrial Ecology*, 3/1 (1999b): 9-21; Forest Reinhardt, *Down to Earth: Applying Business Principles to Environmental Management* (Boston, MA: Harvard Business School Press, 2000), Capítulo 2.

34 Kontrollföreningen för Ecolgisk Odling.

35 Para uma visão geral da KRAV e a situação geral dos cereais cultivados organicamente usados para a produção de pão na Suécia, ver: Pia Heidenmark, *Going Organic? A Comparative Study of Environmental Product Development Strategies along Two Swedish Bread Supply Chains* (Lund, Suécia: IIIEE Dissertations, 2000).

36 James Bessen e Michael J. Meurer, "Do Patents Perform Like Property?", *Academy of Management Perspectives*, 22/3 (2008): 8-20.

37 Reinhardt, op. cit.

38 A disjunção entre a intenção e a efetiva compra é discutida por Vogel, op. cit., Capítulo 3; Craig N. Smith, "Consumers as Drivers of Corporate Social Responsibility", no The Oxford Handbook of Corporate Social Responsibility, ed. Andrew Crane *et.al.* (New York: Oxford University Press, 2007): 281-302; Ken Peattie e Andrew Crane, "Green Marketing: Legend, Myth, Farce or Prophesy?", *Qualitative Market Research*, 8/4 (2005); 357-370; "Just Good Business. A special report on corporate social responsibility", *The Economist*, janeiro, 2008; Esben Rahbek Pedersen e Peter Neergaard, "Caveat Emptor – Let the Buyer Beware! Environmental Labeling and the Limitations of 'Green' Consumerism", *Business Strategy and the Environment*, 15/1(2006):15-29.

39 "The Silent Tsunami", *The Economist*, junho, 2008.

40 Inge Ropke, "The Dynamics of Willingness to Consume", *Ecological Economics*, 28/3 (1999):399-420.

NOTAS

41 Ropke, op. cit.: 399.

42 M. Sagoff, "The Allocation and Distribution of Resources", em *The Consumer Society*, ed. Neva R. Goodwin, Frank Ackeman, e David Kiran (USA: Island Press, 1998): 277-280.

43 S. M. Smith e C. P. Haugtvedt, "Implications of Understanding Basic Attitude Change Processes and Attitude Structure for Enhancing Pro-environmental Behaviors", em *Environmental Marketing: Strategies, Practice, Theory, and Research*, ed. Michael J. Polonsky e Alma T Mintu-Wimsatt (New York: The Haworth Press, 1995): 155-176.

CAPÍTULO 6 – LIDERANÇA DE CUSTO AMBIENTAL

1 O caso Ecolean foi apresentado previamente em: Renato J. Orsato, "Competitive Environmental Strategies: When Does It Pay to Be Green?", *California Management Review*, 48/2 (2006): 12-141.

2 Informação fornecida por Per Gustafsson (Presidente do Grupo Ecolean) e Per Gassner (Diretor de Produto e Meio Ambiente) em março de 2005.

3 A quantidade de carbonato de cálcio ($3,5 \times 10^{17}$) toneladas está bem distribuída no planeta.

4 A análise do ciclo de vida pode ser baixada do website da Ecolean: < www.ecolean.se >.

5 Para um debate sobre o conceito e o potencial do Eco-design, ver Chris Ryan, "Learning from a Decade (or So) of Eco-Design Experience, Part I", *Journal of Industrial Ecology*, 7/2 (2003): 1-12; e Chris Ryan, "Learning from a Decade (or So) of Eco-Design Experience, Part II Advancing the Practice of Product Eco-Design", *Journal of Industrial Ecology*, 8/4 (2005):3-5.

6 Métodos práticos de eco-design, ferramentas e orientações são apresentados por: Ursula Tischner, *et al.*, *How to Do EcoDesign?: A Guide for Environmentally and Economically Sound Design*, 1st. edn. (Birkhauser, 2002); John Gertsakis, H.Lewis e C. Ryan, *A Guide to EcoReDesign* (Melbourne: Centre for Design at RMIT, RMIT University, 1996); H. Lewis e J. Gertsakis. *Design + Environment*. (UK: Greenleaf Books, 2001); J.C. Brezet e C.G. van Hemel. *EcoDesign: A Promising Approach to Sustainable Production and Consumption* (Paris: UNEP, 1997).

7 Esta seção é baseada em: Renato J. Orsato, Frank den Hond, e Stewart R. Clegg, "The Political Ecology of Automobile Recycling in Europe", *Organization Studies*, 23/4 (2002): 639-665; ver também: Capítulo 11 de Renato J. Orsato, "The Ecological Modernization of Industry: Developing Multi-disciplinary Research on Organization & Environment" (Ph.D. Diss., University of Technology, Sydney, 2001).

8 Para uma visão geral do conceito de Responsabilidade Estendida do Produtor (EPR), ver: T. Lindhqvist, "Extended Producer Responsibility in Cleaner Production: Policy Principle to Promote Improvements of Product Systems" (Ph.D. Diss, University of Lund, 2000).

9 *Bundesminister für Umwelt, Naturschütz und Reactorsicherkeit*.

NOTAS

10 *Verein der Automobilindustrie.*

11 *Projekt Altfarzeugverwertung der deutschen Automobilindustrie.*

12 Os 12 milhões de ELVs geram aproximadamente 2,2 milhões de toneladas de resíduos permanentes por ano. D. Kurylko, "Europe to Regulate Recycling", *Automotive News Europe*, 13 de outubro, 1997, 1: C Wright et al., *"Automotive Recycling: Opportunity or Cost?"* (Londres: Financial Times Business Limited, 1998).

13 Proposta para uma diretiva do Conselho sobre veículos em fim de vida útil (COM 97-358).

14 Diretiva 2000/53/EC do Parlamento Europeu e do Conselho dos 18, setembro, 2000, sobre veículos no final de sua vida útil – *Official Journal of the European Communities* (L269/34)>

15 Esta assertiva é baseada em debates dentro do grupo de trabalho IPR (Responsabilidade Individual do Produtor) em 25-26 de setembro de 2008, no INSEAD, Fontainebleau, França. O grupo é liderado pelo professor Luk Van Wassenhove e formado por acadêmicos e representantes das empresas afetadas pela diretiva WEEE.

16 Esta seção é baseada no trabalho de Clovis Zapata, "Environmental Regulation and Firm Strategy: The Evolution of Automotive Environmental Policy" (Ph.D. Diss., Cardiff University, 2008); Clovis Zapata e Paul Nieuwenhuis, "Driving on Liquid Sunshine – The Brazilian Biofuel Experience: A Policy Driven Analysis, Business Strategy and the Environment" (a ser publicado). Peter Wells também contribuiu para a seção.

17 Benjamin Warr e Renato J. Orsato, "Greening the Economy – New Energy for Business Creating a Climate for Change" (trabalho apresentado no European Business Summit 21-22 de fevereiro de 2008).

18 "Better Living Through Chemurgy", *The Economist*, 26 de junho, 2008.

19 José Goldenberg, P. Coelho, P. Nastari e O. Lucon, "Ethanol Learning Curve – The Brazilian Experience", *Biomass and Bioenergy*, 26 (2004):301-304.

20 Associação Nacional dos Fabricantes de Automóveis – ANFAVEA (2008) *Anuário Estatístico Indústria Automobilística Brasileira*. São Paulo: Anfavea.

21 De acordo com P. Nastari et al. *Observations on the Draft Document Entitled Potential for Biofuels for Transport in Developing Countries* (Washington, D.C.: The World Bank, Air Quality Thematic Group. Julho, 2005), entre 1976 e 2004, o etanol para fins de combustível automotivo proporcionou economias de até US$ 60,74 bilhões, a dólares constantes de 2005, ao governo brasileiro. Se a taxa de juros da dívida externa for incluída nos cálculos, os valores sobem para US$ 121,26 bilhões; ver também: A. Ashford, "Tanked up on Sugar: Brazil Launched na Experiment to Substitute Alcohol for Oil. How Has It Worked Out?" *New Internationalist* (1989):95, que fornece números diferentes que chegam a um resultado menos otimista, embora ainda positivo. Sua análise calcula economias de US$ 10,4 bilhões, entre 1975 e 1989, com subsídios governamentais de US$ 9 bilhões.

22 J. Magalhães, N. Kuperman e R. Machado, "Proalcool: Uma Avaliação Global" (São Paulo Astel Assessores Técnicos, 1992).

NOTAS

23 Vicente Assis, Heinz-Peter Elstrodt e Cláudio F.C. Silva, "Positioning Brazil for Biofuels Success: The Country Now Produces Ethanol More Cheaply than Anywhere Else on Earth, but that might Not Be True for Long." *McKinsey Quarterly*, Special Edition: Shaping a new agenda for Latin America (2008):1-5.

24 Luciara Nardon e Kathryn Aten, "Beyond a Better Mousetrap: A Cultural Analysis of the Adoption of Ethanol in Brazil", *Journal of World Business*, 43/3 (julho, 2008): 261-273, argumentam que o sucesso do programa brasileiro de etanol foi fortemente influenciado por elementos socioculturais, que são difíceis de serem replicados em outros países.

25 < http://www.brenco.com.br/en/index_en.php > outubro 2008.

26 Em 1998, C.J. Campbell & J.H. Laherrère, "The End of Cheap Oil", *Scientific American*, 278/3 (1998): 60-65 estimaram que 1.000 bilhões de barris de petróleo continuavam sob o solo, 850 bilhões em reservas de petróleo e 150 bilhões em campos de petróleo ainda não descobertos. A uma taxa de aumento de consumo de 2 por cento ao ano, os autores previram que este montante de petróleo seria capaz de abastecer as sociedades por aproximadamente 40 anos mais (Assim, até 2038). Ao contrário da preocupação popular, no entanto, identificar a data exata quando o mundo vai ficar sem petróleo é irrelevante. Em vez disso, o que gera consequências é quando a produção mundial começará a diminuir, ou o momento do "Pico do Petróleo". De acordo com os autores, a produção de petróleo deveria atingir seu pico em 2010 e, a menos que fatores tecnológicos e sociais reduzam significativamente a demanda por petróleo, o pico do petróleo significará preços de petróleo crescentemente mais elevados.

27 José Goldemberg, "The Ethanol Program in Brazil", *Environmental Research Letters*, Institute of Physics Publishing edition (2006): sec. Lett:1.

28 "Better Living Through Chemurgy", *The Economist*, 26 de junho de 2008.

29 O CEO da NatureWork, Marc Verbruggen fez esse comentário quando entrevistado no Dow Jones newswire no artigo: Anjali Cordeiro, "In the Pipeline: Bioplastics Draw Consumer Sector's Attention", *Dow Jones News Service*, outubro, 2008.

30 < www.natureworksllc.com/ > outubro, 2008.

31 Anjali Cordeiro, "In the Pipeline: Bioplastics Draw Consumer Sector's Attention", *Dow Jones News Service*, outubro, 2008.

32 < www.genencor.com> outubro, 2008.

33 Megan Lampinen, "U. S: DuPont Danisco Joint Venture Breaks Ground for New Ethanol Facility", *Automotive World* (Outubro, 2008).

34 A informação sobre a Eco-n foi obtida durante o período de 2005-2008 e está documentada em um futuro INSEAD caso de Ensino, escrito por Renato J. Orsato, Richard Christie, Delyse Springett e Bem Warr, "The Greening of Pastoral Agriculture: The Case of Eco-n".

35 Apesar da agricultura representar somente 8 por cento do PIB do país, as *commodities* agrícolas têm historicamente sido a principal exportação: produtos leiteiros lideram com 17 por cento, seguido pela carne, 15,5 por cento; produtos florestais representam 7,1 por cento das exportações. (Economist Country Briefings, 2005).

NOTAS

36 A ciência do Eco-n pode ser encontrada em: J. Moir, K.C. Cameron, e H.J. Di, "Effects of the Nitrification Inhibitor Dicyandiamide on Soil Mineral N, Pasture Yield, Nutrient Uptake and Pasture Quality in a Grazed Pasture System." *Soil Use Management*, 23 (2007): 111-120; H.J. Di e K.C. Cameron, "Mitigation of Nitrous Oxide Emissions in Spray-irrigated Grazed Grassland by Treating the Soil with Dicyandiamide, a Nitrification Inhibitor", *Soil Use Management*, 19 (2003): 284-290; H.J. Di e K. C. Cameron, "The Use of a Nitrification Inhibitor, Dicyandiamide (DCD), to Reduce Nitrate Leaching from Cow Urine Patches in a Grazed Dairy Pasture under Irrigation." *Soil Use Management*, 18 (2003): 395-403.

37 Uma audiência pela patente foi finalmente realizada pelo comissariado da IPONZ em setembro 2008, mas o resultado final estava ainda pendente quando este livro foi para a impressão.

38 Sob o Protocolo de Kyoto, a NZ está obrigada a manter suas emissões de GHG durante o primeiro período de compromisso (2008-2012) aos níveis de 1990. As emissões têm aumentado de 10MT de CO_2 e em 1990 para 13MT de CO_2 e em 2003. (Ministério do Meio Ambiente (2005) "New Zealand's Greenhouse Gas Inventory 1990-2003" Wellington, Nova Zelândia: Governo da Nova Zelândia.)

39 O Eco-n e o n-care têm o mesmo ingrediente ativo (a diciandiamida – DCD), mas o eco-n é um pó muito fino, que e misturado à água e borrifado no pasto com o objetivo específico de cobrir a área do solo completamente, reduzindo os efeitos da nitrificação de resíduos de urina aleatoriamente depositados. Essa, de fato, é a razão pela qual a Ravensdown solicitou uma patente pelo método, em vez de pelo produto – pois foi um uso novo para um produto já existente. N-care, por outro lado, está sob a forma de partículas maiores (um chip de zeólito) que incorpora a DCD e é misturado ao fertilizante de ureia.

40 Para 11,3 mg N/litro, que é um padrão da Organização Mundial de Saúde (OMS).

41 Em outubro, 2008, o preço de 1 tonelada de CO_2 era por volta de 23 Euros.

42 Oksana Mont, Singhai Pranshu, e Fadeeva Zinaida, "Chemical Management Services in Sweden and Europe - Lessons for the Future", *Journal of Industrial Ecology*, 10/1-2 (2006): 279 - 291.

43 < www.chemicalstrategies.org/ > outubro, 2008.

44 Mais detalhes do caso podem ser encontrados em: <www.chemicalstrategies.org/case_-studies.htm > outubro, 2008.

45 Oksana Mont, Singhal Pranshu, e Fadeeva Zinaida, "Chemical Management Services in Sweden and Europe – Lessons for the Future", *Journal of Industrial Ecology*, 10/1-2 (2006): 279-291.

46 Diversos exemplos de PSS podem ser encontrados em O. Mont, Product-Service Systems: Panacea or Myth? Doctoral Dissertation (Ph.D. Diss. Lund University, 2004); Chris Ryan, *Digital Eco-sense: Sustainability and ICT – A New Terrain for Innovation* (Lab 3000: Melbourne, Austrália, 2004) Ver também: edição especial sobre PSS no *Journal of Cleaner Production*, 14 (2006); Robin Roy, "Sustainable Product-Service Systems", *Futures*, 32 (2000): 289-299.

NOTAS

47 Informação básica sobre o programa da UNEP sobre PSS pode ser encontrado em <http://unep.fr/scp/> *Product-Service System and Sustainability – Opportunities for Sustainable Solutions* (United Nations Environmental Programme Division of Technology Industry and Economics Production and Consumption Branch, junho, 2008).

48 Robert U. Ayres, "A New Growth Engine for Sustainable Economy", *American Chemical Society*, 32/15 (1998): 367; Robert U. Ayres, "Products as a Service Carriers: Should We Kill the Messenger – or Send it Back?" (Fontainebleau: INSEAD-UNU CMER, 1999).

49 Para um exemplo de um programa/network de PSS, ver: < www.suspronet.org > financiado pela União Europeia.

50 Essas teorias são: teoria dos direitos de propriedade, teoria dos custos das transações, economia da informação, e teoria do agente principal. Gerd Scholl, "Product-Service Systems Taking a Functional and Symbolic Perspective on Usership", em *Perspectives on Radical Changes to Sustainable Consumption and Production, System Innovation for Sustainability* 1, ed. Arnold Tukker et al. (Sheffield: Greenleaf, 2007).

51 A evidência da limitação empírica do PSS foi a conclusão principal e o assunto do debate no Second Expert Meeting on Sustainable Innovation: Sustainable Innovation and Business Models, realizado pela UNEP em Paris, em 1º de outubro de 2008.

52 Robert Kaplan, Measures for Manufacturing Excellence (Boston, MA: Harvard Business School Press, 1991), demonstrou que as técnicas contábeis utilizadas pelas empresas manufatureiras contemporâneas são inadequadas para o controle das práticas modernas de administração das operações. De acordo com Kaplan, houve uma perda relevante de informação sobre os processos de fabricação como resultado da crescente complexidade dos sistemas de produção. Em essência, o custo contábil difere muito dos custos técnicos principalmente porque os princípios básicos da contabilidade financeira praticamente não evoluíram durante um século. Enquanto os princípios gerais da contabilidade financeira se tornaram práticas institucionalizadas na maior parte dos países industrializados, a inovação tecnológica mudou significativamente a natureza das práticas administrativas, assim como a estrutura organizacional e os processos. A crítica de Kaplan gerou novas propostas para a medida da produção e do desempenho das empresas como a contabilidade pelo "activity-based-cost" (ABC), na qual os custos são decompostos e lançados às atividades que lhes deram origem. O advento dos sistemas ABC mostrou que os sistemas contábeis tradicionais eram baseados em princípios e conceitos que não refletem o desempenho real das organizações.

53 Oksana Mont e Tareq Emtairah, "Systemic Changes and Sustainable Consumption and Production: Cases from Product-Service Systems", em *Perspectives on Radical Changes to Sustainable Consumption and Production, System Innovation for Sustainability*, 1 ed. Arnold Tucker et al. (Sheffield: Greenleaf, 2007).

54 Sidney J. Levy, "Symbols for Sale", *Harvard Business Review*, 37/4 (julho, 1959): 117-124.

55 Scholl, op. cit.

56 Tal lógica está em linha com a definição de estratégia por Michael Porter, "What is Strategy?" *Harvard Business Review*, 74/6 (1996): 61-79, 61-62; e Joan Magretta, *What Management Is: How it Works and Why It's Everyone's Business* (Londres: Profile Books, 2003).

NOTAS

CAPÍTULO 7 – INOVAÇÃO DE VALOR SUSTENTÁVEL

1. No Capítulo 9 de Chan W. Kim e Renée Mauborgne, *Blue Ocean Strategy: How to Create Uncontested Market Space and Make the Competition Irrelevant* (Boston, MA: Harvard Business School Press, 2005) o assunto da "Sustentabilidade da Estratégia Oceano Azul" é tratado. Entretanto, a sustentabilidade ali não se refere a assuntos ambientais ou sociais, mas à própria BOS via barreiras à imitação.

2. Paul Hawken, Amory B. Lovins, e L. Hunter Lovins, *Natural Capitalism: The Next Industrial Revolution* (Londres: Earthscan, 1999).

3. Devido ao tratamento de "caminhões leves" nos Estados Unidos, existe alguma confusão sobre a produção anual de automóveis. Um Land Rover, por exemplo, é um carro na Europa, mas um caminhão leve nos Estados Unidos. De acordo com o *Global Market Data Book, Automotive News Europe de 2008*, a produção global de carros em 2007 foi de 53.190.191 e a produção global de caminhões foi de 21.457.069.

4. Paul Niewenhuis, "Developments in Alternative Powertrains", Capítulo 9 em *Automotive Materials: The Challenge of Globalisation end Technological Change*, ed. Peter Wells (Londres: Financial Times Automotive, 1998).

5. J. Womack, D. Jones e D. Roos, *The Machine that Changed the World* (Sydney: Maxwell Macmillan International, 1990).

6. Ver, por exemplo: R. Badham e J. Mathews, "The New Production Systems Debate", *Labour and Industry*, 2/2 (1989): 194-246.

7. Badham e Mathews, op. cit: 193-197.

8. Isso inclui o uso de veículos a motor por uma ou algumas pessoas apenas. Através do capítulo, as expressões *motorização pessoal* e *mobilidade individual* também se referem à TIMM.

9. Hawken, Lovins e Lovins, op. cit.

10. Uma explicação detalhada sobre o conceito de *campos organizacionais* no contexto dos automóveis é apresentada por: Renato J. Orsato, "The Ecological Modernization of Industry: Developing Multi-disciplinary Research on Organization & Environment" (Ph.D. Diss., University of Technology, Sydney, Australia: 2001).

11. A definição do que constitui uma montadora *de volume* evolui com o crescimento da capacidade de produção das empresas. Não obstante, se uma produção de um milhão de carros por ano é considerada uma quantidade mínima para um produtor de volume, a indústria mundial seria composta de quatorze empresas (*Automotive News Europe: 2000 Global Market Data Book*). Alguns analistas esperam que a consolidação da indústria resultará em seis fabricantes globais com uma capacidade de produção (volume) de cerca de 15 milhões de carros por ano por volta de 2020. Ver: R. Feast, "Easy Pickings" *Automotive World* (2000), april: 32-36.

12: GM, Ford, Nissan, Fiat, Saab, Jaguar, Daewoo, Kia, VW e Mistubishi.

13. Existem, obviamente, diferenças significativas entre as atividades de fabricar os componentes de um automóvel e sua montagem subsequente em uma unidade única (automó-

vel a motor). Entretanto, devido ao fato das empresas na indústria automobilística possuírem níveis diferentes de integração (vertical) entre as atividades de fabricação e montagem, as expressões *fabricantes de carro ou de auto, indústria automobilista, montadoras automobilísticas* e *montadoras de automóveis* são usadas alternadamente.

14 No primeiro trimestre de 2008, a GM e a Ford reportaram prejuízos de US$ 15,5 bilhões e 8,7 bilhões respectivamente (*The Economist*, 9 de agosto de 2008). Em 2009, a maioria das montadoras enfrentou grandes prejuízos financeiros, com a Toyota perdendo dinheiro pela primeira vez em sua história.

15 Um *break-even point* (traduzido por ponto de equilíbrio), como um conceito financeiro genérico, representa o ponto onde a contribuição para os custos fixos iguala os custos fixos. Na indústria de automóveis, o ponto de equilíbrio de cada modelo de carro é a quantidade de veículos que deve ser vendida para igualar os custos fixos no mesmo período (normalmente um ano). Em teoria, então, o equilíbrio é basicamente sobre cobrir os custos fixos e isso inclui o desenvolvimento do produto, ferramental, planta, etc. Na prática, o conceito pode se tornar bastante complicado devido aos métodos da contabilidade de custos. Como os fabricantes esperam superar o ponto de equilíbrio durante a vida de um modelo de automóvel, se o ciclo de vida de um modelo for de 20 anos (por exemplo, o Volvo 240), em vez de cinco, ele tem maior possibilidade de exceder o ponto de equilíbrio. Os números de ponto de equilíbrio anual são mais complexos de se obter porque todos os modelos e instalações de produção entram na equação. O ponto de equilíbrio da fábrica, por exemplo, se refere a todos os modelos de carros nela montados. Por exemplo, uma fábrica de motores que produz motores para diversos modelos pode chegar ao ponto de equilíbrio, enquanto uma montadora administrada pelo mesmo fabricante, que faz um único modelo não bem-sucedido no mercado, não o alcança. (*Fonte:* conversa pessoal com Paul Niewenhuis).

16 R. Bremner, "Big, Bigger, Biggest", *Automotive World* (2000): 37-43.

17 R. Golding, "Capital Punishmnent", *Automotive World* (1999): 21.

18 "Driving into Traffic", *The Economist*, 9 de março de 2006.

19 A fragmentação dos mercados é ilustrada para o caso do Reino Unido. Em um mercado quase estático em termos de volume, o número total de variações na oferta mais do que dobrou, de 1.303 em 1994 para 3.155 em 2005.

20 R. J. Orsato e P. Wells, "U-turn: The Rise and Demise of the Automobile Industry", *Jounal of Cleaner Production*, 15/11-12 (2007): 994-1006; Peter Wells e Renato J. Orsato, "Redesigning the Industrial Ecology of the Automobile", *Jounal of Industrial Ecology*, 9/3 (2005):15-30; Paul Nieuwnhuis, Philip Vergragt, e Peter Wells, *The Business of Sustainable Mobility: From Vision to Reality* (Sheffield: Greenleaf, 2006) Paul Nieuwnhuis e Peter *Wells, The Death of Motoring?:Car Making and Automobility in the 21st Century* (Chichester: John Wiley & Sons, 1998); Hawken, Lovins e Lovins, op. cit.

21 Graedell e Allenby em T. Graedel e B. Allenby, *Industrial Ecology and the Automobile* (Estados Unidos: Prentice-Hall International, 1998), por exemplo, produziram um memorável relato do impacto ambiental de todo o sistema automotivo. Os autores fornecem informação detalhada não somente sobre o seu impacto em todas as fases de seu ciclo

NOTAS

de vida, como o consumo de energia durante a fabricação do carro, como também detalhes das fases em serviço, necessidades de infraestrutura, e técnicas de reciclagem, mas eles também sugerem alternativas para melhorar o sistema atual. Ver, por exemplo: os relatórios de pesquisa do *The Economist Intelligence Unit* sobre "The Automobile Industry and the Environment", assim como a série de relatórios ambientais da *FT Automotive*. Informação substancial também está disponível na Internet. A Environmental Defense, uma NGO americana, por exemplo, apresenta uma análise básica de ciclo de vida do impacto dos automóveis. Ver: <www.environmentaldefense.org/ > maio, 2006.

22 J. Whitelegg, *Transport for a Sustainable Future: The Case for Europe* (Londres: Belhaven, 1993).

23 K. Rogers, *The Motor Industry and the Environment* (Londres: Relatório para o The Economist Intelligence Unit, 1993).

24 Paul Niewenhuis, "Development in Alternative Powertrains", em Peter Wells (1998) op. cit.

25 Lovins (1995), op. cit.; Robert Q. Riley, *Alternative Cars in the 21st Century. A New Personal Transportation Paradigm*. (Estados Unidos: SAE International, 1994).

26 Graedel e Allenby, op. cit., 114.

27 O uso do alumínio para partes estruturais de carros e de plásticos para os painéis pode reduzir significativamente o peso de um carro e, consequentemente, reduzir as emissões. O Audi A2 foi o primeiro carro de produção em volume no mundo a ter uma carroceria feita inteiramente de alumínio. O Audi A8 foi pioneiro no uso do alumínio na estrutura em 1994. Apesar dessas experiências, o uso do alumínio nas estruturas dos automóveis pode ser considerado marginal na indústria. A fibra de carbono também pode ser usada para os painéis dos carros, mas como a produção mundial é ainda pequena, atualmente a fibra de carbono é cara demais.

28 "Smart is Fighting on All Fronts", *Automotive News Europe* (12 de abril de 1999).

29 Apesar dos números relativos ao *Smart* serem confusos por sua consolidação com outros números apresentados pelo grupo Daimler, a empresa não é lucrativa. De acordo com Paul Nieuwenhuis (conversa pessoal), o ponto de equilíbrio do *Smart* está localizado em torno de 150-160.000 carros por ano. Em geral, os modelos atingem seu ponto de equilíbrio entre 65-80 por cento da capacidade, mas isso depende de outros fatores como as margens (*pequenas* no *Smart*), peças comuns (*pequenas* no *Smart*), e tamanho da produção (muito boa para o *Smart ForTwo*). A Smart sempre declarou que não esperava chegar ao equilíbrio com o primeiro modelo, esperando a segunda geração (atualmente a ForTwo) para começar a lucrar.

30 Essa conta não considera, no entanto, os *inputs* sob a forma de fertilizantes e pesticidas, assim como a energia usada para processar a cana de açúcar em etanol e depois transportá-lo para os diversos postos de abastecimento. No final, apesar dos biocombustíveis serem mais verdes do que os combustíveis fósseis, eles certamente não são neutros quanto ao carbono.

31 O biodiesel também pode contribuir para o portfólio de combustíveis, mas o mercado de biodiesel no Brasil está ainda em seu estado embrionário. Um programa governamen-

NOTAS

tal, chamado *Programa Nacional de Produção e Uso de Biodiesel* (PNPB), foi criado para estimular a produção e organizar a cadeia de suprimento do produto em 2004. Foi determinada uma mistura mínima de 2 por cento ao diesel tradicional derivado do petróleo. Essa percentagem aumentará para 5 por cento em 2013 (Lei Federal nº 11.097, de 11 de janeiro de 2005).

32 José Goldemberg, Suani Teixeira Coelho e Patrícia Guardabassi, "The Sustainability of Ethanol Production from Sugarcane", *Energy Policy*, 36/6(2008): 2086.

33 "Grow your Own. A Special Report on the Future of Energy." *The Economist*, junho, 2008.

34 Vicente Assis, Heinz-Peter Elstrodt e Claudio F.C. Silva, "Positioning Brazil for Biofuels Success: The Country Now Produces Ethanol more Cheaply than Anywhere Else on Earth, but that might Not Be True for Long", *McKinsey Quarterly*, Special Edition: Shaping a new agenda for Latin America (2008): 1-5.

35 Nos Estados Unidos de 1900, os motores de combustão interna equipavam apenas 22 por cento dos carros; 38 por cento eram elétricos e 40 por cento eram movidos por motores a vapor. A situação mudou rapidamente: em 1905, os motores movidos a gasolina haviam derrotado seus competidores. O número de registro de carros cresceu de 8.000 em 1900 para 902.000 em 1912. John Urry, "The System of Automobility", *Theory, Culture & Society*,21/4-5 (2004):25-39.

36 Para uma análise das diferentes opções de motorizações, ver: Paul Niewenhuis, Philip Vergragt e Peter Wells, *The Business of Sustainable Mobility: From Vision to Reality* (Sheffield, Greenleaf, 2006).

37 Para uma descrição detalhada dos *veículos elétricos híbridos*, ver: Hawken, Lovins e Lovins, op. cit., Victor Wouk, "Hybrid Electric Vehicles", *Scientific American*, 277/4 (1997): 70-75; Daniel Sperling, *Future Drive: Electric Vehicles and Sustainable Transportation*, 1ª ed. (Washington, D.C.: Island Press, 1994), Capítulo 6; Amory Lovins, "Morning toward a New System", em: *Building the E-Motive Industry; Essays and Conversations about Strategies for Creating an Electric Vehicle Industry*, ed. S.A. Cronk (USA: SAE International, 1995).

38 Carros-conceito são protótipos que apontam para futuras escolhas tecnológicas; "Eles estreitam a relação de tecnologias a partir das quais os fabricantes virão a escolher e, por isso, consistem em indicação valiosa das tendências futuras"; Paul Nieuwenhuis e Peter *Wells, The Death of Motoring?: Car Making and Automobility in the 21st.* Century (Chichester: John Wiley & Sons, 1998).

39 Entre 1997 e 2007, a Toyota vendeu mais de um milhão de veículos híbridos no mundo. O Prius representa mais de 90 por cento das vendas, que também incluem os híbridos Highlander e Camry. Mais da metade desses veículos (557.276 unidades) foi vendida na América do Norte. (Ver: Toyota North America Environmental Report, 2007, 16-17.)

40 Em 2008, além dos híbridos da Toyota (Prius e Camry) e Lexus GS 450h, Lexus LS 600h, que também são de propriedade da Toyota, entre outros híbridos comerciais eram: Honda Civic, Nissan Altima, Ford Escape, Mazda Tribute e Saturn Aura. Espera-se que muitos híbridos sejam lançados nos anos vindouros.

41 "Tesla's Wild Ride", *Fortune*, 21 de julho de 2008.

NOTAS

42 Renato J. Orsato, "Future Imperfect? The Enduring Struggle for Electric Vehicles", em Nieuwenhuis, Vergragt, e Wells, op. cit.

43 Nieuwenhuis e Wells (1998), op. cit., 97.

44 Cerca de um milhão de carros *Smart ForTwo* foram vendidos entre 1998 e 2007, completando uma média de 100.000 carros por ano. A Itália é o maior mercado, seguido pela Alemanha e, mais recentemente, pelos Estados Unidos com 16.000 carros vendidos entre janeiro e setembro de 2008.< www.smart.com > e < www.daimler.com >, setembro de 2008.

45 Joan Magretta, *What Management Is: How it Works and Why It's Everyone's Business*, 1ª ed. (New York: Free Press, 2002).

46 Jonathan Lash e Fred Wellington, "Competitive Advantage on a Warming Planet", *Harvard Business Review*, 85/3 (2007):94-102.

47 Uma explicação detalhada do *paradigma do monobloco de aço* é fornecida por: Paul Nieuwenhuis e Peter Wells, "The All-steel Body as a Cornerstone to the Foundations of the Mass Production Car Industry", *Industrial and Corporate Change* 16/2 (2007): 183-211; Paul Nieuwenhuis e Peter Wells, *The Automotive Industry and the Environment: A Technical Businessand Social Future* (Boca Raton: CRC Press, 2003); Paul Nieuwenhuis e Peter *Wells, The Death of Motoring?: Car Making and Automobility in the 21st. Century* (Chichester: John Wiley & Sons, 1998).

48 De acordo com Nieuwenhuis e Wells, op. cit.; o paradigma de *Budd* envolve alto investimento na parte de prensas (onde a folha de aço é prensada na forma do painel), na parte da carroceria (onde os painéis prensados são soldados juntos em submontagens e depois em uma unidade de chassis monobloco) e na parte de pintura, antes de quaisquer produtos serem desenvolvidos. O investimento mínimo em uma prensa seria cerca de € 160 milhões. O investimento em carroceria depende dos níveis de automação, mas pode ser entre € 80 milhões e € 160 milhões.

49 O Logan da Renault foi um grande sucesso de vendas. Entre seu lançamento em 2004 e setembro de 2008, a Renault vendeu mais de um milhão de unidades, ou cerca de 250.000 carros por ano < www.renault.com>, setembro, 2008.

50 O conceito usado aqui difere daquele usado para *veículos de uso múltiplo* (MPV) na classificação da segmentação do mercado para denominar um nicho de mercado específico.

51 Três segmentos de mercado, denominados "segmentos centrais", representam cerca de 70 por cento das vendas totais de automóveis na Europa. Os outros 30 por cento compreendem nichos de mercado, como carros com tração nas quatro rodas, e veículos de luxo e esportivos.

52 Wayt W. Gibbs, "Transportation's Perennial Problems", *Scientific American*, 277/4 (1997).

53 Peter Wells, "The Limits to Growth", *Automotive Environment Analyst* (2004). Além dos congestionamentos, existem sérias preocupações quanto à disponibilidade de materiais-chave usados nos carros.

NOTAS

54 De acordo com as Nações Unidas "População Mundial até 2300" (2004), a população estimada para 2020 e de 7,5 bilhões (p. 5, cenário médio).

55 Entre os autores que debatem como os modelos de negócios influenciam o desempenho estão: Christoph Zott e Raphael Amit, "The Fit Between Product Market Strategy and Business Model: Implications for Firm Performance", *Strategic Management Journal*, 29/1 (2008):1-26; Christoph Zott e Raphael Amit, "Business Model Design and the Performance of Entrepreneurial Firms" *Organization Science*, 18/2 (2007): 181-199; Joan Magretta, "Why Business Models Matter", *Harvard Business Review*, 80/5 (2002): 86-92; George S. Yip, "Using Strategy to Change Your Business Model", *Business Strategy Review*, 15/2 (2004): 17-24; Henry Chesbrough e Richard S. Rosenbloom, "The Role of the Business Model in Capturing Value from Innovation: Evidence from Xerox Corporation's Technology Spin-off Companies", *Industrial & Corporate Change*, 11/3 (2002):529-555; Michael Morris, Minet Schindehutte e Jeffery Allen, "The Entrepreneur's Business Model: Toward a Unified Perpective", *Journal of Business Research*, 58/6 (2005): 726-735; Stephen L. Vargo e Robert F. Lusch, "Evolving to a New Dominant Logic for Marketing", *Journal of Marketing*, 68/1 (2004):1-17.

56 Morgan: < www.morgan-motor.co.uk >, Lotus: < www.grouplotus.com > e Axon Automotive: < www.axonautomotive.com >, setembro de 2008.

57 < www.agglo-larochelle.fr >, agosto de 2008.

58 BART foi mais tarde convertida em sistema *CarLink*. Para um estudo de caso sobre a CarLink ver: < http://cat.inist.fr/ > outubro de 2008.

59 Transporte "individual" ou "personalizado" não significa um único indivíduo usando um veículo, mas inclui tantas pessoas quantas caibam no carro, o que na média é em torno de 5 indivíduos.

60 Ver, por exemplo: Jochen Markard e Bernhard Truffer, "Technological Innovation Systems and the Multi-level Perspective: Towards na Integrated Framework", *Research Policy*, 37/4 (2008): 596; ver também o artigo clássico de Giovanni Dosi, "Technological Paradigms and Technological Trajectories – A Suggested Interpretation of the Determinants and Directions of Technical Change", *Research Policy*, 22/2 (1993): 102-103.

61 Clayton M. Christensen, *The Innovator's Dilemma: The Revolutionary Book that Will Change the Way You do Business* (New York: Harper Business Essentials, 2003), página xvi.

62 Andrew Williams, "Product Service Systems in the Automobile Industry: Contribution to System Innovation?" *Journal of Cleaner Production*, 15/11 -12 (2007): 1093-1103.

63 A seção sobre a Better Place foi desenvolvida com material de entrevistas com a equipe de liderança da Better Place de agosto a outubro de 2008 – Shai Agassi (Presidente e CEO), Tal Agassi (Lançamento Global), Alizia Peleg (Diretor de Operações Globais), Barak Hershkovitz (Sistemas Operacionais), Joe Paluska (Diretor de Marketing), Sidney Goodman (Alianças e Parcerias Estratégicas), Josh Steinman (Diretor de Desenvolvimento de Negócios, América do Norte e Europa), e Moshe Kaplinsky (CEO da Better Place Israel). Uma versão expandida deste caso pode ser encontrada em Renato J. Orsato e Sophie Hemme, "Better Place Sustainable Value Innovation in Mobility", INSEAD Teaching Case 09/2009-5630.

NOTAS

64 O Deutsche Bank estima que as baterias de íon-lítio custarão cerca de US$ 500-600/kWh, dependendo do tipo, que chega a US$ 11.000 para um veículo elétrico completo de 22kWh. Deutsche Bank, *Electric Cars: Plugged In-Batteries must Be Included*, 9 de junho de 2008.

65 Um relatório do Deustche Bank estima que o mercado de baterias de íon-litio irá explodir em 2020. Entretanto, existem preocupações sobre a segurança e o desempenho, incluindo excesso de carga, dificuldades de operação em condições climáticas extremas, assim como a durabilidade e deterioração da bateria. Deustche Bank, *Electric Cars: Plugged In-Batteries must Be Included*, 9 de junho de 2008.

66 Este argumento é baseado em uma pesquisa de mercado desenvolvida pela Better Place e pela *Transportvaneundersogelsen*. Os resultados são válidos para Israel e Dinamarca.

67 Israel fixou um imposto de 72 por cento em MCIs; a Dinamarca, 180 por cento.

68 D. Yergin, *The Prize* (New York, Touchstone Books, 1992).

69 Williams, op. cit.; Franz E. Prettenthaler e Karl W. Steininger, "From Ownership to Service Use Lifestyle: The Potential of Car Sharing", *Ecological Economics*, 28/3 (1999): 443-453; Susan Shaheenm "Commuter Based Car-Sharing – A market Niche Potential", *Transportation Research Record*, 1760 Paper nº 01:3055.

70 Informação sobre a história da *Mobility Switzerland* pode ser encontrada em Hoogma, Kemp, Schot e Truffer, *Experimenting for Sustainable Transport*.

71 Auto Teilet Genossenschaft, ATG, e ShareCom.

72 < www.mobility.ch >, julho, 2008.

73 < www.zipcar.com >, setembro, 2008.

74 Ver nota final 26 no Capítulo 6.

75 A tendência na direção do CSR está bem documentada em uma vasta literatura. Para uma visão geral, ver: Andrew Crane, Abigail McWilliams, Dirk Matten, Jeremy Moon e Donald S. Siegel, *The Oxford Handbook of Corporate Social Responsibility* (New York: Oxford University Press, 2008); ver também: Wayne Visser et. al., *The A to Z of Corporate Social Responsibility: A Complete Reference Guide to Concepts, Codes and Organizations* (Wiley, 2008).

76 Caminho 6, olhar através do tempo, Kim e Mauborgne, op. cit., 75-79.

77 Susan Shaheen e Adam Cohen, "Worldwide Carsharing Growth: An International Comparison", *Transportation Research Record*, nº 1992, (2007): 81-89. Ver também: <www.carsharing.net/library/index.html >, setembro 2008.

78 Prettenhaler e Steininger, op. cit.

79 Williams op. cit., Prettenhaler e Steininger, op. cit.

80 Este argumento é baseado em uma pesquisa de mercado desenvolvida pela Better Place e *Transportvaneupndersogelsen*. Os resultados são válidos para Israel e para a Dinamarca.

81 Gerd Scholl, "Product-service systems taking a functional and symbolic perspective on usership" em Arnold Tukker *et al.*, *Perspectives on Radical Changes to Sustainable Consumption and Production, System Innovation for Sustainability 1* (Sheffield: Greenleaf, 2007).

NOTAS

82 Prettenhaler e Steininger, op. cit.

83 Uma pesquisa de 2006 da China revelou que 25 por cento dos respondentes expressaram um alto interesse nos serviços de *car-sharing*. Susan A. Shaheen e Eliot Marting, "Demand for Car-sharing Services in China: An Assessment of Shared-Use Vehicle Market Potential in Beijing." *International Journal for Sustainable Transportation*, a ser publicado.

84 Ver Capítulo 5 em Kim e Mauborgne, op. cit.

85 De acordo com pesquisa desenvolvida para o *Velib*, mais da metade dos usuários na primavera de 2007 tinham usado as bicicletas desde a inauguração em julho de 2007. De acordo com a mesma pesquisa de mercado, 94 por cento dos usuários estavam satisfeitos com o serviço como foi colocado e 97 por cento o recomendariam a amigos. Fonte: <http://www.velib.paris.fr/ >, setembro de 2008.

86 A cidade de Paris está atualmente desenvolvendo um sistema similar para 2.000 carros elétricos chamados Autolib. O sistema será desenvolvido usando a mesma lógica do sistema Velib (FR3 7 de outubro de 2008).

87 De acordo com Susan Shaheen (comunicação pessoal, outubro, 2008), desde os anos da década de 90, alguns fabricantes de automóveis têm estado ativos em projetos-piloto de *car-sharing*. Na Ásia, a Honda está envolvida com ICVS e Diraac (agora KahShare e operada pela Kah Motors), e Toyota na Toyota-Crayon. A Honda também participa na CarLink I e II e na Intellishare e ZEVNET nos Estados Unidos. Outras empresas de automóveis têm pesquisado *car-sharing*, incluindo a Mercedes-Benz, a Ford e a Nissan.

88 Na *Mobility Switzerland*, 80.000 membros compartilham 3.000 carros (um carro para 26,6 pessoas), e 200.000 clientes compartilham 5.000 carros na Zipcar (um carro para 40 pessoas).

89 Clayton M. Christensen, Scott Cook e Taddy Hall, "Marketing Malpractice", *Harvard Business Review*, 83/12 (2005): 74-83.

90 A expressão *especialização flexível* foi usada para descrever o milagre econômico italiano com células industriais de pequenos e médios empreendimentos nos anos da década de 80. Ver: Michael J. Piore, *The Second Industrial Divide: Possibilities for Prosperity* (New York: Basic Books, 1984).

91 Entre elas estão: *Curves* (uma empresa de *fitness* para mulheres baseada no Texas); *Netjets* (uma empresa de *time-sharing* de jatos); *Cirque du Soleil* (entretenimento); *Southwestern Airlines*, *Bloomberg* (software financeiro), *NABI* (ônibus municipais), e *Corporate Foreign Exchange* (sistema de banco de dados online).

CAPÍTULO 8 – ESTRATÉGIAS DE SUSTENTABILIDADE E ALÉM

1 Paul R. Lawrence e Nitin Nohria, *Driven: How Human Nature Shapes Our Choices* (Jossey-Bass, 2002).

2 Reinhardt, op. cit.

NOTAS

3 Uma revisão útil da Inovação de Inserção de Administração é apresentada por: Julian Birkinshaw, Gary Hamel e Michael J. Mol, "Management Innovation", *Academy of Management Review*, 33/4 (2008): 825-845.

4 Relatório da World Commission on Environment and Development: "Our Common Future", 1987 (também conhecido como Relatório Brundtland).

5 Lester R. Brown, Plano B 2.0: *Rescuing a Planet Under Stress and a Civilization in Trouble*, Exp. Upd. (W.W. Norton, 2006).

6 Paul Hawken, Amory Lovins e L, Hunter Lovins, *Natural Capitalism: Creating the Next Industrial Revolution* (Back Bay Books, 2000).

7 Uma excelente revisão da Deep Ecology foi feita por Fritjof Capra, *Web of Life* (Reino Unido: Harper Collins, 1997).

8 Renato J. Orsato e Stewart R. Clegg, "Radical Reformism: Towards Critical Ecological Modernization", *Sustainable Development*, 13/4 (2005): 253-267.

Entre em sintonia com o mundo

QUALITYPHONE:

0800-0263311

Ligação gratuita

Qualitymark Editora
Rua Teixeira Júnior, 441 – São Cristóvão
20921-405 – Rio de Janeiro – RJ
Tels.: (21) 3094-8400/3295-9800
Fax: (21) 3295-9824
www.qualitymark.com.br
e-mail: quality@qualitymark.com.br

Dados Técnicos:

• **Formato:**	16×23cm
• **Mancha:**	12×19cm
• **Fontes Títulos:**	Calibri
• **Fontes:**	IowanOldSt BT
• **Corpo:**	11
• **Entrelinha:**	13,2
• **Total de Páginas:**	336
• **1ª Edição:**	2012

GRÁFICA PAYM
Tel. (011) 4392-3344
paym@terra.com.br